"Como diretora financeira, reconheço o quanto é importante transmitir intuições financeiras de forma clara, prévia e frequente dentro de uma organização. Em empresas de tecnologia, a fluência financeira é um componente essencial para a avaliação de inovações disruptivas, e a habilidade de criar uma ponte entre tecnologia e finanças é rara. Para profissionais financeiros e gestores em geral, o livro de Mihir oferece a combinação perfeita de explicações intuitivas, exemplos contemporâneos e precisão para que novatos e veteranos das finanças possam melhorar suas habilidades."
— **HELEN RILEY**, diretora financeira da X

"A aula do professor Desai na Harvard Business School foi uma das minhas favoritas, porque me ajudou a entender as questões financeiras cruciais que sustentam todos os setores, inclusive o tecnológico. Este livro recria essa experiência ao combinar os métodos que Desai utiliza para ensinar os aspectos fundamentais, oferecendo aos alunos as ferramentas para desenvolver sua intuição e testando essas habilidades com uma variedade de casos reais. Informativo e fascinante, este livro lhe proporcionará conhecimento e, mais importante, ajudará a desenvolver sua intuição acerca de várias situações financeiras e relacionadas aos negócios. Esta obra é imperdível para alunos de administração e aspirantes a líderes — ou para qualquer um que busque aprofundar seus conhecimentos em finanças."
— **MARNE LEVINE**, diretora de operações do Instagram

"O professor Desai realizou um feito raro: transformar finanças, um assunto tipicamente complexo e muitas vezes chato, em um tópico excepcionalmente dinâmico e acessível, sem banalizar sua importância. Pelo contrário, ele discute de forma persuasiva que as finanças são a força vital da economia e, portanto, um tema que todos devem entender. Mas não é apenas sobre fazer contas ou compreender um balanço patrimonial, assuntos que são explicados aqui de maneira lúcida. Assim como em seus trabalhos anteriores, o professor Desai se empenha em nos lembrar das grandes questões em jogo: a verdadeira essência das finanças se trata de informação e incentivos, e de tentar solucionar o problema fundamental do capitalismo de alocar capital para gerar valor. Como CEO de uma empresa dedicada a investimentos em longo prazo, seu esclarecimento sobre a criação e mensuração desse valor tem meu sincero apoio."
— **CYRUS TARAPOREVALA**, presidente e CEO da State Street Global Advisors

"O aconselhamento — prático e inteligente — do professor Mihir Desai foi uma inspiração quando eu era estudante na Harvard Business School e um guia para mim como empreendedora no início da minha jornada com a S'well. Fico empolgada que ele tenha escrito este livro para que mais pessoas ainda possam se beneficiar de seus conhecimentos!"
— **SARAH KAUSS**, fundadora e CEO da S'well

"Para aqueles que não estão habituados, as finanças parecem uma charada envolvida por um mistério dentro de um enigma, repleta de jargões, índices contábeis e detalhes institucionais complexos. Embora isso favoreça consultores financeiros e banqueiros, que cobram uma pequena fortuna para desvendar essas incógnitas, o livro de Mihir Desai sobre o funcionamento das finanças é hábil em revelar essas verdades simples e os princípios do senso comum subjacentes às finanças. Com humor e elegância, ele leva o leitor em uma viagem por conceitos-chave, instituições e ferramentas no universo financeiro, e o leitor, independentemente de sua bagagem ou de seus interesses, sairá mais informado e esclarecido dessa jornada."

— **ASWATH DAMODARAN**, professor de finanças da Stern School of Business, Universidade de Nova York; autor do livro *Valuation*

"Para qualquer um que deseje ser capaz de usar informações financeiras, como advogado corporativo, conselheiro geral ou em empresas em geral, *Finanças... Simples Assim!* oferece orientação e clareza no que pode ser, para muitos, uma área intimidante. Mihir Desai é professor extraordinário por inúmeras qualidades — humor, facilidade de explicar assuntos complexos, assegurar que seus alunos aprendam a analisar informações financeiras por si só em vez de depender dos outros, o uso de jogos e resolução de problemas, e seu incentivo para apenas buscar coisas interessantes, em vez de fingir ser um analista financeiro —, as quais estão todas presentes neste

livro. *Finanças... Simples Assim!* é uma leitura prazerosa e valiosa para o uso cotidiano."

— **DAVID WOLFSON**, diretor-executivo do Milbank, Tweed, Hadley & McCloy

"Finalmente alguém disponibilizou um mecanismo para tornar as finanças *intuitivas* para aqueles que deliberadamente evitaram quaisquer estudos na área durante a formação: médicos! Ao considerar o fato de que a única maneira que os serviços de saúde podem evoluir é aceitando que fazem parte de uma indústria, *Finanças... Simples Assim!* oferece àqueles na liderança da área de saúde a oportunidade de sentar com 'os grandes' sem dever nada aos diretores financeiros à mesa. Grande parte dos médicos não entende absolutamente nada de finanças e é intimidada por planilhas e diretores financeiros. Desai oferece um resgate muito bem-vindo!"

— **MICHAEL JAFF, MD**, presidente do Newton-Wellesley Hospital

"Liderar uma empresa global de tecnologia em um mundo repleto de mudanças exige muitas coisas; uma delas é estar confortável com o universo das finanças, mesmo que você tenha chegado a posições de liderança por outros meios. Mihir consegue tornar o assunto divertido e acessível — e, no fim deste livro, você terá a confiança, a intuição e a compreensão necessárias para ser um líder ou executivo bem-sucedido em qualquer empresa."

— **JENNIFER MORGAN**, presidente da SAP nas Américas e no Japão (Ásia-Pacífico)

Finanças... Simples Assim!

Finanças... Simples Assim!

O GUIA DA **HARVARD BUSINESS SCHOOL** PARA DECISÕES INTELIGENTES

MIHIR A. DESAI

HARVARD BUSINESS REVIEW PRESS • BOSTON, MASSACHUSETTS

ALTA BOOKS
E D I T O R A
Rio de Janeiro, 2020

Finanças... Simples assim!
Copyright © 2020 da Starlin Alta Editora e Consultoria Eireli. ISBN: 978-85-508-1499-5

Translated from original How Finance Works. Copyright © 2019 by Harvard Business School Publishing Corporation. ISBN 978-1-63369-670-9. This translation is published and sold by permission of Harvard Business School Publishing, the owner of all rights to publish and sell the same. PORTUGUESE language edition published by Starlin Alta Editora e Consultoria Eireli, Copyright © 2020 by Starlin Alta Editora e Consultoria Eireli.

Todos os direitos estão reservados e protegidos por Lei. Nenhuma parte deste livro, sem autorização prévia por escrito da editora, poderá ser reproduzida ou transmitida. A violação dos Direitos Autorais é crime estabelecido na Lei nº 9.610/98 e com punição de acordo com o artigo 184 do Código Penal.

A editora não se responsabiliza pelo conteúdo da obra, formulada exclusivamente pelo(s) autor(es).

Marcas Registradas: Todos os termos mencionados e reconhecidos como Marca Registrada e/ou Comercial são de responsabilidade de seus proprietários. A editora informa não estar associada a nenhum produto e/ou fornecedor apresentado no livro.

Impresso no Brasil — 2020 — Edição revisada conforme o Acordo Ortográfico da Língua Portuguesa de 2009.

Publique seu livro com a Alta Books. Para mais informações envie um e-mail para autoria@altabooks.com.br
Obra disponível para venda corporativa e/ou personalizada. Para mais informações, fale com projetos@altabooks.com.br

Produção Editorial	**Produtora Editorial**	**Marketing Editorial**	**Editor de Aquisição**	**Ouvidoria**
Editora Alta Books	Illysabelle Trajano	Lívia Carvalho	José Rugeri	ouvidoria@altabooks.com.br
	Juliana de Oliveira	marketing@altabooks.com.br	j.rugeri@altabooks.com.br	
Gerência Editorial	Thiê Alves		Marcio Coelho	
Anderson Vieira		**Vendas Atacado e Varejo**	marcio.coelho@altabooks.com.br	
	Assistente Editorial	Viviane Paiva		
Gerência Comercial	Maria de Lourdes Borges	comercial@altabooks.com.br		
Daniele Fonseca				

Equipe Editorial			**Equipe Design**	
Adriano Barros	Leandro Lacerda	Raquel Porto	Ana Carla Fernandes	Thais Dumit
Ian Verçosa	Meira Santana	Rodrigo Dutra	Larissa Lima	Thauan Gomes
Laryssa Gomes	Nathally Freitas	Thales Silva	Paulo Gomes	

Tradução	**Copidesque**	**Revisão Gramatical**	**Diagramação**
Jana Araújo	Ana Gabriela Dutra	Hellen Suzuki	Luisa Maria Gomes
		Thais Pol	

Dados Internacionais de Catalogação na Publicação (CIP) de acordo com ISBD

D441s   Desai, Mihir A.
         Finanças... Simples assim!: o guia de negócios de Harvard para decisões inteligentes / Mihir A. Desai ; traduzido por Jana Araújo. - Rio de Janeiro : Alta Books, 2020.
         288 p.: il. ; 24cm x 17cm.

         Tradução de: How Finance Works
         Inclui índice.
         ISBN: 978-85-508-1499-5

         1. Finanças. 2. Negócios. 3. Gestão. I. Araújo, Jana. II. Título.

2020-628   CDD 658.1
                                                         CDU 658.1

Elaborado por Odílio Hilario Moreira Junior - CRB-8/9949

Erratas e arquivos de apoio: No site da editora relatamos, com a devida correção, qualquer erro encontrado em nossos livros, bem como disponibilizamos arquivos de apoio se aplicáveis à obra em questão.

Acesse o site www.altabooks.com.br e procure pelo título do livro desejado para ter acesso às erratas, aos arquivos de apoio e/ou a outros conteúdos aplicáveis à obra.

Suporte Técnico: A obra é comercializada na forma em que está, sem direito a suporte técnico ou orientação pessoal/exclusiva ao leitor.

A editora não se responsabiliza pela manutenção, atualização e idioma dos sites referidos pelos autores nesta obra.

Rua Viúva Cláudio, 291 — Bairro Industrial do Jacaré
CEP: 20970-031 — Rio de Janeiro - RJ
Tels.: (21) 3278-8069 / 3278-8419
www.altabooks.com.br — altabooks@altabooks.com.br
www.facebook.com/altabooks

Para Parvati, Ila, Mia e Teena

Acesse o site **www.altabooks.com.br** e procure pelo título ou ISBN do livro para ter acesso às imagens coloridas desta obra.

Agradecimentos

Este livro não seria possível sem o feedback dos muitos alunos de MBA e de educação corporativa de Harvard, que me inspiraram com sua curiosidade e perseverança. Meus colegas na Divisão de Finanças também contribuíram significativamente com este livro, com as horas de reuniões de professores e conversas nos corredores sobre a melhor maneira de ensinar finanças. Cynthia Montgomery, minha diretora de pesquisa na Harvard Business School, e Nitin Nohria, reitor da instituição, foram especialmente encorajadores e generosos.

A abordagem de ensino usada neste livro surgiu dos esforços para a criação do curso online da Harvard Business School, *Leading with Finance*. Bharat Anand e Patrick Mullane foram fundamentais no incentivo para que eu me comprometesse e tornasse o curso realidade. Brian Misamore foi um parceiro fantástico na criação desse curso do zero, e Peter Kuliesis ajudou de várias formas criteriosas. Sou particularmente grato a todos os alunos que me inspiraram a transmitir a abordagem do curso por meio de um livro.

A ideia desta obra veio da mente generosa de Tim Sullivan; seu encorajamento foi crucial para trazer este livro à vida. Kevin Evers foi um parceiro incrível na Harvard Business Review Press. Ele me guiou pelo processo e contribuiu demais para dar forma ao manuscrito. Anne Starr foi a editora de produção perfeita: organizada, firme e leniente. Brian Misamore e Leanne Fan ofereceram uma excelente ajuda com a pesquisa conforme terminávamos o manuscrito, e Lucas Ramirez proporcionou feedbacks muito úteis. Darlene Le conseguiu me manter focado na tarefa em questão de forma excepcional.

Teena Shetty e Mia, Ila e Parvati Desai continuam me proporcionando a inspiração mais importante: elas me ensinaram muito sobre como o mundo deve funcionar. Este livro não seria possível sem sua paciência, seu apoio e seu encorajamento.

Sobre o Autor

MIHIR A. DESAI é professor do Mizuho Financial Group na Harvard Business School e também professor na Harvard Law School. Desai ensina finanças, empreendedorismo e direito tributário, e recentemente desenvolveu o curso *Leading with Finance* na plataforma online da Harvard Business School. Sua área de atuação se concentra em política tributária e finanças corporativas. Seu livro mais recente foi *The Wisdom of Finance: Discovering humanity in the world of risk and return*.

Sumário

Introdução ... 1

CAPÍTULO 1

Análise Financeira ... 9
Usando índices para analisar o desempenho —
tudo isso jogando!

CAPÍTULO 2

A Perspectiva Financeira ... 51
Por que as finanças são obcecadas pelo caixa e pelo futuro

CAPÍTULO 3

O Ecossistema Financeiro ... 85
Entendendo quem atua, por que e como funcionam
os mercados de capitais

CAPÍTULO 4

Fontes de Criação de Valor ... 113
Risco, despesa de capital e as origens do valor

CAPÍTULO 5

A Arte e a Ciência do Valuation ... 149
Como avaliar uma casa, um financiamento estudantil,
um projeto ou uma empresa

CAPÍTULO 6

Alocação de Capital ... 187
Como tomar as decisões mais importantes frente
a CEOs e diretores financeiros

Conclusão ... 223

Respostas ... 229
Glossário ... 243
Notas ... 261
Índice ... 265

Finanças... Simples Assim!

Introdução

Para muitos, finanças são intimidadoras e cheias de mistérios. Essa visão infeliz não é coincidência. Muitos na área gostam de ocultar o que fazem para inibir pessoas de fora. Mas, se quiser avançar em sua carreira, você precisará se envolver profundamente com finanças — essa é a língua dos negócios, a força vital da economia e uma potência dominante em crescimento no capitalismo. Por isso, negligenciar esse assunto e esperar sobreviver a reuniões apenas assentindo de maneira ponderada é uma escolha cada vez mais insustentável.

Felizmente, é possível aprender as principais intuições financeiras sem dominar as complexidades de modelos de planilhas ou precificação de derivativos. Este livro tem como objetivo oferecer as intuições financeiras mais cruciais para que você nunca mais se intimide com o assunto. Dominar essas intuições não lhe fará um engenheiro financeiro — provavelmente há mais que o suficiente deles. Em vez disso, internalizá-las lhe dará as bases para abordar questões financeiras com confiança e curiosidade pelo resto de sua vida.

Este livro surgiu de meus esforços para ensinar finanças a alunos de MBA e direito, executivos e graduandos com uma grande variedade de bagagens. Ao longo dos últimos 20 anos como professor, enfatizei diagramas, gráficos e exemplos da vida real, em vez de equações e exemplos numéricos fantasiosos, em uma tentativa de preservar a relevância, deixando de fora complexidades desnecessárias. No processo, descobri que é possível manter a precisão sem ser excessivamente preciso. Tentarei fazer o mesmo nas páginas a seguir.

Pré-requisitos

Meu pai passou sua carreira no marketing trabalhando para empresas farmacêuticas na Ásia e nos Estados Unidos. Aos 58 anos, ele iniciou uma segunda carreira na área financeira, que durou mais de uma década. Ele combinou uma profunda compreensão do setor ao recém-descoberto conhecimento financeiro para se tornar analista de equity research. Mas foi uma jornada difícil.

Durante essa década, aprendi sobre finanças como analista em Wall Street, aluno de pós-graduação e jovem professor universitário. Tivemos longas conversas nas quais ele me perguntava sobre muitas coisas que encontraria nesse estranho mundo das finanças e que lhe eram incompreensíveis. Conforme tentei transmitir intuições sobre múltiplos de preços/lucros e fluxos de caixa descontados, ele me mostrou o poder da curiosidade e da perseverança ao fazer essa difícil transição.

Os únicos pré-requisitos para este livro são estas duas características: curiosidade e perseverança. Sendo curioso o suficiente sobre a área financeira, você terá as perguntas que guiarão seu aprendizado pelos próximos capítulos. E, sendo perseverante o suficiente, pode desbravar seu caminho pelo material mais difícil e saber que chegará ao outro lado com uma consideração mais profunda pelas finanças e com ferramentas para sua vida profissional. Espero que ache esse percurso desafiante e digno.

Público-alvo

Este livro é para todos aqueles que desejam aprofundar sua compreensão das finanças. Os novatos na área encontrarão um material acessível e que oferece os fundamentos e os elementos intuitivos para começar a falar sobre o assunto. Aqueles imersos nesse universo sabem que é mais fácil falar do que fazer. As intuições centrais das finanças são imprevisíveis, e este livro oferece uma oportunidade de aprofundar seu conhecimento para além da aplicação mecânica de ideias ou termos. Executivos ambiciosos serão capazes de refletir sobre suas muitas interações com especialistas financeiros e investidores e se relacionar com eles de forma mais significativa.

Mapa da Mina

Você pode mergulhar neste livro ou apenas consultá-lo conforme as questões surgirem em seu trabalho, quase como uma obra de referência. Mas ele foi elaborado de maneira consciente e feito para ser lido do início ao fim. Os capítulos se complementam.

Capítulo 1: Análise Financeira

Começaremos construindo uma base na análise financeira, que proporciona boa parte da linguagem das finanças. Como interpretar o desempenho econômico usando demonstrações financeiras contábeis? O que todos aqueles índices e números querem dizer? Um jogo desafiador, mas divertido, permitirá que você veja a relevância real dos muitos índices que as finanças enfocam. Por definição, este capítulo destaca-se do restante do livro. Prático e interativo, é uma introdução abrangente e um aquecimento antes de abordarmos outros assuntos.

Capítulo 2: A Perspectiva Financeira

Muitas pessoas acham que finanças tratam apenas de análise financeira e índices. Na verdade, esse é apenas o começo — para demonstrar isso, estabeleceremos duas bases da perspectiva financeira: o caixa importa mais que os lucros, e o futuro importa mais que o passado e o presente. Quais são as verdadeiras fontes dos retornos econômicos? Por que a contabilidade pode ser problemática? Se o futuro importa tanto, como chegamos a valores *atuais* com base naqueles fluxos de caixa futuros?

Capítulo 3: O Ecossistema Financeiro

O mundo financeiro — de fundos de cobertura, investidores ativistas, bancos de investimento e analistas — pode parecer confuso e um pouco nebuloso. Mas é essencial entendê-lo conforme você progride nas finanças e como gestor. Tentaremos responder a duas perguntas: por que o sistema financeiro é tão complexo? Pode haver um caminho mais fácil?

Capítulo 4: Fontes de Criação de Valor

As questões mais cruciais nas finanças estão relacionadas às origens da criação de valor e como medi-la. Aprofundaremos algumas ferramentas desenvolvidas no Capítulo 2 para responder a várias perguntas: de onde vem o valor? O que significa criar valor? O que é um custo do capital? Como medir o risco?

Capítulo 5: A Arte e a Ciência do Valuation

Valuation é um passo importante em todas as decisões de investimento. Neste capítulo, exploraremos como ele é uma arte justificada pela ciência e definiremos o que é a arte e o que é a ciência. Como saber quanto vale uma empresa? Quais investimentos valem a pena? E como evitar as armadilhas comuns do valuation?

Capítulo 6: Alocação de Capital

Por fim, examinaremos o problema fundamental que preocupa gestores financeiros em todas as empresas: o que fazer com excessos nos fluxos de caixa? Este capítulo reúne muito do que aprendemos ao longo do caminho. Você deve investir em novos projetos? Deve devolver o dinheiro aos acionistas? Caso sim, de que forma?

Guias para o Mundo Financeiro

Por todo o caminho, contaremos com cinco indivíduos que trarão seus insights e experiências do mundo real para acompanhar a estrutura conceitual deste livro. Eu os escolhi para oferecer perspectivas múltiplas sobre o ecossistema financeiro abordado no Capítulo 3.

Dois diretores financeiros representam corporações; dois investidores representam as perspectivas pública e privada e um analista de equity research (como meu pai) representa a região central do ecossistema financeiro.

Laurence Debroux, a primeira diretora financeira, integra a equipe da Heineken, uma empresa global de bebidas com operações em mais de 100 países. Debroux estudou administração na França, ingressou em um banco de investimentos e decidiu passar para o lado corporativo. Ela foi diretora financeira de várias companhias e é uma ótima guia para pensar em como as empresas ao redor do mundo investem e como interagem com os mercados de capitais.

O segundo diretor financeiro é Paul Clancy, ex-diretor da Biogen, empresa global de biotecnologia. Clancy passou muitos anos na PepsiCo antes de assumir o cargo na Biogen. Ele traz uma perspectiva particularmente valiosa a respeito de como pensar no financiamento de atividades de inovação e de P&D.

O primeiro investidor é Alan Jones, diretor global de capital privado do banco de investimentos Morgan Stanley. Jones e sua equipe encontram empresas subvalorizadas e tentam comprá-las em nome de seus clientes.

O segundo investidor protagonista é Jeremy Mindich, um dos cofundadores do Scopia Capital. Ele começou como jornalista, mas percebeu que sua habilidade de investigar empresas a fundo o ajudaria a ser bem-sucedido também na área financeira. Depois de trabalhar para vários fundos de hedge, ele criou o seu próprio, o Scopia Capital, agora uma empresa multibilionária em Nova York. Como gestor desse tipo de fundo, Mindich está constantemente avaliando empresas para determinar se estão sub ou supervalorizadas.

Esses dois investidores explicarão como avaliam empresas, definem seu valor e depois tentam criar valor com seus investimentos.

O quinto especialista é Alberto Moel, ex-funcionário da Bernstein, empresa de análise de equity research. Moel interage regularmente com empresas ao conversar com diretores financeiros e CEOs e aconselhar investidores. Ele mostrará como analistas examinam empresas, descobrem o que ocorre dentro delas e determinam seu valor, de fato servindo como ponte entre empresas, representadas por Debroux e Clancy, e investidores, representados por Jones e Mindich.

Juntos, eles fincarão nossos insights no mundo real e o ajudarão a entender como colocar as lições em prática. As implicações para essa prática também aparecerão em breves Perspectivas reais ao longo do livro e em estudos de casos ampliados, chamados Ideias em Ação, que fecham os capítulos. A seção Para refletir… traz perguntas ocasionais relacionadas às ideias nos capítulos, e cada um deles termina com perguntas que abrangem todo o material relevante.

Então, vamos começar com um joguinho.

1

Análise Financeira

Usando índices para analisar o desempenho — tudo isso jogando!

ara ajudá-lo a desenvolver sua intuição financeira, vamos a um joguinho. Este jogo vai apresentá-lo ao mundo das finanças ao criar uma compreensão de como usar os números para avaliar o desempenho — processo crucial da análise financeira. Essa análise responde a algumas das perguntas mais fundamentais para as quais profissionais financeiros — de diretores financeiros e gestores a investidores e banqueiros — precisam de respostas; perguntas que vão ao cerne do desempenho, da viabilidade e do potencial de uma empresa.

A análise financeira vai muito além da contabilidade. Neste capítulo, não abordaremos a mecânica da contabilidade (por exemplo, débitos e créditos), mas desenvolveremos nossa intuição acerca dos índices financeiros que usam contabilidade. Com o uso de índices no jogo, você entenderá que é possível desenvolver sua intuição sobre as fontes de desempenho ao comparar números de maneira simples.

O quanto é seguro emprestar dinheiro a uma empresa? O quanto é recompensador ser acionista de uma empresa? Quanto valor essa empresa oferece? Nenhuma dessas perguntas pode ser respondida analisando números isolados. Índices oferecem uma comparação de números relevantes de maneira simples, o que dá sentido a números que, de outra forma, não teriam nenhum significado. No contexto deste jogo, você identificará 14 empresas líderes com base apenas em uma série de índices. Depois de observar como setores podem ser identificados por índices, você usará o conhecimento recém-adquirido para analisar o desempenho de uma companhia ao longo do tempo — e ver como números podem ser usados para criar uma narrativa de suas vitórias e derrotas.

Que comecem os jogos!

Dando Sentido aos Números

Observe a Tabela 1-1, que é a espinha dorsal deste capítulo. Ela oferece uma variedade de índices de 14 empresas reais em 2013 que abrangem diferentes setores, organizadas em colunas. Perceba que deixar os nomes das empresas anônimos foi intencional. Este é o jogo: conforme avança neste capítulo, explorando índices, você desenvolverá sua intuição financeira combinando cada coluna de números com a empresa correspondente.

A Tabela 1-1 está mais ou menos organizada em três seções horizontais. A primeira seção representa a distribuição de ativos pertencentes à empresa, o que inclui caixa, equipamento e estoque. A segunda seção mostra como essas empresas financiam esses ativos, fazendo empréstimos e/ou levantando dinheiro junto a seus proprietários ou acionistas. A última seção é uma série de índices financeiros que avaliam o desempenho, o que exige ir além do que uma empresa possui e como financia essas compras. Às vezes, pessoas do universo financeiro parecem dividir tudo por tudo, apenas para nos confundir. Mas esse não é o caso. Índices possibilitam a interpretação porque apenas números isolados não significam nada (por exemplo, um lucro de $100 milhões é bom ou ruim? Só é possível saber comparando esse número ao faturamento ou a outra coisa).

Os setores e as respectivas empresas representadas são mostrados na Tabela 1-2. Como você pode ver, são empresas líderes de vários setores.

Há 406 números diferentes na Tabela 1-1, o que pode ser bastante intimidador. Muitos deles podem não fazer muito sentido agora. Não entre em pânico. Explicarei rapidamente o que 28 desses números significam — os "100" nas linhas que mostram os totais de ativos, passivos e patrimônio líquido representam vários totais para as duas primeiras seções. As empresas não são exatamente do mesmo tamanho; em vez disso, os números são porcentagens que representam a *distribuição* de ativos e fontes financeiras. Assim, os números dessas duas seções totalizam 100 quando arredondados.

Para ajudá-lo em sua análise, a Tabela 1-3 oferece uma representação geral de um balanço patrimonial com os dados específicos de 2017 da Starbucks — uma cadeia global de varejo. O lado dos "ativos" (ou o lado esquerdo) do balanço na Tabela 1-3(b) enumera o que a Starbucks tem, e o lado dos "passivos e patrimônio líquido" (ou o lado direito) resume como esses ativos são financiados. Em seu balanço patrimonial pessoal, suas roupas, sua máquina de lavar, sua televisão, seu carro ou sua casa são seus ativos. Qualquer dívida que você tenha é um passivo, e o restante é seu patrimônio líquido. Patrimônio líquido e ações dos acionistas são termos intercambiáveis — usaremos patrimônio líquido nas páginas a seguir.

TABELA 1-1

Qual é a empresa?

Porcentagens do balanço patrimonial	A	B	C	D	E	F	G	H	I	J	K	L	M	N
Ativos														
Caixa e títulos comercializáveis	35	4	27	25	20	54	64	9	5	16	4	2	16	7
Contas a receber	10	4	21	7	16	12	5	3	4	26	6	2	2	83
Estoques	19	38	3	4	0	1	0	3	21	17	21	3	0	0
Outros ativos circulantes	1	9	8	5	4	4	6	6	2	4	1	2	5	0
Ativo fixo (líquido)	22	16	4	8	46	7	16	47	60	32	36	60	69	0
Outros ativos	13	29	37	52	14	22	10	32	7	5	32	31	9	10
Ativos totais*	**100**	**100**	**100**	**100**	**100**	**100**	**100**	**100**	**100**	**100**	**100**	**100**	**100**	**100**
Ativos e patrimônio líquido														
Títulos a pagar	0	0	8	3	5	2	0	0	11	0	4	4	1	50
Contas a pagar	41	22	24	2	6	3	2	8	18	12	13	2	6	21
Despesas acumuladas	17	15	8	1	5	3	3	9	4	5	5	1	6	0
Outros passivos circulantes	0	9	9	9	6	18	2	7	11	10	4	2	12	3
Dívida de longo prazo	9	2	11	17	29	9	10	33	25	39	12	32	16	13
Outros passivos	7	17	17	24	38	9	5	18	13	10	7	23	22	4
Ações preferenciais	0	15	0	0	0	0	0	0	0	0	0	0	0	0
Patrimônio líquido	25	19	23	44	12	55	78	25	17	24	54	36	38	10
Passivos e patrimônio líquido totais*	**100**	**100**	**100**	**100**	**100**	**100**	**100**	**100**	**100**	**100**	**100**	**100**	**100**	**100**
Índices financeiros														
Ativos circulantes/passivos circulantes	1,12	1,19	1,19	2,64	1,86	2.71	10.71	0,87	0,72	2,28	1,23	1,01	0,91	1,36
Caixa, títulos comercializáveis e contas a receber/passivos circulantes	0,78	0,18	0,97	2,07	1,67	2.53	9.83	0,49	0,20	1,53	0,40	0,45	0,71	1,23
Giro de estoque	7,6	3,7	32,4	1,6	NA	10,4	NA	31,5	14,9	5,5	7,3	2,3	NA	NA
Prazo médio de recebimento (dias)	20	8	63	77	41	82	52	8	4	64	11	51	7	8,047
Dívida total/ativos totais	0,09	0,02	0,19	0,20	0,33	0,11	0,10	0,33	0,36	0,39	0,16	0,36	0,17	0,63
Dívida de longo prazo/capitalização	0,27	0,06	0,33	0,28	0,70	0,14	0,11	0,57	0,59	0,62	0,18	0,47	0,29	0,56
Faturamento/ativos totais	1,877	1,832	1,198	0,317	1,393	0,547	0,337	1,513	3,925	1,502	2,141	0,172	0,919	0,038
Lucro líquido/faturamento	−0,001	−0,023	0,042	0,247	0,015	0,281	0,010	0,117	0,015	0,061	0,030	0,090	0,025	0,107
Lucro líquido/ativos totais	−0,001	−0,042	0,050	0,078	0,021	0,153	0,004	0,177	0,061	0,091	0,064	0,016	0,023	0,004
Ativos totais/patrimônio líquido	3,97	2,90	4,44	2,27	8,21	1,80	1,28	4,00	5,85	4,23	1,83	2,77	2,66	9,76
Lucro líquido/patrimônio líquido	−0,005	−0,122	0,222	0,178	0,171	0,277	0,005	0,709	0,355	0,384	0,117	0,043	0,060	0,039
EBIT/despesas com juros	7,35	−6,21	11,16	12,26	3,42	63,06	10,55	13,57	5,98	8,05	35,71	2,52	4,24	NA
EBITDA/faturamento	0,05	0,00	0,07	0,45	0,06	0,40	0,23	0,22	0,05	0,15	0,06	0,28	0,09	0,15

*Os totais das colunas foram arredondados para 100.

Fonte: Mihir A. Desai, William E. Fruhan e Elizabeth A. Meyer, "O Caso das Indústrias Não Identificadas, 2013", Caso 214–028 (Boston: Harvard Business School, 2013).

Finanças... Simples Assim!

TABELA 1-2
Qual é a empresa? Setores

Setor	Empresa
Companhia aérea	Southwest
Rede de livrarias	Barnes & Noble
Banco comercial	Citigroup
Desenvolvedor de softwares computacionais	Microsoft
Rede de lojas de departamento, com cartão próprio	Nordstrom
Serviços de eletricidade e gás, com 80% do faturamento vindo das vendas de eletricidade e 20%, das vendas de gás natural	Duke Energy
Vendedor online direto fábrica-cliente de computadores pessoais, com mais de metade das vendas para clientes corporativos e maior parte da produção terceirizada	Dell
Varejista online	Amazon
Serviço de entrega de encomendas	UPS
Empresa farmacêutica	Pfizer
Rede de restaurantes	Yum!
Rede varejista de farmácias	Walgreens
Rede varejista de supermercados	Kroger
Serviço de rede social	Facebook

Para avaliar o desempenho a partir dos índices na terceira seção, recorreremos às demonstrações do resultado do exercício (DRE), que refletem as operações contínuas de uma empresa. A Tabela 1-4 oferece uma representação geral de uma DRE com os dados específicos de 2017 da Starbucks. DREs mostram como uma empresa obtém sua receita líquida depois de levar em conta todos os rendimentos e custos, assim como você talvez considere seu salário como faturamento e seus custos (alimentação, aluguel e por aí vai) antes de descobrir quanto conseguirá guardar.

TABELA 1-3
Balanços representativos

Ativos: o que uma empresa possui	Passivos e patrimônio líquido: como os ativos são financiados
Ativos circulantes	Passivos circulantes
Caixa	Contas a pagar
Contas a receber	Outros passivos circulantes
Estoques	Passivos não circulantes
Outros ativos circulantes	Dívida de longo prazo
Ativos não circulantes	Outros passivos
Ativo fixo	
Ativos intangíveis e outros	**Patrimônio líquido**
	Lucros acumulados
	Outras contas de patrimônio líquido
Ativos totais	**Passivos e patrimônio líquido totais**

(a) Balanço patrimonial

Ativos		Passivos e patrimônio líquido	
Caixa	19%	Contas a pagar	5%
Contas a receber	6	Outros passivos circulantes	15
Estoques	9	Dívida de longo prazo	36
Outros ativos circulantes	2	Outros passivos	5
Ativo fixo	34		
Ativos intangíveis e outros	29		
		Patrimônio líquido total	38
Ativos totais*	**100**	**Passivos e patrimônio líquido totais***	**100**

*Os totais foram arredondados para 100.

(b) Balanço patrimonial do relatório anual de 2017 da Starbucks

TABELA 1-4

DRE representativo do relatório anual de 2017 da Starbucks

Receita

Faturamento	100%
Custo dos bens vendidos	−40
Margem bruta	60
Despesas gerais, administrativas e com vendas	−42
Lucros operacionais (ou lucros antes de juros e imposto de renda, EBIT)	18
Juros	−1
Receita antes dos impostos	17
Impostos	−6
Lucros líquidos	**11%**

Boa parte das finanças envolve observar um monte de números e levantar coisas interessantes sobre eles. Sabendo um pouco sobre os índices na Tabela 1-1, qual sua opinião sobre aqueles números? Talvez esteja curioso sobre por que alguns são tão diferentes dos outros. Se estiver, excelente! O começo de muitas análises financeiras consiste em observar uma série de números e achá-los interessantes. O melhor primeiro passo ao olhar para vários números é buscar os extremos e criar uma história para eles. Antes de descobrir quais são as empresas, vamos examinar cada seção e identificar alguns dos números mais extremos. Depois explicaremos o que eles representam.

Ativos

Levando em conta que empresas investem em ativos para realizar sua missão, é crucial desenvolver uma compreensão intuitiva sobre o assunto. De certa forma, os ativos são a própria empresa. A Häagen-Dazs, por exemplo, é dona do sorvete que vai vender, das fábricas que produzem esse sorvete e dos caminhões que vão entregá-lo. Ativos não são muito mais que isso. Como é possível ver na Tabela 1-5, os ativos estão ordenados pelo grau em que podem ser convertidos em caixa; aqueles que podem ser facilmente convertidos em caixa são chamados ativos circulantes e aparecem no topo. Em cada linha da Tabela 1-5, quais números chamam mais a sua atenção?

Caixa e títulos comercializáveis

Começando pela primeira linha da Tabela 1-5, perceba que as empresas F e G têm mais da metade de seus ativos em caixa e títulos comercializáveis. Isso pode parecer estranho. Por que uma empresa reteria tanto caixa? Essa é uma questão profunda nas finanças atualmente, pois as empresas retêm mais caixa do que nunca — combinadas, de US$2 a US$3 trilhões apenas nas empresas dos EUA. Um exemplo: a Apple retém mais de US$250 bilhões em caixa. Detalharemos melhor essa questão depois, mas grandes somas de caixa retidas podem ser entendidas como a) uma garantia para tempos incertos, (b) uma reserva para futuras aquisições ou (c) uma manifestação da falta de oportunidades de investimento.

16 Finanças... Simples Assim!

TABELA 1-5

Qual é a empresa? Ativos

Porcentagem do balanço patrimonial	A	B	C	D	E	F	G	H	I	J	K	L	M	N
Ativos														
Caixa e títulos comercializáveis	35	4	27	25	20	54	64	9	5	16	4	2	16	7
Contas a receber	10	4	21	7	16	12	5	3	4	26	6	2	2	83
Estoques	19	38	3	4	0	1	0	3	21	17	21	3	0	0
Outros ativos circulantes	1	9	8	5	4	4	6	6	2	4	1	2	5	0
Ativo fixo (líquido)	22	16	4	8	46	7	16	47	60	32	36	60	69	0
Outros ativos	13	29	37	52	14	22	10	32	7	5	32	31	9	10
Ativos totais*	**100**	**100**	**100**	**100**	**100**	**100**	**100**	**100**	**100**	**100**	**100**	**100**	**100**	**100**

*Os totais das colunas foram arredondados para 100.

Levando em consideração o lucro abdicado, não é sensato para as empresas reter tanto caixa, então elas investem muito dele em títulos públicos que podem ser rapidamente convertidos em caixa — os chamados títulos comercializáveis. Já que podem ser rapidamente convertidos em caixa, esses títulos são muitas vezes somados ao caixa nos balanços patrimoniais.

Contas a receber

Contas a receber são montantes que uma empresa espera receber de seus clientes no futuro. Conforme a confiança entre uma empresa e seus clientes aumenta, ela pode estar disposta a deixar que paguem depois. Muitas estendem o crédito, permitindo que seus clientes, em geral outras empresas, paguem depois de 30, 60 ou até 90 dias. Uma empresa (N) tem a maior parte de seus ativos em recebíveis. Por que você acha que isso acontece? Por que empresas como B, H e I têm tão poucos recebíveis?

Para refletir...

Considere três empresas: Walmart (uma varejista multinacional), Staples (uma cadeia de suprimentos de material de escritório) e Intel (uma fabricante de chips semicondutores). Qual delas tem o maior montante de contas a receber em relação a suas vendas?

Em 2016, o Walmart tinha US\$5,6 bilhões (ou 1,1% das vendas) em contas a receber em seu balanço patrimonial. A Staples tinha US\$1,4 bilhão (ou 6,7% das vendas). E a Intel, US\$4,8 bilhões (ou 8,9% das vendas). Empresas como a Intel, que vendem para outras empresas, terão um montante maior de suas vendas em recebíveis. O Walmart tem recebíveis limitados pois, em geral, lida com clientes. A Staples representa um caso médio interessante, pois trabalha tanto com empresas quanto diretamente com clientes.

Estoques

Estoques são os bens (ou insumos que se transformarão nesses bens) que uma empresa pretende vender. Eles incluem matérias-primas, produtos não finalizados e bens finais. Os estoques da Häagen-Dazs incluem todo o sorvete produzido e o chocolate, o doce de leite e os grãos de café associados que são necessários para a produção.

Perceba que algumas empresas (E, G, M e N) não têm estoques. Como assim uma empresa não tem nada para vender? A resposta é

que — e esta será a primeira dica para o exercício no geral — essas empresas provavelmente oferecem serviços. Pense em uma empresa de advocacia, de publicidade ou de serviços médicos — elas não têm bens físicos para vender, logo, são provedoras de serviços.

Ativo fixo

Ativo fixo, ou propriedade, planta e equipamento (PP&E), refere-se àqueles ativos tangíveis e de longo prazo que uma empresa usa para produzir ou distribuir seu produto. Pode incluir sede, fábricas, maquinário nessas fábricas e lojas. Por exemplo, uma hidrelétrica pode ter grandes barragens e uma varejista pode ter várias lojas como parte de seu ativo fixo. Observe que as empresas I, L e M têm uma grande porcentagem de ativos nessa categoria, mais de 60%. De quais setores elas fariam parte?

Outros ativos

Além desses grandes montantes de caixa para algumas empresas, há outras, como a D, com grandes montantes em "outros ativos". De fato, a importância crescente do caixa e de outros ativos são duas tendências dominantes nas finanças. Mas o que "outros" significa? Outros ativos podem significar várias coisas, mas muito provavelmente tratam-se de ativos intangíveis — coisas que são valiosas, mas nas quais não podemos pôr as mãos —, como patentes e marcas.

O revés aqui é que contadores não atribuem valor a ativos intangíveis a menos que conheçam esses valores com precisão. Dessa forma, por exemplo, a Coca-Cola tem uma marca muito valiosa, talvez a coisa mais valiosa que possui, mas não sabe exatamente qual o seu valor. Então, contadores ignoram essa informação. É o princípio do conservadorismo contábil. A ideia de que se deve ignorar algo porque seu valor preciso não é conhecido também é um fator que leva muitas pessoas nas finanças a não confiar na contabilidade.

Quando uma empresa compra outra, muitos ativos intangíveis que não puderam ser avaliados com precisão previamente passam a ter um valor de acordo com a contabilidade, porque alguém de fato pagou por eles como parte de uma aquisição. Isso leva a um componente particularmente importante dos outros ativos: o patrimônio de marca. Quando uma empresa adquire outra por um valor superior ao de seus ativos no balanço patrimonial, essa diferença, em geral, é registrada nos balanços da empresa adquirente como patrimônio de marca. Como consequência, empresas com muitos outros ativos e patrimônio de marca são, provavelmente, aquelas que compraram outras empresas com muitos ativos intangíveis, que não foram registrados antes em razão do conservadorismo.

Para refletir...

A Microsoft gastou US$26,2 bilhões em 2016 para adquirir o LinkedIn, que possuía ativos com valor contábil de US$7 bilhões. Os US$19,2 bilhões pagos além disso aparecerão no balanço patrimonial da Microsoft como "outros ativos", incluindo patrimônio de marca. O que a empresa pagou além do valor contábil valia mesmo os US$19,2 bilhões a mais?

A Microsoft poderia, por exemplo, se beneficiar das informações dos 433 milhões de usuários do LinkedIn para otimizar seu marketing de soluções empresariais e produtividade. O valor dos dados dos usuários nunca apareceram no balanço patrimonial do LinkedIn pela dificuldade em avaliá-los, mas, ao comprá-lo, a Microsoft fez esse valor se manifestar.

Passivos e patrimônio líquido

A segunda seção, passivos e patrimônio líquido, oferece informações sobre como as empresas se autofinanciam (veja a Tabela 1-6). Basicamente, existem apenas duas fontes de financiamento para a compra de ativos — mutuantes e proprietários. Passivos representam as quantias financiadas por mutuantes, para quem a emprese deve; patrimônio líquido, ou ações dos acionistas, corresponde aos fundos que os acionistas fornecem.

TABELA 1-6

Qual é a empresa? Passivos e patrimônio líquido

Porcentagens do balanço patrimonial	A	B	C	D	E	F	G	H	I	J	K	L	M	N
Passivos e patrimônio líquido														
Títulos a pagar	0	0	8	3	5	2	0	0	11	0	4	4	1	50
Contas a pagar	41	22	24	2	6	3	2	8	18	12	13	2	6	21
Despesas acumuladas	17	15	8	1	5	3	3	9	4	5	5	1	6	0
Outros passivos atuais	0	9	9	9	6	18	2	7	11	10	4	2	12	3
Dívidas de longo prazo	9	2	11	17	29	9	10	33	25	39	12	32	16	13
Outros passivos	7	17	17	24	38	9	5	18	13	10	7	23	22	4
Ações preferenciais	0	15	0	0	0	0	0	0	0	0	0	0	0	0
Patrimônio líquido	25	19	23	44	12	55	78	25	17	24	54	36	38	10
Total de passivos e patrimônio líquido*	**100**	**100**	**100**	**100**	**100**	**100**	**100**	**100**	**100**	**100**	**100**	**100**	**100**	**100**

*Os totais das colunas foram arredondados para 100.

Você pode fazer alguns paralelos em sua vida. Suas dívidas (cartões de crédito, financiamentos imobiliários e de veículos e empréstimos estudantis) o ajudaram a financiar seus ativos (uma casa, um carro e, o mais importante, seu valiosíssimo capital humano). A diferença entre seus ativos e passivos é o patrimônio líquido (ou ações dos acionistas).

Como é possível ver na Tabela 1-6, os padrões de financiamento são diferentes entre as empresas e setores. A empresa G, por exemplo, usa muito do patrimônio líquido como fonte de financiamento. Outras, como a N, usam muito pouco. Essa mistura de financiamentos é denominada estrutura de capital — tópico ao qual voltaremos no Capítulo 4. Os passivos são ordenados pelo período de tempo que empresas têm para liquidá-los; e passivos que precisam ser liquidados logo são classificados como "correntes".

Contas e títulos a pagar

Contas a pagar representam montantes devidos a outros, geralmente durante um período curto e tipicamente aos fornecedores da empresa. As contas a pagar de uma empresa muitas vezes correspondem às contas a receber de outra. A empresa A deve uma grande quantia de dinheiro a seus fornecedores. Qual seria a razão? Uma possibilidade é que ela esteja com problemas financeiros e não consiga pagá-los.

Uma outra é que ela deliberadamente demora muito para pagar fornecedores. Qual é a explicação mais plausível?

Às vezes, empresas têm títulos a pagar, uma obrigação financeira de curto prazo. Observe que a empresa N é a única que usa bastante títulos a pagar. Ela também tem muito mais recebíveis do que as outras empresas, tornando todo o panorama estranho. Qual empresa você acha que seria tão distinta?

Para refletir...

Anteriormente, consideramos as posições de contas a pagar do Walmart, da Staples e da Intel. Considere qual tipo de cliente deveria dinheiro para cada uma delas. Em outras palavras, quais empresas têm contas a pagar que correspondem às contas a receber dessas três empresas?

A Intel é o exemplo mais simples. Ela vende chips para fabricantes de eletrônicos com capacidade computacional, então a Lenovo ou a Dell seriam suas clientes. Logo, as contas a receber da Intel correspondem às contas a pagar da Lenovo ou da Dell.

Despesas acumuladas

Despesas acumuladas, em geral, representam montantes devidos a outros por atividades já cumpridas. Um exemplo são os salários:

um balanço patrimonial pode ser produzido no meio de um período de pagamento, e a empresa pode dever salários que ainda não foram pagos.

Dívidas de longo prazo

Conforme saímos dos passivos de curto prazo para os passivos de longo prazo na Tabela 1-6, nos deparamos com dívidas pela primeira vez. Diferentemente dos outros passivos, a dívida se distingue por ter uma taxa de juros explícita. Você provavelmente já teve dívidas. Por exemplo, estudantes pegam dinheiro emprestado e, ao fazê-lo, contraem uma dívida para pagar seus estudos, assim como pessoas pegam dinheiro emprestado para comprar casas. Na Tabela 1-6, você verá que algumas empresas pegam empréstimos vultuosos — 30% a 40% de seus ativos foram financiados por meio de dívidas.

Ações preferenciais e ações comuns

O patrimônio líquido representa uma reivindicação de posse com retornos variáveis — na verdade, os proprietários recebem todo o dinheiro residual da empresa depois dos custos e passivos. As dívidas têm um retorno fixo (ou seja, a taxa de juros) e nenhuma reivindicação de posse, mas são pagas primeiro, antes dos acionistas, em caso de falência. Os acionistas têm retorno variável e reivindicação de posse, mas podem ficar sem nada se ocorrer falência. Em geral, patrimônio líquido, ações dos acionistas, ações dos proprietários e ações comuns são efetivamente sinônimos. O patrimônio líquido não é apenas o montante que os proprietários originalmente investiram em uma empresa. Conforme uma empresa recebe os lucros líquidos, esses lucros podem ser pagos como dividendos ou reinvestidos na empresa. Esses ganhos retidos são um componente das ações dos acionistas, pois é como se os proprietários recebessem um dividendo e o reinvestissem na empresa — assim como fizeram com o investimento original.

Para refletir...

Dê uma olhada na porcentagem de ativos associados a dívidas de longo prazo para as empresas E (29%) e I (25%). Qual dessas dívidas você acha que é mais arriscada?

Para responder a essa pergunta, também devem ser considerados os níveis de caixa das duas empresas — a empresa E possui 20% de seus ativos em caixa, enquanto a I possui apenas 5%. Analistas financeiros às vezes consideram caixa como "dívida negativa", pois ele pode ser usado para quitar essas dívidas de imediato. Nesse caso, pode se considerar que a empresa E tem uma dívida líquida de 9%, enquanto a da I é de 20%. Dessa forma, seria mais arriscado emprestar quantias adicionais para a empresa I em relação à E.

Apenas uma empresa, a B, possui ações preferenciais. Por que isso acontece? Aliás, o que é isso? Por que um tipo de proprietário seria preferencial? Ações preferenciais são muitas vezes chamadas de instrumento híbrido, porque combinam elementos tanto de reivindicações de dívidas quanto de patrimônio líquido. Como as dívidas, um dividendo preferencial pode ser fixado e pago antes de dividendos de ações comuns, mas, como o patrimônio líquido, ações preferenciais são associadas à posse e pagas depois das dívidas em caso de falência. Ações preferenciais são — surpresa! — preferenciais: quando tudo dá errado, acionistas preferenciais são pagos antes dos comuns, e quando tudo dá certo, diferentemente dos credores, eles se beneficiam do resultado positivo como acionistas.

Por que uma empresa emitiria um título desses? Imagine uma companhia que passou por tempos difíceis e encara um futuro arriscado. Você gostaria de investir em ações comuns se falência fosse uma possibilidade real? Gostaria de emprestar dinheiro e receber apenas um retorno fixo que pode não corresponder ao risco da empresa? Os atributos únicos das ações preferenciais podem permitir a uma empresa se autofinanciar durante períodos instáveis.

Para refletir...

Empresas de capital de risco, que fornecem fundos para empreendimentos de risco, quase sempre recebem ações preferenciais em troca. Por que essa forma de financiamento é preferível?

Ações preferenciais permitem que seu investimento seja protegido caso a empresa se saia mal e ainda garantem participação nos resultados positivos caso se saia bem. Elas fazem isso convertendo suas ações preferenciais em ações comuns quando as coisas vão bem.

Entendendo os Índices

Agora que entendemos como as empresas são representadas por seus balanços patrimoniais, vamos abordar algo ainda mais relevante em termos de análise de empresas — índices financeiros. Índices são a língua dos negócios, e as pessoas no mercado financeiro adoram criá-los, falar sobre eles, virá-los de cabeça para baixo, destruí-los e assim por diante.

Índices dão significado aos números ao torná-los passíveis de comparação entre empresas e ao longo do tempo. Por exemplo, o lucro líquido da Coca-Cola em 2016 foi de US$7,3 bilhões. Isso é muito dinheiro para ela? É difícil dizer sem um contexto. Por ou-tro lado, saber que o lucro líquido da empresa foi de 16% de seu faturamento (lucro líquido dividido pelo faturamento) é muito mais útil. Da mesma forma, saber que a Coca-Cola tem US$64 bilhões em passivos pode não significar muito; saber que 71% de seus ativos são financiados por passivos (passivos divididos pelos ativos) nos diz muito mais sobre ela. Também é possível comparar esses índices aos de outras empresas e a desempenhos anteriores.

De modo geral, os índices na Tabela 1-7 envolvem quatro per-guntas. Primeira: como a empresa está se saindo em termos de gera-ção de lucros? Segunda: o quanto essa empresa é eficiente e produti-va? Terceira: como ela se financia? A quarta pergunta gira em torno da liquidez, que se refere à habilidade de uma empresa de gerar cai-xa rapidamente. Se todos os seus ativos estão em bens imóveis, você não possui liquidez. E, se toda a sua riqueza estiver em sua conta corrente, você possui alta liquidez.

Liquidez

A maioria das empresas vai à falência porque fica sem caixa. Índices de liquidez medem esse risco, enfatizando a habilidade da empresa de cumprir com obrigações de curto prazo por meio de ativos que podem ser rapidamente convertidos em caixa. Fornecedores gostam de ver altos índices de liquidez, pois querem garantir que seus clien-tes podem pagá-los. Para os acionistas, uma maior liquidez pode ser uma faca de dois gumes. Sim, eles querem assegurar que a empresa não vá à falência. Mas ativos com liquidez muito alta, como caixa e títulos comercializáveis, podem não oferecer muito retorno.

TABELA 1-7

Qual a empresa? Índices

Índices financeiros	A	B	C	D	E	F	G	H	I	J	K	L	M	N
Ativos atuais/passivos atuais	1,12	1,19	1,19	2,64	1,86	2,71	10,71	0,87	0,72	2,28	1,23	1,01	0,91	1,36
Caixa, títulos comercializáveis e contas a receber/passivos atuais	0,78	0,18	0,97	2,07	1,67	2,53	9,83	0,49	0,20	1,53	0,40	0,45	0,71	1,23
Rotatividade de estoque	7,6	3,7	32,4	1,6	NA	10,4	NA	31,5	14,9	5,5	7,3	2,3	NA	NA
Prazo médio de recebimento (dias)	20	8	63	77	41	82	52	8	4	64	11	51	7	8,047
Dívidas totais/ativos totais	0,09	0,02	0,19	0,20	0,33	0,11	0,10	0,33	0,36	0,39	0,16	0,36	0,17	0,63
Dívidas de longo prazo/capitalização	0,27	0,06	0,33	0,28	0,70	0,14	0,11	0,57	0,59	0,62	0,18	0,47	0,29	0,56
Faturamento/ativos totais	1,877	1,832	1,198	0,317	1,393	0,547	0,337	1,513	3,925	1,502	2,141	0,172	0,919	0,038
Lucro líquido/faturamento	−0,001	−0,023	0,042	0,247	0,015	0,281	0,010	0,117	0,015	0,061	0,030	0,090	0,025	0,107
Lucro líquido/ativos totais	−0,001	−0,042	0,050	0,078	0,021	0,153	0,004	0,177	0,061	0,091	0,064	0,016	0,023	0,004
Ativos totais/patrimônio líquido	3,97	2,90	4,44	2,27	8,21	1,80	1,28	4,00	5,85	4,23	1,83	2,77	2,66	9,76
Lucro líquido/patrimônio líquido	−0,005	−0,122	0,222	0,178	0,171	0,277	0,005	0,709	0,355	0,384	0,117	0,043	0,060	0,039
EBIT/despesas com juros	7,35	−6,21	11,16	12,26	3,42	63,06	10,55	13,57	5,98	8,05	35,71	2,52	4,24	NA
EBITDA/faturamento	0,05	0,00	0,07	0,45	0,06	0,40	0,23	0,22	0,05	0,15	0,06	0,28	0,09	0,15

Liquidez Corrente

$$\frac{\text{ativos circulantes}}{\text{passivos circulantes}}$$

O índice de liquidez corrente faz a seguinte pergunta em nome dos fornecedores de uma empresa: essa empresa será capaz de nos pagar caso precise fechar? Seus ativos circulantes serão suficientes para quitar seus passivos circulantes (incluindo aqueles devidos aos fornecedores)? Esse índice é uma forma essencial de considerar se um fornecedor deve oferecer crédito a uma empresa e se uma empresa conseguirá sobreviver pelos próximos 6 ou 12 meses.

Liquidez Seca

$$\frac{(\text{ativos circulantes} - \text{estoques})}{\text{passivos circulantes}}$$

Para refletir...

Vamos considerar três empresas diferentes: o Grupo Rio Tinto, corporação global de minérios e metal; a NuCor Corporation, siderúrgica "minimill"; e a Burberry, marca de moda de luxo. Qual índice de liquidez você gostaria de ver de cada uma delas — seca ou corrente?

Essa pergunta depende de qual empresa você considera ter o estoque mais arriscado. De várias formas, a Burberry está mais propensa a ter o estoque mais arriscado, pois não existe mercado spot disponível para liquidá-lo. Se a empresa cometer um erro estilístico em um novo produto, pode ser impossível vender esse estoque, mesmo com desconto. Em contrapartida, o Rio Tinto — e a NuCor, em menor grau — podem conseguir liquidar seu estoque rapidamente porque negociam materiais que têm um mercado spot.

O índice de liquidez seca lembra o de liquidez corrente, mas exclui os estoques do numerador. Por que dar tanta importância aos estoques? Você pode achar que se tratam de operações, mas, para as pessoas no universo financeiro, eles representam um risco que precisa ser financiado. E estoques podem ser muito arriscados. Pense na BlackBerry, que competiu no mercado de smartphones, no qual os produtos ficam obsoletos rápido. Em 2013, a empresa lançou o Z10 com atraso e foi obrigada a declarar que seu estoque de US$1 bilhão, na verdade, não valia nada. Para empresas com estoque de alto risco, esse índice oferece uma visão mais cética de sua liquidez.

Lucratividade

A lucratividade pode ser avaliada de várias maneiras diferentes porque sua métrica apropriada depende especificamente da pergunta feita. Também é possível avaliá-la sem as métricas de lucro tradicionais baseadas na contabilidade.

Como sempre, é importante comparar os lucros a alguma coisa. Por exemplo, você pode observar os lucros líquidos, ou a receita depois de todos os custos e despesas, e compará-los às vendas (para representar a margem) ou ao patrimônio líquido (para representar o retorno aos acionistas). Ambas são métricas fundamentais de lucratividade. Uma delas pergunta: para cada real de faturamento, com quanto uma empresa fica depois de todos os custos relevantes? E a outra: para cada real que um acionista coloca em uma empresa, quanto recebe de volta a cada ano? Esse é o conceito de retorno, especificamente, de retorno sobre o patrimônio (ROE).

Margem de Lucro

$$\frac{\text{lucro líquido}}{\text{faturamento}}$$

Como vimos na Tabela 1-1, existem diversas métricas diferentes de lucro que consideram diferentes conjuntos de custos. Para o lucro bruto, apenas são subtraídos do faturamento os gastos relacionados à produção de bens, enquanto o lucro operacional também subtrai outros gastos operacionais, como custos de vendas e administrativos. Por fim, o lucro líquido subtrai os juros e os impostos do lucro operacional. Curiosamente, as empresas A e B têm margens de lucro negativas, enquanto as empresas D e F têm margens de quase 25%.

Retorno sobre o Patrimônio (ROE)

$$\frac{\text{lucro líquido}}{\text{patrimônio líquido}}$$

Esse índice, muitas vezes chamado de retorno sobre o patrimônio (ROE), mede o retorno anual que os acionistas recebem. Especificamente, qual é o fluxo de receita anual para cada real de patrimônio que os acionistas investem em uma empresa? Por exemplo, a empresa C tem um ROE de 22%, enquanto a M, de apenas 6%.

Retorno sobre os Ativos

$$\frac{\text{lucro líquido}}{\text{ativos totais}}$$

Muitas vezes chamado de retorno sobre os ativos, esse índice quer saber quanto lucro uma empresa gera para cada real em ativos. É a mesma coisa que perguntar com quanta eficiência os ativos de uma empresa estão gerando lucros.

Margem EBITDA

$$\frac{\text{EBITDA}}{\text{faturamento}}$$

EBITDA é uma das principais siglas financeiras de todos os tempos, e deve ser pronunciada rápido — "E-BIT-DA". Ela também é um indicativo de que estamos saindo da ideia contábil de lucro para enfatizar o caixa nas finanças. O que é EBITDA? Vamos começar dividindo a sigla em duas partes: EBIT e DA.

EBIT é apenas um termo financeiro chique para o que já conhecemos como lucro operacional. Se você começar a analisar a declaração de lucros pelo fim, verá que é possível redefinir o lucro operacional como "lucros antes de juros e imposto de renda", ou EBIT [LAJIR, em português]. Considerando que algumas empresas têm cargas tributárias e estruturas de capital diferentes, o EBIT oferece um modo de comparar seus desempenhos de forma mais direta. Por exemplo, uma editora norte-americana e outra alemã talvez enfrentem cargas tributárias diferentes. O lucro líquido, que leva os impostos em conta, ofereceria uma visão distorcida; o EBIT, que exclui essa informação, ofereceria uma visão mais real.

E o DA? DA significa "depreciação e amortização". Depreciação refere-se a quanto valor os ativos tangíveis, como veículos e equipamento, perdem ao longo do tempo, e amortização refere-se ao mesmo fenômeno, mas para ativos intangíveis. A razão para destacar a DA é que estas são despesas que não estão associadas à despesa de caixa; é apenas uma aproximação da perda de valor de um ativo. Suponha que você construa uma fábrica. Na contabilidade, é preciso depreciá-la e cobrar de si mesmo uma despesa por essa depreciação. Mas nas finanças enfatizamos o caixa, e não houve despesa de caixa, então EBITDA — ou lucros antes de juros, impostos, depreciação e amortização [LAJIDA, em português] — é uma métrica do dinheiro gerado pelas operações. Como a DA foi subtraída para chegar ao EBIT, é necessário adicioná-la de volta para descobrir o EBITDA.

Como veremos no Capítulo 2, a ênfase no caixa é o alicerce da perspectiva financeira. Um exemplo que desenvolveremos melhor depois, a Amazon, tem uma lucratividade baixa, mas um EBITDA significativo. Entre as empresas da Tabela 1-7, é perceptível que a D gera um montante de caixa considerável — 45%, ou 45 centavos para cada real de faturamento! Da mesma forma, a empresa L tem uma margem de lucro razoável de 9%, mas uma margem escandalosa de EBITDA de 28%. Por que será?

Financiamento e alavancagem

Alavancagem é um dos conceitos financeiros mais poderosos e, grosso modo, se relaciona às nossas discussões anteriores de escolhas de financiamento e estrutura de capital. Talvez você tenha amigos no mercado financeiro que ficam com os olhos marejados ao falar sobre o assunto. Impérios foram construídos e destruídos por causa da alavancagem, e você verá por quê.

Por que se chama "alavancagem"? A maneira mais fácil de entender o poder desse conceito é lembrar o que uma alavanca faz no contexto da engenharia. Imagine uma grande pedra que você não consegue mover sozinho. Uma alavanca lhe permitirá mover essa pedra, quase magicamente, multiplicando a força que você aplica à tarefa. E esta é uma analogia precisa ao que acontece com a alavancagem financeira. Assim como uma alavanca permite mover uma pedra, a alavancagem financeira permite que os proprietários controlem ativos que não conseguiriam de outra forma.

Vamos considerar seu balanço patrimonial pessoal depois que você compra uma casa. E se nenhum financiamento estivesse disponível para realizar essa compra? Se tivesse $100, poderia comprar apenas uma casa que custasse $100. Com um mercado de financiamento imobiliário, você pode pegar dinheiro emprestado para comprar uma casa que vale, digamos, $500. Vamos ver como seu balanço patrimonial fica sob essas duas circunstâncias (veja a Tabela 1-8).

TABELA 1-8

Balanço patrimonial para compras de imóveis

Caso A		Caso B	
Ativos	**Passivos e patrimônio líquido**	**Ativos**	**Passivos e patrimônio líquido**
casa de R$100	patrimônio líquido de R$100	casa de R$500	financiamento de R$400 R$100 de patrimônio

Na verdade, a alavancagem permite que você more em uma casa na qual não tem direito de morar. É quase tão mágico quanto a alavanca o ajudando a mover uma pedra.

A grande pergunta é: você é mais rico no caso A ou no caso B? Alguns acham que é no caso A, porque não deve nada. Outros, que é no caso B, pois você mora em uma casa maior. Na realidade, dá no mesmo; nos dois casos, seu patrimônio líquido é de R$100.

A alavancagem não apenas permite que você controle ativos que não tem direito de controlar, mas também aumenta seus retornos. Imagine que o valor da casa aumente em 10% nos dois casos. No caso A, o retorno para seu patrimônio líquido é de 10%; no caso B, esse retorno é de 50% se o valor da casa subir para R$550, mas o financiamento permanece em R$400.

Infelizmente, nem tudo são flores. Se o valor da casa cair em 20%, o retorno para seu patrimônio líquido é de –20% no caso A, mas no caso B é de –100%! Logo, gerenciar a alavancagem é crucial, porque ela lhe permite fazer coisas que você não conseguiria fazer de outra forma e porque ela amplia seu retorno — para mais e para menos.

Perspectivas reais

Alan Jones, diretor global de capital privado no Morgan Stanley, comenta o uso de alavancagem de patrimônio líquido:

A analogia do financiamento imobiliário é muito pertinente. Digamos que vamos comprar uma empresa que valha $100. Podemos comprá-la direto com $100 de capital ou com $70 que pegamos emprestados de outra pessoa e $30 de nosso próprio capital. Se o valor desse ativo dobrar enquanto somos proprietários dele, no primeiro exemplo, nosso retorno será de $100 adicionais, ou aproximadamente 100% de retorno por quanto tempo formos donos da empresa. Mas, se compramos esse mesmo ativo usando $70 de capital de terceiros (ou seja, uma dívida), temos um capital que vale agora $130, em comparação aos $30 que originalmente investimos. Assim, em vez de apenas dobrar nosso dinheiro, tivemos um retorno mais de quatro vezes maior. Como resultado, as pessoas pegam tanto "dinheiro dos outros" quanto conseguem.

Endividamento Geral

$$\frac{\text{dívida total}}{\text{ativos totais}}$$

O índice de endividamento geral mede a proporção de todos os ativos financiados por dívidas. Ele oferece uma perspectiva do balanço patrimonial sobre a alavancagem.

Grau de Alavancagem

$$\frac{\text{dívida}}{\text{dívida} + \text{patrimônio líquido}}$$

O grau de alavancagem oferece uma métrica um pouco mais sutil da alavancagem, enfatizando a combinação de dívidas e patrimônio líquido. O denominador nesse índice é a capitalização — a combinação das dívidas e do patrimônio líquido de uma empresa. Como vimos, existem dois tipos primários de financiamento para uma empresa, e os consideramos de maneiras diferentes. As dívidas têm um custo de juros fixo associado, enquanto o patrimônio líquido tem uma taxa variada de retorno — ou seja, ela flutua — junto com os direitos de propriedade. Esse índice monitora qual proporção do financiamento de uma empresa vem do endividamento e, portanto, desvia a atenção dos passivos que são parte das operações.

Índice de Patrimônio Líquido

$$\frac{\text{ativos}}{\text{patrimônio líquido}}$$

A alavancagem oferece a um proprietário a capacidade de controlar mais ativos do que teria direito de outra forma. Esse índice nos diz com precisão quantos ativos a mais um proprietário pode controlar em relação a seu próprio capital de ações. Como consequência, ele também mede o quanto o uso desse recurso aumenta os retornos.

Índice de Cobertura de Juros

$$\frac{\text{EBIT}}{\text{despesa de juros}}$$

As três métricas anteriores foram constituídas a partir de balanços patrimoniais, mas a pergunta crucial muitas vezes é: em que grau uma empresa pode pagar seus próprios juros? O índice de cobertura de juros mede a capacidade de uma empresa de financiar pagamentos de juros com suas operações e usa apenas dados da demonstração do resultado do exercício.

Para refletir...

Ao longo das duas últimas décadas, empresas farmacêuticas têm lentamente aumentado sua alavancagem. Por exemplo, em 2001, a Merck tinha um índice de quociente da dívida de 0,53; a Pfizer, de 1,14. Em 2016, esse índice para a Merck era de 1,28; para a Pfizer, de 1,58. O que no setor causou essa mudança?

Uma explicação possível para a situação é que empresas farmacêuticas estão gerando fluxos de caixa mais estáveis, que conseguem cobrir dívidas maiores. Grandes empresas do ramo estão cada vez mais comprando tecnologias promissoras de empresas de biotecnologia, em vez de assumir o processo arriscado de desenvolver elas mesmas novos tratamentos e medicamentos. Como resultado, o risco geral dessas empresas diminuiu, e os credores ficam mais propensos a estender crédito a elas.

Empresas de capital privado às vezes usam dívidas em transações conhecidas como LBOs — leveraged buyouts — para comprar empresas. Nessas transações, a empresa pega emprestado para comprar de muitos acionistas, deixando-a com um nível de alavancagem maior do que antes.

Que tipo de setores você esperaria que fossem alvo de LBOs?

Em resumo, empresas com modelos de negócios estáveis e clientes comprometidos são boas candidatas a LBOs. Se a empresa tiver fluxos de caixa estáveis, pode manter uma alavancagem mais alta de maneira mais segura do que empresas com tecnologias muito arriscadas. Alvos clássicos de LBO incluem empresas de cigarros, de jogos e de serviços de utilidade pública (como água, luz e gás, por exemplo) por causa de seus clientes fiéis e da demanda previsível, com pouca ameaça de substituição.

Como exemplo, um índice de 1 indica que uma empresa consegue apenas pagar seus juros com suas operações atuais. Faça uma comparação entre sua renda mensal e quaisquer pagamentos de financiamentos imobiliários como uma métrica análoga.

Um modo de combinar informações do balanço patrimonial e da demonstração do resultado do exercício é com uma métrica híbrida que use elementos dos dois indicadores — dívida/EBITDA.

Produtividade ou eficiência

Produtividade é um jargão popular, mas o que significa do ponto de vista financeiro? Em suma, aumentos na produtividade significam que você tira mais de menos. Mais estritamente, índices de produtividade medem o quanto uma empresa usa bem seus ativos para gerar produção. Em longo prazo, a contribuição mais importante para o crescimento econômico são os aumentos de produtividade.

Para refletir...

O efeito da tecnologia da informação ao longo das últimas décadas é uma importante amostra dos aumentos de produtividade. Por exemplo, varejistas e atacadistas, e em particular o Walmart, contribuíram significativamente para agregar ganhos de produtividade aos EUA na década de 1990. Segundo o McKinsey Global Institute, "O Walmart, de forma direta e indireta, causou a maior parte da aceleração de produtividade por meio de inovações gerenciais contínuas, que aumentaram a intensidade competitiva e a difusão das melhores práticas"[1] no varejo. Como esses ganhos se manifestaram na economia?

Esses ganhos se manifestam em aumentos salariais, em retornos a fornecedores de capital e em preços menores para os consumidores. Embora muitos comentaristas tenham reclamado da falta de aumentos salariais a partir da produtividade crescente, esses ganhos de produtividade reduziram os preços para o consumidor de forma significativa, e pessoas com renda mais baixa se beneficiaram dessa redução. Assim, ganhos de produtividade podem não ter reduzido a desigualdade de renda, mas com certeza reduziram a desigualdade de consumo.

Giro de Ativos

$$\frac{faturamento}{ativos\ totais}$$

Esse índice avalia a eficiência de uma empresa em usar seus ativos para gerar faturamento. Esta é uma métrica crucial da produtividade de um negócio.

Giro de Estoque

$$\frac{custo\ dos\ bens\ vendidos}{estoque}$$

O giro de estoque calcula quantas vezes uma empresa vende todo o seu estoque, ou seja, o zera, em um determinado ano. Quanto maior o número, maior a eficiência da empresa em gerenciar seu estoque ao vender seus produtos. Considerando que este é um ativo arriscado que precisa ser financiado, um alto giro de estoque é valioso do ponto de vista financeiro.

Podemos usar esse número para obter outra métrica de gerenciamento de estoque: prazo médio de estoque.

Prazo Médio de Estoque

$$365 \div \text{giro de estoque}$$

Para saber o número médio de dias que uma peça de estoque fica na empresa antes de ser vendida, basta dividir o número de dias do ano (365) pelo giro de estoque. Observe a empresa C na Tabela 1-1. Ela zera seu estoque mais de 30 vezes por ano, o que corresponde a mantê-lo por cerca de pouco mais de 10 dias. Em contrapartida, a empresa B zera seu estoque apenas 4 vezes por ano, o que significa que os produtos ficam na empresa por quase 100 dias!

Período Médio de Recebimento

$$365 \div \frac{\text{vendas}}{\text{recebíveis}}$$

Depois que uma empresa vende seu estoque, é preciso receber por ele. Quanto menor esse número, mais rápido uma empresa está recebendo dinheiro por suas vendas. Como você pode ver, a empresa N parece bem estranha: ela recebe dinheiro de seus clientes depois de mais de 20 anos! O que poderia causar uma situação dessas?

Você percebe alguma coisa nos números das outras empresas? Os negócios restantes podem ser, grosso modo, divididos em 2 grupos — um que recebe pagamentos muito rápido (menos de 30 dias) e outro que recebe mais devagar. Essa diferença será uma pista importante para as categorias dessas empresas.

Que Comecem os Jogos!

Agora que você entende melhor todos os números, tente descobrir quais deles correspondem a qual empresa. O aprendizado será maior se tentar chegar à solução sozinho do que apenas continuar lendo.

Para começar, veja a Tabela 1-9, na qual estão destacados alguns números mais relevantes da nossa discussão anterior. Em vez de tentar identificar todas as 14 empresas de uma vez só, vamos nos concentrar em 2 subconjuntos — empresas de serviços e varejistas — que podemos distinguir com clareza. Depois, analisaremos o restante.

Empresas de serviços

Observando os índices, as empresas de serviços são relativamente fáceis de reconhecer. Por oferecer serviços, e não bens tangíveis, elas não possuem estoques — o que aponta as candidatas E, G, M e N. Sendo assim, quais quatro empresas podemos relacionar a essas can-

32 Finanças... Simples Assim!

TABELA 1-9

Qual é o setor?

Porcentagens do balanço patrimonial	A	B	C	D	E	F	G	H	I	J	K	L	M	N
Ativos														
Caixa e títulos comercializáveis	35	4	27	25	20	54	64	9	5	16	4	2	16	7
Contas a receber	10	4	21	7	16	12	5	3	4	26	6	2	2	83
Estoques	19	38	3	4	0	1	0	3	21	17	21	3	0	0
Outros ativos circulantes	1	9	8	5	4	4	6	6	2	4	1	2	5	0
Ativo fixo (líquido)	22	16	4	8	46	7	16	47	60	32	36	60	69	0
Outros ativos	13	29	37	52	14	22	10	32	7	5	32	31	9	10
Ativos totais*	**100**	**100**	**100**	**100**	**100**	**100**	**100**	**100**	**100**	**100**	**100**	**100**	**100**	**100**
Passivos e patrimônio líquido														
Títulos a pagar	0	0	8	3	5	2	0	0	11	0	4	4	1	50
Contas a pagar	41	22	24	2	6	3	2	8	18	12	13	2	6	21
Despesas acumuladas	17	15	8	1	5	3	3	9	4	5	5	1	6	0
Outros passivos circulantes	0	9	9	9	6	18	2	7	11	10	4	2	12	3
Dívidas de longo prazo	9	2	11	17	29	9	10	33	25	39	12	32	16	13
Outros passivos	7	17	17	24	38	9	5	18	13	10	7	23	22	4
Ações preferenciais	0	15	0	0	0	0	0	0	0	0	0	0	0	0
Patrimônio líquido	25	19	23	44	12	55	78	25	17	24	54	36	38	10
Passivos e patrimônio líquido totais*	**100**	**100**	**100**	**100**	**100**	**100**	**100**	**100**	**100**	**100**	**100**	**100**	**100**	**100**
Índices financeiros														
Ativos circulantes/passivos circulantes	1,12	1,19	1,19	2,64	1,86	2,71	10,71	0,87	0,72	2,28	1,23	1,01	0,91	1,36
Caixa, títulos comercializáveis e contas a receber/passivos circulantes	0,78	0,18	0,97	2,07	1,67	2,53	9,83	0,49	0,20	1,53	0,40	0,45	0,71	1,23
Giro de estoque	7,6	3,7	32,4	1,6	NA	10,4	NA	31,5	14,9	5,5	7,3	2,3	NA	NA
Prazo médio de recebimento (dias)	20	8	63	77	41	82	52	8	4	64	11	51	7	8.047
Dívida total/ativos totais	0,09	0,02	0,19	0,20	0,33	0,11	0,10	0,33	0,36	0,39	0,16	0,36	0,17	0,63
Dívida de longo prazo/capitalização	0,27	0,06	0,33	0,28	0,70	0,14	0,11	0,57	0,59	0,62	0,18	0,47	0,29	0,56
Faturamento/ativos totais	1,877	1,832	1,198	0,317	1,393	0,547	0,337	1,513	3,925	1,502	2,141	0,172	0,919	0,038
Lucros líquidos/faturamento	−0,001	−0,023	0,042	0,247	0,015	0,281	0,010	0,117	0,015	0,061	0,030	0,090	0,025	0,107
Lucros líquidos/ativos totais	−0,001	−0,042	0,050	0,078	0,021	0,153	0,004	0,177	0,061	0,091	0,064	0,016	0,023	0,004
Ativos totais/patrimônio líquido	3,97	2,90	4,44	2,27	8,21	1,80	1,28	4,00	5,85	4,23	1,83	2,77	2,66	9,76
Lucros líquidos/patrimônio líquido	−0,005	−0,122	0,222	0,178	0,171	0,277	0,005	0,709	0,355	0,384	0,117	0,043	0,060	0,039
EBIT/despesas com juros	7,35	−6,21	11,16	12,26	3,42	63,06	10,55	13,57	5,98	8,05	35,71	2,52	4,24	NA
EBITDA/faturamento	0,05	0,00	0,07	0,45	0,06	0,40	0,23	0,22	0,05	0,15	0,06	0,28	0,09	0,15

*Os totais das colunas foram arredondados para 100.
Fonte: Mihir A. Desai, William E. Fruhan e Elizabeth A. Meyer, "The Case of the Unidentified Industries, 2013", Case 214–028 (Boston: Harvard Business School, 2013).

didatas? Duas delas têm "serviço" no nome: a UPS, um serviço de entrega de encomendas, e o Facebook, o serviço de rede social. E as outras duas? Bancos são prestadores de serviço, assim como as companhias de aviação; logo, as empresas que faltam são a Southwest Airlines e o Citigroup. O setor da aviação é um pouco enganoso porque podemos pensar que aqueles aviões e partes sobressalentes são estoque. Mas a principal linha de negócios dessas empresas não envolve vender aviões ou peças separadas — elas transportam pessoas, e este é um serviço para o qual claramente não existe estoque.

Vamos tentar descobrir qual coluna na Tabela 1-10 corresponde a qual empresa, a partir das informações mais evidentes.

Empresa N: O ponto fora da curva

Que tipo de empresa tem grande parte de seu financiamento proveniente de títulos a pagar e cujos recebíveis são recolhidos depois de muito tempo? Quem esperaria receber de seus clientes em 20 anos, em média?

A resposta é: os bancos. É difícil identificar bancos porque os balanços patrimoniais deles são espelhos dos nossos. Os empréstimos que você considera seus passivos são os ativos de um banco. Portanto, o financiamento imobiliário do exemplo anterior é um ativo para um banco. E os depósitos que você considera seus ativos são os passivos dele — são títulos a pagar. O Citigroup tem a alavancagem mais alta do grupo, uma característica do setor bancário em geral.

TABELA 1-10

Identificando as empresas de serviços

Porcentagens do balanço patrimonial	E	G	M	N
Ativos				
Caixa e títulos comercializáveis	20	64	16	7
Contas a receber	16	5	2	83
Estoques	0	0	0	0
Outros ativos circulantes	4	6	5	0
Ativo fixo (líquido)	46	16	69	0
Outros ativos	14	10	9	10
Ativos totais*	**100**	**100**	**100**	**100**
Passivos e patrimônio líquido				
Títulos a pagar	5	0	1	50
Contas a pagar	6	2	6	21
Despesas acumuladas	5	3	6	0
Outros passivos circulantes	6	2	12	3
Dívida de longo prazo	29	10	16	13
Outros passivos	38	5	22	4
Ações preferenciais	0	0	0	0
Patrimônio líquido	12	78	38	10
Passivos e patrimônio líquido totais*	**100**	**100**	**100**	**100**
Índices financeiros				
Ativos circulantes/passivos circulantes	1,86	10,71	0,91	1,36
Dinheiro, títulos comercializáveis e contas a receber/passivos circulantes	1,67	9,83	0,71	1,23
Giro de estoque	NA	NA	NA	NA
Prazo médio de recebimento (dias)	41	52	7	8.047
Dívida total/ativos totais	0,33	0,10	0,17	0,63
Dívida de longo prazo/capitalização	0,70	0,11	0,29	0,56
Faturamento/ativos totais	1,393	0,337	0,919	0,038
Lucro líquido/faturamento	0,015	0,010	0,025	0,107
Lucro líquido/ativos totais	0,021	0,004	0,023	0,004
Ativos totais/patrimônio líquido	8,21	1,28	2,66	9,76
Lucro líquido/patrimônio líquido	0,171	0,005	0,060	0,039
EBIT/despesas com juros	3,42	10,55	4,24	NA
EBITDA/faturamento	0,06	0,23	0,09	0,15

*Os totais das colunas foram arredondados para 100.

Como um banco funciona? Bancos funcionam à base de "spreads", ou seja, eles cobram mais de você por empréstimos do que concedem por seus depósitos. No processo, eles pegam seu capital de curto prazo (depósitos) e o transformam em capital de longo prazo (empréstimos) para a economia. Essa transformação é a razão pela qual valorizamos tanto os bancos, e também porque eles falham às vezes. Para dar pouca margem a erros, eles combinam esse desequilíbrio entre seus ativos e passivos com alta alavancagem. Quase toda crise financeira começa com questionamentos sobre a qualidade dos ativos; o que leva à retirada de depósitos, que precisam ser financiados com vendas rápidas de empréstimos pelos bancos; o que leva ao declínio dos preços dos empréstimos; o que leva a um ciclo incontrolável que pode resultar em sua destruição.

Prestadoras de serviço de capital intensivo

Como podemos distinguir as três empresas restantes? A E e a M têm muito mais ativo fixo que as outras, incluindo a empresa G. A Southwest Airlines e a UPS são, em essência, empresas de transporte, e ambas possuem aviões e muitos equipamentos. Observe os números para ver como se diferenciam em outros aspectos (veja as empresas E e M na Tabela 1-10).

Uma das diferenças mais significativas entre essas duas empresas é que a M recebe, em média, em sete dias, o que possivelmente quer dizer que ela vende, em geral, para indivíduos. Em contrapartida, a empresa E leva um tempo consideravelmente maior para receber, o que sugere que é muito mais provável que ela venda para outras empresas. A Southwest Airlines vende para pessoas como você e eu, e nós pagamos de imediato. A UPS, por outro lado, como fornecedora logística, faz negócios com outras empresas. Logo, é possível que a UPS seja a empresa E e a Southwest Airlines seja a M. Você consegue identificar outros dados que confirmem essa hipótese?

A empresa E tem vários outros passivos. O que são esses passivos de longo prazo que a UPS possui? São as pensões e obrigações com os aposentados. É preciso conhecer um pouco essas empresas para saber disso, mas a UPS tem um dos maiores fundos de pensão com benefícios definidos do mundo. Esses fundos são algo que companhias aéreas baratas evitam, mas a UPS, uma empresa mais antiga e que já foi controlada por funcionários, manteve seus fundos tradicionais.

Empresa de serviço com muito caixa e dependente de títulos

Pelo processo de eliminação, o Facebook é a empresa G. Mas isso corresponde ao que você esperava? Essa empresa tem uma grande quantidade de ações — isso estaria em concordância com o Facebook? A rede social é a empresa mais jovem na lista e abriu seu capital recentemente, em 2013. Considerando que os valores nos balanços patrimoniais são registrados na emissão ou na aquisição de ações, (lembra-se do princípio de conservadorismo?), um número alto desse ativo pode coincidir com empresas mais jovens. O que o Facebook fez com o dinheiro que levantou? Na época, manteve-o em caixa.

Conforme amadureceu, seu balanço patrimonial mudou. Desde então, a empresa fez algumas grandes aquisições, incluindo o WhatsApp e o Instagram. Como essas aquisições aparecem em seus balanços patrimoniais? Os níveis de caixa do Facebook diminuíram, e aqueles "outros ativos" que discutimos aumentaram. Como a rede social comprou outras empresas por muito mais do que seu valor contábil (porque avaliou aqueles ativos intangíveis que a contabilidade ignora), suas contas de patrimônio de marca cresceram. A empresa pagou US$19 bilhões pelo WhatsApp em 2014, e seu valor contábil era de apenas US$51 milhões. Esse valor acima do contábil aparece como patrimônio de marca para o Facebook.

Varejistas

Ao examinar o prazo médio de recebimento, vimos que as empresas se dividem entre aquelas que recebem logo e aquelas que levam mais tempo para receber. Quais tipos de empresas receberiam de seus clientes tão rápido? Visto que varejistas vendem bens diretamente aos clientes, seu prazo médio de recebimento será curto, pois os clientes pagam imediatamente em dinheiro ou cartão de crédito. Em contrapartida, empresas que negociam com outras empresas concedem crédito de no mínimo 30 dias.

Logo, as varejistas são A, B, H, I e K. Quais empresas na lista são varejistas que vendem diretamente aos clientes? Amazon, Barnes & Noble, Walgreens e Yum! são todas empresas do tipo. Podemos excluir a Nordstrom porque a cadeia de lojas tem um cartão de cobrança da própria marca, então seus clientes, diferentemente das outras empresas, podem levar muito tempo para pagar por suas compras. Com esse método, a Nordstrom se comporta mais como um banco do que como uma varejista.

Como podemos analisar essas cinco varejistas? Se já trabalhou em uma empresa do tipo, você sabe que se trata da movimentação de estoque. Essas cinco empresas fazem seu giro de estoque de maneiras bastante diferentes. Em algumas, isso ocorre rapidamente (empresa H). Em outras, leva muito tempo (a B, por exemplo) (veja a Tabela 1-11).

Empresas com giro de estoque diferenciado

Então, qual empresa nesse grupo teria um giro de estoque tão rápido? A empresa H zera seu estoque 32 vezes por ano, totalizando apenas 11 dias de estoque por vez. Você pode achar que é a Yum!, e está certo. A cadeia de supermercados também trabalha com produtos perecíveis, mas, por causa de sua seleção de alimentos secos e produtos enlatados, seu giro de estoque é consideravelmente mais lento do que o de uma cadeia de restaurantes.

TABELA 1-11

Identificando as varejistas

Balanço patrimonial	A	B	H	I	K
Ativos					
Caixa e títulos comercializáveis	35	4	9	5	4
Contas a receber	10	4	3	4	6
Estoques	19	38	3	21	21
Outros ativos circulantes	1	9	6	2	1
Ativo fixo (líquido)	22	16	47	60	36
Outros ativos	13	29	32	7	32
Ativos totais*	**100**	**100**	**100**	**100**	**100**
Passivos e patrimônio líquido					
Títulos a pagar	0	0	0	11	4
Contas a pagar	41	22	8	18	13
Despesas acumuladas	17	15	9	4	5
Outros passivos circulantes	0	9	7	11	4
Dívida de longo prazo	9	2	33	25	12
Outros passivos	7	17	18	13	7
Ações preferenciais	0	15	0	0	0
Patrimônio líquido	25	19	25	17	54
Passivos e patrimônio líquido totais*	**100**	**100**	**100**	**100**	**100**
Índices financeiros					
Ativos circulantes/passivos circulantes	1,12	1,19	0,87	0,72	1,23
Caixa, títulos comercializáveis e contas a receber/passivos circulantes	0,78	0,18	0,49	0,20	0,40
Giro de estoque	7,6	3,7	31,5	14,9	7,3
Prazo médio de recebimento (dias)	20	8	8	4	11
Dívida total/ativos totais	0,09	0,02	0,33	0,36	0,16
Dívida de longo prazo/capitalização	0,27	0,06	0,57	0,59	0,18
Faturamento/ativos totais	1,877	1,832	1,513	3,925	2,141
Lucros líquidos/faturamento	−0,001	−0,023	0,117	0,015	0,030
Lucros líquidos/ativos totais	−0,001	−0,042	0,177	0,061	0,064
Ativos totais/patrimônio líquido	3,97	2,90	4,00	5,85	1,83
Lucros líquidos/patrimônio líquido	−0,005	−0,122	0,709	0,355	0,117
EBIT/despesa com juros	7,35	−6,21	13,57	5,98	35,71
EBITDA/faturamento	0,05	0,00	0,22	0,05	0,06

*Os totais das colunas foram arredondados para 100.

No outro extremo, a empresa B faz seu giro de estoque muito devagar — quase 90 dias. Que empresa tem um estoque com durabilidade relativamente boa e que leva muito tempo para girar? Isso deve soar familiar se você já esteve em uma livraria. Mas existe mais alguma coisa na empresa B que a faz parecer um negócio do tipo?

A empresa B também se destaca por estar perdendo dinheiro. Livrarias ao redor do mundo estão desaparecendo. A venda de livros se tornou um negócio muito difícil com a ascensão da Amazon, e isso aparece como uma margem de lucros negativa. E a empresa B também é a única que teve que emitir ações preferenciais, realçando ainda mais sua posição financeira problemática.

As três últimas varejistas

As três empresas restantes — A, I e K — são significativamente diferentes em relação a ativo fixo, com os menores níveis desse item na empresa A. Sabemos que duas dessas empresas são operações físicas (Walgreens e Kroger), então a Amazon, com sua atuação online, teria o menor nível de ativo fixo e deve ser a A.

Mas, considerando a posição da Amazon na economia atual, vamos buscar mais evidências. O que mais se destaca na empresa A que possa coincidir com o que pensamos da Amazon? Primeiro, a empresa A não estava ganhando dinheiro. Se você acompanha a Amazon, sabe que ela é conhecida por não ter nenhum lucro. Exploraremos a empresa com mais profundidade no Capítulo 2.

A segunda evidência que pode confirmar nossa suspeita é que a empresa A tem um enorme montante a pagar, o que poderia significar que ela está com problemas ou que tem muito crédito com seus fornecedores por causa do tamanho. Considerando o tanto de caixa que essa empresa tem, sabemos que ela não está com problemas financeiros. Logo, A parece ser de Amazon, com sua posição sólida no mercado e poder sobre seus fornecedores.

Ficamos, então, com I e K: uma rede de farmácias e de supermercados.

Uma grande diferença é que a empresa I possui muito mais ativo fixo que a K. Pense na última vez que esteve em uma farmácia ou um supermercado. Qual deles tinha mais equipamentos? Para os supermercados, é muito caro administrar a seção de frios, então aquela com mais equipamento, I, provavelmente é a rede de supermercados. Mas vamos buscar mais pistas.

A empresa I também recebe mais rápido do que a K, mais uma evidência de que é a rede de supermercados, pois negócios do tipo têm maior probabilidade de receber pagamentos imediatos. Uma fração expressiva do faturamento das farmácias vem de seguradoras, o que significaria que elas seriam mais ou menos como negócios B2B (de empresa para empresa). E o giro de estoque da empresa I também é mais rápido, como seria esperado de um supermercado. Logo, podemos concluir que a empresa K é a rede de farmácias Walgreens e a empresa I, os supermercados Kroger.

As diferentonas

Depois das varejistas e das empresas de serviços, nos restou um grupo diverso — Microsoft, Nordstrom, Duke Energy, Pfizer e Dell — que aparece na Tabela 1-12.

Três dessas empresas, C, D e F, quase não têm ativo fixo, enquanto as outras duas têm um ativo fixo significativo. Uma delas provavelmente é a Duke Energy, que tem usinas elétricas, e a outra pode ser a Nodstrom, uma varejista física. Mas qual é qual?

Para confirmar, analise as três empresas restantes e avalie seu ativo fixo. Dell, Pfizer e Microsoft não têm uma grande produção, então seus baixos níveis de ativo fixo fazem sentido.

Qual das duas empresas com um ativo fixo significativo é a Duke Energy e qual é a Nordstrom? O principal fator de diferença aqui é o estoque. Esta última teria um estoque maior, enquanto a primeira, um bem menor (eletricidade não pode ser estocada). Assim, a empresa L é a Duke Energy e a J, a varejista Nordstrom. Além disso, a ampla margem de EBITDA da empresa J significa que ela está gerando uma grande quantia de depreciação e amortização. É isso que empresas de serviços de utilidade pública fazem. E muitas vezes, nesse setor, as pessoas falam de EBITDA, e não de lucratividade, pois sabem o quanto toda a depreciação e a amortização podem alterar as coisas.

38 Finanças... Simples Assim!

TABELA 1-12

Identificando as diferentonas

Balanço Patrimonial	C	D	F	J	L
Ativos					
Caixa e títulos comercializáveis	27	25	54	16	2
Contas a receber	21	7	12	26	2
Estoques	3	4	1	17	3
Outros ativos circulantes	8	5	4	4	2
Ativo fixo (líquido)	4	8	7	32	60
Outros ativos	37	52	22	5	31
Ativos totais*	**100**	**100**	**100**	**100**	**100**
Passivos e patrimônio líquido					
Títulos a pagar	8	3	2	0	4
Contas a apagar	24	2	3	12	2
Despesas acumuladas	8	1	3	5	1
Outros passivos circulantes	9	9	18	10	2
Dívida de longo prazo	11	17	9	39	32
Outros passivos	17	24	9	10	23
Ações preferenciais	0	0	0	0	0
Patrimônio líquido	23	44	55	24	36
Passivos e patrimônio líquido totais*	**100**	**100**	**100**	**100**	**100**
Índices financeiros					
Ativos circulantes/passivos circulantes	1,19	2,64	2,71	2,28	1,01
Caixa, títulos comercializáveis e contas a receber/passivos circulantes	0,97	2,07	2,53	1,53	0,45
Giro de estoque	32,4	1,6	10,4	5,5	2,3
Prazo médio de recebimento (dias)	63	77	82	64	51
Dívida total/ativos totais	0,19	0,20	0,11	0,39	0,36
Dívida de longo prazo/capitalização	0,33	0,28	0,14	0,62	0,47
Faturamento/ativos totais	1,198	0,317	0,547	1,502	0,172
Lucros líquidos/faturamento	0,042	0,247	0,281	0,061	0,090
Lucros líquidos/ativos totais	0,050	0,078	0,153	0,091	0,016
Ativos totais/patrimônio líquido	4,44	2,27	1,80	4,23	2,77
Lucros líquidos/patrimônio líquido	0,222	0,178	0,277	0,384	0,043
EBIT/despesas com juros	11,16	12,26	63,06	8,05	2,52
EBITDA/faturamento	0,07	0,45	0,40	0,15	0,28

*Os totais das colunas foram arredondados para 100.

Em relação às últimas três — Dell, Microsoft e Pfizer —, observe que a empresa C tem uma margem de lucros muito baixa, e a D e a F têm margens de lucros (mais de 20%) e margens de EBITDA (mais de 40%) impressionantes. Qual dessas empresas está no setor de commodities? Ao longo dos últimos 10 a 15 anos, o setor de notebooks tem se tornado uma commodity, que aparece como lucratividade fraca. Esse tipo de transformação em commodity não ocorreu no setor de softwares ou no farmacêutico.

Além disso, a empresa C mantém seu estoque apenas por pouco mais de dez dias, o que combina com o modelo de negócios just--in-time (ou seja, por demanda) da Dell. A empresa só começa a produzir após receber pedidos. Como consequência, mantém seus estoques o mais baixo possível.

Identificando as últimas duas empresas

As duas empresas que sobraram são muito parecidas, o que torna esta última etapa a mais difícil. Uma diferença importante é que a empresa D tem muitos outros ativos, o que significa que provavelmente está em um setor de capital intensivo intangível que ainda está se consolidando.

Se você acompanha o setor farmacêutico, talvez suspeite que a empresa D é a Pfizer. Conforme o setor se consolidou, a empresa fez uma longa série de aquisições, que incluem a Pharmacia, a Wyeth e a Hospira. Logo, a empresa D é a Pfizer, e a empresa F é a Microsoft. Outra evidência pode ajudar a confirmar nossas suspeitas. Você verá que a empresa D tem muito mais de outros passivos do que a F. Isso também corrobora a empresa D ser a Pfizer, com seu fundo de pensão à moda antiga, enquanto a Microsoft, uma empresa muito mais jovem, tem um fundo de pensão com contribuição definida. Por fim, você deve saber que a empresa tecnológica tem enormes saldos de caixa, o que corresponde à empresa F.

Conseguimos! Foi um jogo bem difícil, mas, se recapitular esses índices e a lógica por trás deles, terá uma ótima base para entender o restante do livro.

O Índice Mais Importante

Depois de analisarmos todos esses números, você consegue pensar em algum deles como o mais importante de todos? Em qual desses índices é mais importante que o gestor se concentre?

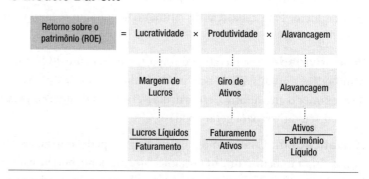

FIGURA 1-1

O Modelo DuPont

Essa questão é controversa, mas muitos analistas financeiros consideram o retorno sobre o patrimônio (ROE), já que esse número estima os retornos para os proprietários, que pode-se dizer que são os grandes chefes dentro de uma empresa. Já que o ROE é uma métrica bastante usada, é importante entender os fatores que contribuem para esse índice. O modelo DuPont, um método de análise da saúde financeira de uma empresa originado pela DuPont Corporation no início do século XX, oferece uma maneira útil de entender as alavancagens do ROE. (Veja a Figura 1-1.)

O modelo DuPont divide o ROE algebricamente em três partes: lucratividade, produtividade e alavancagem.

Lucratividade. O primeiro fator importante para o ROE é o quanto uma empresa é lucrativa. Isso remonta ao conceito de margem de lucro. Para cada real de faturamento, quanto é ganho em lucro líquido?

Produtividade. Ser lucrativo é importante, mas um ROE também pode ser impulsionado pela produtividade. Para medir esse índice, usamos o giro de ativo, que calcula a eficiência de uma empresa em usar seus ativos para gerar vendas.

Alavancagem. Como vimos, a alavancagem pode ampliar os retornos. Ela também é um importante fator de contribuição para o ROE. Nesse cenário, podemos calcular a alavancagem dividindo os ativos da empresa por seu patrimônio líquido.

Essa fórmula simples permite que você descubra as fontes de um ROE alto. Como as outras métricas, o ROE não é perfeito, e dois problemas se destacam. Primeiro, por incluir os efeitos da alavancagem, ele não mede apenas o desempenho operacional. É por isso que algumas pessoas preferem o retorno sobre o capital, que compara o EBIT à capitalização de uma empresa (dívida mais patrimônio). Segundo, como veremos depois, ele não corresponde à capacidade de uma empresa de gerar caixa.

O modelo DuPont em ação

Vamos testar nossa recém-descoberta intuição financeira examinando dez novas empresas muito diferentes para conferir como seus determinantes de ROE diferem. (Veja a Tabela 1-13.) Conforme

TABELA 1-13

Análise DuPont

ROEs e alavancagens de desempenho para dez empresas diversas, 1998

	Retorno sobre o Patrimônio (%)	=	Margem de Lucro (%)	×	Giro de Ativo (vezes)	×	Alavancagem Financeira (vezes)
Bank of America Corporation		=		×		×	
Carolina Power & Light		=		×		×	
Exxon Corporation		=		×		×	
Food Lion, Inc.		=		×		×	
Harley-Davidson, Inc.		=		×		×	
Intel Corporation		=		×		×	
Nike, Inc.		=		×		×	
Southwest Airlines Co.		=		×		×	
Tiffany & Company		=		×		×	
The Timberland Com pany		=		×		×	

analisarmos essas dez empresas, vamos tentar responder a duas perguntas. Primeira: quais dos quatro componentes do modelo DuPont serão os mais similares entre essas dez empresas: ROE, lucratividade, produtividade ou alavancagem? Segunda: para cada parte da fórmula, quais empresas terão os valores mais altos e os mais baixos?

Em relação à primeira pergunta, tente pensar em por que esses números podem ser diferentes e no que pode reuni-los. Em relação à segunda, tente pensar no conceito que cada componente do modelo DuPont representa.

A resposta à primeira pergunta é o ROE. A variação desse índice na Tabela 1-14 é muito menor que a variação de valores nas outras três colunas (compare do maior ao menor). Então, por que o ROE é o componente mais parecido entre todas as empresas?

Embora essas empresas não concorram em mercados de produtos, elas competem em mercados de capital. Como consequência, as recompensas aos acionistas não podem ser muito diferentes umas das outras, porque o capital sairá dos maus desempenhos em direção aos melhores. É por isso que o ROE parece similar.

Todos os ROEs devem ser parecidos? Não, por causa da relação entre retorno e risco (falaremos mais sobre o assunto no Capítulo 4). Se os acionistas admitirem mais risco, exigirão um retorno mais alto. Logo, os mercados de capitais e a concorrência entre as empresas levam retornos para os acionistas, e o risco os afastam.

Vamos analisar alguns dos altos e baixos nas diferentes colunas, começando pela lucratividade. Para a Food Lion, ela está bastante baixa, em 2,7%. Para a Intel, está consideravelmente alta. Por quê?

Embora seja tentador atribuir essas lacunas aos diferentes níveis de concorrência, a realidade é que todas essas empresas operam em um mundo competitivo. Na verdade, a lucratividade mede a agregação de valor de uma empresa e varia de acordo com ela. Varejistas alimentícias não agregam muito valor, então mesmo as melhores empresas do tipo têm margens de apenas 4%. Em contrapartida, pense na Intel. Ela pega material bruto e transforma em computadores. Isso é valor real agregado. Dessa forma, a lucratividade refletirá esse processo subjacente de agregação de valor.

Por que a Food Lion tem o giro de ativo mais alto? Como é administrar um supermercado? Ela não ganha dinheiro por cada caixa de cereal vendida. O segredo é girar os estoques o mais rápido possível. É por isso que o giro de ativo é o fator mais importante para um bom ROE para varejistas alimentícias.

Por fim, como discutimos, a alavancagem é uma ferramenta crucial nas finanças. Quais empresas têm alavancagens baixas ou altas? O banco tem a mais alta, mas também é excelente em seu setor, então vamos considerar as empresas restantes.

TABELA 1-14

Análise DuPont

ROEs e alavancagens de desempenho para dez empresas diversas, 1998

	Retorno sobre o patrimônio (%)	=	Margem de lucro (%)	×	Giro de ativo (vezes)	×	Alavancagem financeira (vezes)
Bank of America Corporation	11,2	=	10,8	×	0,1	×	13,5
Carolina Power & Light	13,5	=	12,8	×	0,4	×	2,8
Exxon Corporation	14,6	=	6,3	×	1,1	×	2,1
Food Lion, Inc.	17,0	=	2,7	×	2,8	×	2,3
Harley-Davidson, Inc.	20,7	=	9,9	×	1,1	×	1,9
Intel Corporation	26,0	=	23,1	×	0,8	×	1,3
Nike, Inc.	12,3	=	4,2	×	1,8	×	1.7
Southwest Airlines Co.	18,1	=	10,4	×	0,9	×	2,0
Tiffany & Company	17,4	=	7,7	×	1,1	×	2,0
The Timberland Company	22,2	=	6,9	×	1,8	×	1,8

Das empresas restantes, qual tem a alavancagem mais alta e qual tem a mais baixa? A Carolina Power & Light tem a alavancagem mais alta e a Intel, a mais baixa. Por quê? Níveis variáveis de alavancagem refletem a quantidade de risco de negócio, pois é imprudente colocar risco financeiro sobre risco de negócio. A Carolina Power & Light tem uma demanda estável e sua precificação provavelmente é regulada, então seus fluxos de caixa são estáveis. Portanto, ela consegue sustentar maiores quantidades de alavancagem.

Por outro lado, um negócio com muito risco, como a Intel, não deve ter grandes quantidades de alavancagem. Pense no que ela faz.

A Intel cria um novo chip a cada dois anos, que faz o dobro em metade do espaço por metade do custo. E constrói novas fábricas ao redor do mundo que custam bilhões de dólares, para criar a próxima geração de chips. Se errar em uma versão, a empresa pode fechar as portas. Com um risco de negócio alto, deve haver um risco financeiro baixo. Esse é o padrão que vemos na alavancagem em geral.

Até aqui, vimos como os índices diferem entre os setores. Mas a melhor maneira de usar a análise financeira é examinar uma empresa ao longo do tempo em relação a seu setor. Vamos focar uma empresa a partir do modelo DuPont, a Timberland, e tentar contar uma história a partir dos números.

TABELA 1-15

Modelo DuPont para a Timberland Company, 1994

Análise de índices da Timberland Company, 1994, e média do setor

	1994	Média do setor*
Índices de lucratividade (%)		
Retorno sobre o patrimônio (%)	*11,9*	*12,3*
Retorno sobre o capital investido (%)	7,1	9,7
Margem de lucro (%)	*2,8*	*4,2*
Margem bruta (%)	35,0	38,4
Índices de giro		
Giro de ativo	*1,3*	*1,8*
Giro de estoque	1,9	2,7
Prazo médio de recebimento (dias)	73,5	39,1
Prazo médio de pagamento (dias)	32,6	36,3
Índices de alavancagem e liquidez		
Capital próprio	*3,2*	*1,7*
Endividamento geral (%)	68,5	39,6
Cobertura de juros	2,9	9,1
Liquidez corrente	3,5	3,0

*A amostra consiste em cinco empresas de calçados representativas: Brown Group, Kenneth Cole, Nike, Stride Rite e Wolverine World Wide.

Muitas Mudanças na Timberland

A Timberland, fabricante e varejista de roupas e calçados resistentes para atividades ao ar livre, passou por algumas mudanças estrutu-rais e financeiras profundas ao longo dos anos 1990. Vamos analisar 1994, em comparação ao seu setor de atuação (veja a Tabela 1-15).

Os elementos do modelo DuPont — métricas de ROE, lucra-tividade, produtividade e alavancagem — estão em itálico na tabe-la. Analise esses números e chegue a quantas conclusões conseguir. Tente contar uma história comparando a Timberland a seu setor.

Primeiro, como a empresa está se saindo? Se eu fosse o CEO, destacaria que o ROE, em 11,9%, está bem próximo à média do se-tor, de 12,3%, então concluiria que a Timberland está se saindo mui-to bem. Você concordaria? Quando fazemos uma análise DuPont, no entanto, a história fica diferente. De onde todo esse ROE está vindo? Da lucratividade? Não, o desempenho da empresa está baixo nesse aspecto. Da produtividade? Não, o desempenho também está baixo aí.

O ROE da Timberland é em grande parte proveniente da ala-vancagem. Isso significa que ela está suprindo seu baixo desempe-nho operacional ao fazer os proprietários assumirem mais riscos.

Este é um dos maiores problemas do ROE. Por mais valiosa que seja, a alavancagem afeta o cálculo final. É por isso que algumas pes-soas recorrem a métricas ligeiramente diferentes, com retorno sobre os ativos ou sobre o capital. Essas métricas eliminam as influências confusas da alavancagem e mostram que os gestores da Timberland aplicam o capital de forma menos eficiente que seus concorrentes.

O retorno sobre o capital (ROC), também conhecido como retorno sobre o capital investido ou sobre o capital empregado, é uma métrica particularmente importante, pois considera fornecedores de capital e seu retorno combinado. O que é isso? O retorno aos fornecedores de capital é toda a receita operacional (ou EBIT) depois dos impostos, também conhecida como EBIAT.

$$\text{Retorno sobre o capital} = \frac{\text{EBIAT}}{\text{dívida} + \text{patrimônio}}$$

Outros números também alertam para o mau desempenho da Timberland. Observe sua cobertura de juros, que mede quantas vezes a empresa pode cobrir pagamentos de juros com seus lucros operacionais. É menor que três, enquanto para o restante do setor chega a quase dez. O que isso significa? Que a empresa está em uma corda bamba financeira que seus concorrentes escolheram evitar.

Vamos examinar as operações da Timberland. Seu giro de estoque é consideravelmente mais baixo que o resto do setor. Segundo, seu prazo médio de recebimento está muito fora de sintonia comparado à concorrência (73,5 versus 39,1). Pode haver algumas causas para esse prazo longo. A primeira pode ser a má gestão, que não está sendo agressiva ao cobrar o dinheiro devido à empresa. A segunda pode ser a generosidade imprudente em conceder crédito para estimular vendas. Pior ainda, a Timberland pode ter clientes com dívidas enormes que ficaram pendentes por mais de 200 dias, e com pouca probabilidade de liquidação. Logo, pode ser um sinal de insol-

vência oculta. Seu prazo médio de pagamento, o tempo que leva para pagar fornecedores, é similar ao restante do setor.

Os números, um ano depois

Vejamos os números da Timberland em 1995 (Tabela 1-16).

Para a análise DuPont, o ROE está negativo, impulsionado pela lucratividade negativa. A produtividade está um pouco maior e a alavancagem, um pouco menor.

Aprofundando a análise, o que esses números de alavancagem nos dizem? A cobertura de juros passou de mais de três para menos de um. Isso significa que a Timberland não tem lucros operacionais suficientes para pagar seus juros. Essa é uma situação de quase morte para a empresa. O que deve ser feito nessa situação extrema? É preciso levantar mais dinheiro e, pelos números, podemos dizer que foi exatamente o que ela fez.

Primeiro, o giro de estoque cresceu notoriamente, enquanto as margens brutas despencaram. Esse padrão indica uma liquidação de produtos. Ela vendeu seus bens o mais rápido que pôde para levantar dinheiro para pagar juros. Da mesma forma, repare no prazo médio de recebimento — ele caiu em 20 dias. Isso não aconteceu por acidente. Outra forma de levantar dinheiro é entrar em contato com clientes devedores e pedir para eles, digamos, $0,80 em vez de $1. Em suma, a empresa necessitava de caixa e estava disposta a negociar, porque precisava levantar dinheiro para pagar juros.

TABELA 1-16

Análise DuPont da Timberland Company, 1994–1995

Análise de índices da Timberland Company, 1994–1995, e média do setor, 1998

	1994	1995	Média do Setor*
Índices de lucratividade (%)			
Retorno sobre o patrimônio (%)	11,9	-8,2	12,3
Retorno sobre o capital investido (%)	7,1	0,7	9,7
Margem de lucro (%)	2,8	-1,8	4,2
Margem bruta (%)	35,0	33,7	38,4
Índices de giro			
Giro de ativo	1,3	1,6	1,8
Giro de estoque	1,9	2,4	2,7
Prazo de recebimento (dias)	73,5	53,4	39,1
Prago de pagamento (dias)	32,6	21,2	36,3
Índices de alavancagem e liquidez			
Capital próprio	3,2	3,0	1,7
Endividamento geral (%)	68,5	66,2	39,6
Cobertura de juros	2,9	0,2	9,1
Liquidez corrente	3,5	4,8	3,0

*A amostra consiste em cinco empresas de calçados representativas: Brown Group, Kenneth Cole, Nike, Stride Rite e Wolverine World Wide.

O último fator do capital de giro, além do estoque e dos recebíveis, são os pagáveis da Timberland, que estavam em boas condições no ano anterior. Agora, ela está pagando seus fornecedores mais rá-

pido, o que pode parecer estranho para uma empresa com problemas financeiros. Mas a redução do prazo médio de pagamento foi direcionada mais provavelmente a seus fornecedores, que, considerando a situação financeira da Timberland, não estavam propensos a estender o crédito. Em vez disso, podem ter exigido pagamentos na entrega. Os efeitos do capital de giro no caixa serão mais explorados no Capítulo 2.

Os números de 1994 a 1998

Agora, observe os números para os anos seguintes (veja a Tabela 1-17). Parece que as coisas se estabilizaram e mudaram de maneira surpreendente.

Em 1996, a lucratividade ainda estava ligeiramente mais baixa que a média do setor, mas a produtividade estava melhorando e a alavancagem, caindo. A Timberland estava movimentando seus estoques, e não por diminuir os preços. Muito pelo contrário, sua margem bruta indica que ela estava criando poder de precificação enquanto movimentava mais bens.

Em 1997, as coisas estavam ainda melhores. O principal número é tão notável quanto o ROE, que estava em quase o dobro da média para o setor. E a empresa estava conseguindo isso a partir de todos os lugares certos: estava girando seus estoques quase duas vezes mais que em 1994 e subindo os preços, como refletido pela margem bruta.

46 Finanças... Simples Assim!

TABELA 1-17

Análise DuPont da Timberland Company, 1994–1998

*Análise de índices da Timberland Company, 1994–1998,
e média do setor, 1998*

	1994	1995	1996	1997	1998	Média do Setor*
Índices de lucratividade (%)						
Retorno sobre o patrimônio (%)	11,9	−8,2	12,3	22,1	22,2	12,3
Retorno sobre o capital investido (%)	7,1	0,7	9,6	18,3	17,9	9,7
Margem de lucro (%)	2,8	−1,8	3,0	5,9	6,9	4,2
Margem bruta (%)	35,0	33,7	39,4	41,7	41,9	38,4
Índices de giro						
Giro de ativo	1,3	1,6	1,5	1,9	1,8	1,8
Giro de estoque	1,9	2,4	2,6	3,3	3,8	2,7
Prazo de recebimento (dias)	73,5	53,4	53,2	34,7	33,4	39,1
Prazo de pagamento (dias)	32,6	21,2	18,6	16,0	18,9	36,3
Índices de alavancagem e liquidez						
Capital próprio	3,2	3,0	2,7	2,0	1,8	1,7
Endividamento geral (%)	68,5	66,2	63,2	48,8	43,3	39,6
Cobertura de juros	2,9	0,2	2,5	5,6	10,2	9,1
Liquidez corrente	3,5	4,8	3,7	3,5	4,0	3,0

*A amostra consiste em cinco empresas de calçados representativas: Brown Group, Kenneth Cole, Nike, Stride Rite e Wolverine World Wide.

A tendência ascendente continuou em 1998. A Timberland ainda estava atingindo ROEs que eram o dobro da média do setor, mas agora esse ROE vinha inteiramente de onde deveria. Ele não era proveniente da alavancagem ou da produtividade, mas, sim, da lucratividade. O que aconteceu? Aquela experiência de quase morte provocou uma gestão menos familiar e mais profissional. Essa mudança acompanhou o fato de que a empresa se tornou a marca escolhida por artistas de hip-hop, o que levou à extraordinária reviravolta no desempenho financeiro.

O que você aprendeu com esse exercício? É possível usar os índices e números financeiros para contar a história de uma empresa ao longo do tempo. Você pode brincar de detetive e criar uma narrativa para que esses números façam algum sentido. Eles estão disponíveis para todos os tipos de empresas de capital aberto e são de fácil acesso. Por que você não usa o que acabou de aprender para analisar algumas de suas empresas favoritas?

Análise Financeira **47**

Perspectivas reais

Laurence Debroux, diretora financeira da Heineken, comenta a coisa mais importante que estudantes de finanças podem fazer:

Se tivessem me perguntado 20 anos atrás sobre o atributo mais importante para se sair bem na carreira financeira, eu provavelmente teria dito que era trabalhar duro, ser superespecializado e motivado. Isso até leva a um certo ponto, mas depois começa a falhar. Sempre é possível trabalhar duro. Mas ser persistente e curioso são provavelmente as duas características que considero mais importantes. Persistir é crucial, pois não se pode considerar uma primeira resposta como a definitiva. O universo financeiro é sobre investigar, tentar descobrir o que está por trás dos números, o que acontece com as hipóteses. O número está correto? Se não, por quê? Ele está mostrando a realidade ou distorcendo-a? Números são muito chatos se você os olha apenas como números, mas, se quiser descobrir a realidade por trás deles, é aí que tudo começa a ficar interessante. Se você se interessa e tem curiosidade pelo que as pessoas fazem, elas também ficam interessadas no que você pode oferecer.

Quiz

1. **A alta alavancagem permite que empresas controlem mais ativos e aumentem seu ROE. Qual é o problema com ela?**

    A. Ela reduz a produtividade, que pode diminuir o ROE geral.

    B. Lucros com base em alavancagem não são baseados em dinheiro e são ignorados pelo financeiro.

    C. A alavancagem também multiplica as perdas, assim como aumenta o risco para uma empresa.

    D. Não há problemas com a alavancagem — usar dinheiro de terceiros é uma boa forma de aumentar o valor de uma empresa.

2. **Que tipos de empresas têm maior probabilidade de ter alta alavancagem?**

    A. Empresas com grandes oportunidades de crescimento em novos setores.

    B. Empresas em setores estáveis e previsíveis, com fluxos de caixa confiáveis.

    C. Empresas de tecnologia.

    D. Empresas com baixa lucratividade.

3. Em 2009, Warren Buffett investiu US$3 bilhões na Dow Chemical por meio da emissão de ações preferenciais. Qual das seguintes opções *não* é uma vantagem das ações preferenciais para quem as adquire?

A. Em caso de falência, acionistas preferenciais são pagos antes de acionistas comuns.

B. Mesmo quando acionistas comuns não recebem dividendos, acionistas preferenciais podem recebê-los.

C. Ações preferenciais são associadas à propriedade da empresa, diferente de dívidas.

D. Dividendos de ações preferenciais devem estar em porcentagens pares (2%, 4% etc.).

4. Qual das seguintes informações têm menor probabilidade de ser listada como um ativo em um balanço patrimonial?

A. A patente da Gilead Sciences Inc. para o altamente lucrativo tratamento contra hepatite C desenvolvido por ela.

B. A sede corporativa do Google.

C. Pagamentos pela compra de carros devidos à Ford Motor Company por concessionárias.

D. Os US$42 bilhões nas contas bancárias do Facebook no final do exercício de 2017.

5. Qual das seguintes empresas tem maior probabilidade de ter o giro de estoque mais alto?

A. Subway, uma empresa de fast food.

B. Books-A-Million, uma rede de livrarias.

C. Whole Foods, um supermercado.

D. British Airways, uma companhia aérea.

6. Qual índice é um fator de distinção para empresas varejistas?

A. Alto ROE.

B. Baixo prazo médio de recebimento.

C. Alto giro de estoque.

D. Alto índice de endividamento geral.

7. A BHP Billiton é uma das maiores empresas de mineração do mundo, e suas contas a receber chegam a 21% de seus ativos totais (em 2016). Qual das empresas a seguir tem maior probabilidade de dever dinheiro à BHP Bilinton como parte dessas contas a receber?

A. Bank of America, um banco global.

B. Mining Recruitment Agency, uma recrutadora para trabalhadores especializados em mineração.

C. Sysco, uma distribuidora alimentícia.

D. United States Steel Corporation, uma produtora de aço.

8. Qual das seguintes partes se importa mais com o índice de liquidez corrente de uma empresa?

   A. Seus acionistas.

   B. Seus fornecedores.

   C. Seus concorrentes.

   D. Seus clientes.

9. Verdadeiro ou falso: um ROE alto é sempre bom.

   A. Verdadeiro.

   B. Falso.

10. A Home Depot, loja de material de construção e produtos para o lar, emitiu uma dívida de US$2 bilhões no final de 2016. Qual a principal diferença entre dívidas e outros passivos, como contas a pagar?

    A. Dívidas implicam uma taxa de juros explícita.

    B. Dívidas representam a propriedade de uma empresa.

    C. Dívidas são uma reivindicação residual.

    D. Dívidas são devidas apenas aos fornecedores.

Resumo do Capítulo

Como espero que tenha percebido, análises financeiras são muito mais que apenas números, que não passam de ferramentas para nos ajudar a entender o que motiva o desempenho ao longo do tempo, em diferentes empresas e setores. Todos os números são úteis, mas nenhum conta a história completa. Na verdade, todos têm limitações. Só conseguimos entender uma empresa reunindo os fatos sobre esses números. O processo da análise financeira se tornará mais fácil e mais recompensador conforme você investir mais tempo nele. O ideal é que pratique o exercício de qual é o setor para testar se entendeu o material.

Espero que sinta ter construído uma base sólida de conhecimento financeiro. Muito dele é bastante intuitivo e envolve contar uma história a partir dos números. A seguir, estudaremos com mais profundidade o caixa e por que o futuro importa mais do que o passado ou o presente. Se puder, tente usar algumas das ferramentas deste capítulo para analisar as finanças da sua empresa — ou de qualquer outra.

2

A Perspectiva Financeira

Por que as finanças são obcecadas pelo caixa e pelo futuro

Balanços contábeis têm importância crucial para entender o desempenho corporativo, mas também têm desvantagens. Em resposta a essas desvantagens, o campo das finanças desenvolveu uma abordagem distinta para a tomada de decisões e a análise de desempenho.

Essa abordagem tem dois pilares. Primeiro, profissionais da área têm questionado a melhor maneira de avaliar os retornos econômicos. Embora a contabilidade enfatize o lucro líquido, profissionais financeiros o consideram falho, pois ele ignora várias questões importantes. Encontrar soluções para esses problemas os fez considerar o caixa como uma métrica melhor desses retornos. Na verdade, às vezes eles podem ser obcecados pelo caixa.

Caixa pode significar muitas coisas, então exploraremos três definições alternativas para ele — lucros antes de juros, impostos, depreciação e amortização (EBITDA); fluxo de caixa operacional; e fluxo de caixa livre. E descobriremos por que esse último item é tão importante para ponderar decisões de investimento e de valuation — e por que ele representa o nirvana financeiro (spoiler: ele une todas as tribos).

Segundo, o campo financeiro se preocupa com o futuro e, por essência, é prospectivo. Isso nos distancia do balanço patrimonial como tentativa de responder a algumas das maiores perguntas na área: quanto valem esses ativos? De onde vem esse valor? Como medir o valor que vem de fluxos de caixa futuros? Esse foco no futuro nos leva a considerar o valor temporal do dinheiro e métodos de traduzir fluxos de caixa futuros para o presente, o que será fundamental para ponderar qualquer decisão de investimento ou valuation.

Finanças versus contabilidade: Conservadorismo contábil e regime de competência

As finanças discordam de dois fundamentos da contabilidade: o conservadorismo e o regime de competência.

O Princípio do Conservadorismo

O princípio do conservadorismo contábil implica que as empresas devem registrar menores valores estimados de seus ativos e, por extensão, maiores estimativas de seus passivos — em resumo, elas pecam pelo lado conservador. Assim, balanços patrimoniais em geral registram o custo histórico dos ativos, não o corrente ou o valor de substituição, e muitos ativos simplesmente não aparecem em seus livros. O balanço de 2016 da Apple, por exemplo, avaliou a marca de 40 anos em US$0, enquanto a *Forbes* a avaliou em US$154,1 bilhões. Qual delas você acha que está mais próxima da realidade?

O Regime de Competência

As regras do regime de competência tentam suavizar o faturamento e o custo em um esforço para refletir melhor a realidade econômica. Elas permitem que uma empresa capitalize um investimento como um ativo e gaste-o como encargos de depreciação todos os anos ao longo da vida do ativo.

Por exemplo, o Airbus Group, fabricante europeia aeroespacial e de defesa, construiu uma nova fábrica no Alabama que custou US$600 milhões. Por causa do regime de competência, em 2015, a empresa reportaria ativos mais modestos ao longo do tempo, em vez de perdas, e lucros quando a fábrica começasse a produzir. Mas essa representação de lucros é bem diferente de seus verdadeiros fluxos de caixa, pois encobre o valor temporal do dinheiro e pode refletir decisões gerenciais, enquanto os fluxos de caixa, não.

Perspectivas reais

Laurence Debroux, diretora financeira da Heineken, comenta a importância do caixa:

Sempre me lembro deste ditado: faturamento é vaidade, resultado é sanidade e o caixa é o rei. Enfatizar apenas o aumento de faturamento pode ser ridículo e perigoso. Avaliar apenas o aumento do lucro também pode ser perigoso. O caixa é o mais importante. O segredo é sua capacidade de transformar seu negócio em caixa, que pode ser usado para financiar suas atividades, pagar dívidas ou distribuir aos acionistas.

Sobre o que Falamos Quando Falamos sobre Caixa

No Capítulo 1, usamos os lucros líquidos para medir o desempenho corporativo. Embora tenham seus méritos — são uma avaliação poderosa para checar como os acionistas têm se saído —, eles têm problemas. Primeiro, tratam simetricamente despesas pagas pelo caixa e por outros meios. Segundo, lucros líquidos também subtraem pagamentos de juros, o que dificulta a comparação de empresas que se autofinanciam de formas diferentes, ainda que suas operações sejam bastante similares.

Por fim, e mais importante, muitas decisões gerenciais estão envolvidas no cálculo dos lucros. A contabilidade pede aos gerentes para tomar decisões a fim de suavizar os retornos, pois considera que isso seja mais consistente com a realidade. Por exemplo, um pagamento antecipado por um equipamento precisa ser capitalizado, incluído no balanço patrimonial e, então, depreciado ao longo do tempo. O faturamento, de maneira semelhante, precisa ser identificado ao longo do tempo. Mas esse processo de suavizar métricas de desempenho é subjetivo, o que permite a gestores manipular lucros em vantagem própria. Por outro lado, caixa é caixa e, sem dúvida, não está suscetível a tais decisões gerenciais.

Para construir uma base alternativa de avaliação dos retornos econômicos, precisamos identificar os fluxos de caixa, em oposição aos lucros. Porém o que queremos dizer com "caixa"? É frustrante, mas acontece que a resposta é "depende". Começaremos de onde paramos no Capítulo 1 — com o EBIT e o EBITDA —, depois passaremos aos fluxos de caixa operacionais e, por fim, ao nirvana financeiro: fluxo de caixa livre.

Equação EBIT

Lucros líquidos

\+ juros

\+ impostos

EBIT

Como vimos, o EBIT (ou lucro operacional) oferece uma visão mais clara de quanto uma empresa é eficiente e lucrativa em relação aos seus lucros líquidos, pois não subtrai juros e impostos (que não estão relacionados ao desempenho operacional). No entanto, esta ainda não é exatamente uma medida de caixa, porque é calculada depois que se subtrai despesas não relacionadas, como depreciação e amortização. Para um cenário mais completo, profissionais financeiros consideram o EBITDA: lucros antes de juros, impostos, depreciação e amortização.

Equação EBITDA

Lucros líquidos
+ juros
+ impostos
+ depreciação
e amortização
EBITDA

Lucros líquidos, EBIT e EBITDA da Amazon

A Amazon oferece um exemplo interessante da distinção entre essas métricas diferentes (veja a Tabela 2-1).

Em 2014, o lucro líquido da empresa foi de –US$241 milhões. Seu EBIT, no entanto, foi de US$178 milhões, e a diferença de US$419 milhões representa impostos, juros e ajustes monetários. E o EBITDA? Por causa dos escandalosos US$4,746 bilhões em depreciação e amortização, o EBITDA aqui é de US$4,924 bilhões — bem distante da perda líquida de US$278 milhões. Logo, a Amazon gerou muito caixa, como medido pelo EBITDA, mas teve perdas de acordo com medidas de lucratividade.

TABELA 2-1

Resultado do exercício de 2014 da Amazon.com Inc. (em milhões de US$)

Vendas	US$88.988
Custo das vendas (*incluindo os US$4.746 em depreciação*)	–62.752
Margem bruta	**US$26.236**
Despesas operacionais	–26.058
Receita operacional (EBIT)	**US$178**
Depesas com juros	–289
Despesas com impostos	–167
Receitas não operacionais	37
Lucros líquidos (perda)	**–US$241**

Do EBITDA aos fluxos de caixa operacionais

Considerando essa obsessão com o caixa, não é de se surpreender que haja um demonstrativo financeiro exclusivo dedicado a ele: a demonstração de fluxos de caixa. Muitos profissionais das finanças consideram essa a demonstração financeira mais importante de uma empresa. Em vez de considerar o resultado do exercício, que tem os problemas de outras despesas e decisões gerenciais, ou o balanço patrimonial, que tem os problemas da contabilidade de custos históricos e do conservadorismo, muitas pessoas consideram a demonstração de fluxos de caixa porque ela leva em conta apenas isto: o caixa.

Em geral, uma demonstração dos fluxos de caixa tem três seções: fluxos de caixa operacionais, de investimentos e financeiros. A primeira seção oferece a próxima métrica de caixa e reúne muitos

Para refletir...

O EBITDA pode ser mais relevante para alguns setores do que para outros. Considere três empresas: Electronic Arts (EA), desenvolvedora de jogos; The Michaels Companies, rede varejista de artesanato; e Comcast, provedora de internet, telefone e TV a cabo. Qual delas teria o maior nível de depreciação e amortização e por quê?

Uma maneira de entender a diferença que a depreciação faz é compará-la aos lucros líquidos. Em 2015, os índices de depreciação da EA, da The Michaels Companies e da Comcast foram de 17%, 34% e 106%, respectivamente. Isso é lógico: diferente da EA, uma empresa de software, a Comcast investiu amplamente para criar uma rede nacional de cabo e

internet nos EUA. Por causa desses grandes investimentos, usar os lucros líquidos como uma métrica de desempenho pode resultar em uma imagem distorcida e em comparações falhas. A The Michaels Companies está em algum lugar entre a EA e a Comcast devido à sua presença em lojas físicas.

---

dos elementos que já discutimos. Em particular, do Capítulo 1, lembre-se de como a Timberland gerenciava estoque e a receber para gerar caixa. De forma mais geral, o capital de giro — contas a receber, estoques e contas a pagar — pode ter consequências significativas sobre o fluxo de caixa.

Equação do Fluxo de Caixa Operacional

Lucro líquido
+depreciação e amortização
−aumentos nas contas a receber
−aumentos nos estoques
+aumentos nos faturamentos não recebidos
+aumentos nas contas a pagar

Fluxo de caixa operacional

O fluxo de caixa operacional difere-se do EBITDA de várias formas. Primeiro, e mais importante, ele considera os custos do capital de giro; segundo, leva em conta pagamentos de impostos e juros ao começar pelos lucros líquidos; e, por fim, inclui, em seu cálculo final, outras despesas além de depreciação e amortização, como compensação em ações.

E o restante da demonstração de fluxo de caixa? Resumidamente, a seção de investimentos enfatiza os investimentos contínuos que ignoram a demonstração do exercício e vão direto para o balanço patrimonial, como despesas de capital e aquisições. A seção financeira examina se uma empresa ofereceu ou pagou dívidas, emitiu títulos ou comprou ações de volta, e revela as consequências de tudo isso para o caixa. A Figura 2-1 traz uma declaração de fluxos de caixa

FIGURA 2-1

Amostra de demonstração de fluxo de caixa e demonstração de fluxo de caixa de 2017 da Starbucks

Atividades operacionais

Lucros líquidos
+ depreciação e amortização
(±) caixa fornecido por mudanças em
ativos e passivos operacionais
Caixa líquido fornecido por atividades operacionais

Atividades de investimento

– acréscimos ao ativo fixo
(±) fusões/alienações
Caixa líquido fornecido por atividades
de investimento

Atividades de financiamento

– dividendo de caixa
– recompra de ações comuns
+ emissão de dívidas ou títulos
Caixa líquido fornecido por atividades
de financiamento

Aumento líquido/(diminuição) no caixa e equivalentes

Atividades operacionais	
Lucros líquidos	US$2.885
Depreciação e amortização	1.067
Caixa de mudanças em ativos e passivos	90
Outros	133

Atividades de investimento	
Despesas de capital	–US$1.519
Outros	670

Atividades de financiamento	
Dividendos de caixa	
Recompra de ações	–US$1.450
Emissão de dívidas	–1.892
Outros	350
	1

Caixa líquido fornecido por atividades operacionais   US$4.175

Caixa líquido fornecido por atividades de investimento   –US$849

Caixa líquido fornecido por atividades de financiamento   –US$2.991

Balanço do caixa para 2016: US$2.129

Balanço do caixa para 2017: US$2.464

(a) Declaração de fluxo de caixa

(b) Declaração de fluxo de caixa com base no relatório anual da Starbucks de 2017

genérica e os dados de 2017 da Starbucks. Como mostra a figura, a declaração mapeia como as posições de caixa mudaram ao longo do ano por causa do desempenho operacional, junto com decisões financeiras e de investimento.

Capital de giro

O capital de giro — capital que uma empresa usa para financiar suas operações diárias — é crucial para entender fluxos de caixa operacionais. Embora você talvez pense que finanças estão associadas apenas à dívida e patrimônio, elas estão profundamente integradas às operações diárias de uma empresa.

$$\text{Capital de giro} = \text{ativos circulantes} - \text{passivos circulantes}$$

O termo "capital de giro", em geral, refere-se às diferenças entre ativos e passivos circulantes, e enfatiza três componentes essenciais: contas a receber, estoques e contas a pagar. Segue uma breve recapitulação desses elementos:

Contas a receber. São montantes que clientes, normalmente outras empresas, devem a uma companhia. O montante pode ser reestruturado em um prazo médio de recebimento, que mostra o número médio de dias que os clientes levam para pagá-lo à empresa.

Estoques. Todos os bens, e os insumos associados, armazenados em uma empresa antes da venda contam para o estoque. Com base nisso, é possível saber o prazo médio de estoque, que mostra o número de dias que insumos e bens ficam na empresa.

Contas a pagar. São os montantes que uma empresa deve a fornecedores. Com base neles, é possível saber o prazo médio de pagamento, que indica o número médio de dias que a empresa leva para pagar seus fornecedores.

Uma forma um pouco mais restrita de definir capital de giro é:

$$\text{Capital de giro} = \text{contas a receber}$$
$$+ \text{ estoques}$$
$$- \text{ contas a pagar}$$

Uma maneira simples de considerar as consequências do capital de giro é perceber que as operações diárias de uma empresa resultam em um montante que precisa ser financiado, como qualquer outro ativo. Se esse capital de giro diminui, as necessidades de financiamento de uma empresa também diminuem. Logo, a forma como o capital de giro é gerenciado tem consequências financeiras profundas.

O ciclo de conversão de caixa

Uma maneira eficaz de projetar as consequências financeiras do capital de giro é estruturá-lo ao longo do tempo, em vez de monetariamente. Essa estruturação é chamada ciclo de conversão de caixa.

Para ver o ciclo de conversão de caixa em ação, imagine que você comanda uma loja de ferragens e que tudo o que faz é comprar martelos de atacadistas e vendê-los a profissionais de reformas de imóveis. Muitas transações estão associadas a um único martelo, e elas não ocorrem ao mesmo tempo. Você precisa comprar o martelo, pagar por ele, vendê-lo e receber o dinheiro por aquela venda. Digamos que venda o martelo 70 dias após tê-lo comprado, e só receba 40 dias depois da venda. Esses números correspondem ao prazo médio de estoque (70 dias) e ao prazo médio de recebimento (40 dias). Da perspectiva da empresa, isso significa 110 dias transcorridos desde a compra do martelo até o recebimento do pagamento. Além disso, você só pagou pelo produto 30 dias após comprá-lo.

Para refletir...

Você recebeu a tarefa de gerenciar o capital de giro de uma das lojas da Home Depot em Atlanta. Hoje, o prazo médio de estoque é de 50 dias; o de recebimento, de 20 dias; e o de pagamento, de 25 dias; o que acarreta uma lacuna financeira de 45 dias. Como você usaria seus conhecimentos sobre o ciclo de conversão de caixa para reduzir a lacuna financeira da loja?

Você poderia:

- Reduzir o prazo médio de estoque.
- Reduzir o prazo médio de recebimento.
- Aumentar o prazo médio de pagamento.

Quais seriam os problemas de reduzir o prazo médio de estoque da loja? Por que isso deveria ser feito, e por que não deveria ser considerado?

Uma das maneiras mais fáceis de reduzir esse prazo é diminuindo o estoque; com certeza ele seria liquidado mais rápido e menos financiamento seria necessário. No entanto, o risco é que, se algum cliente não encontrar determinada marca de tinta ou algum tipo de ferramenta na sua loja, ele vai para a concorrência e nunca mais volta.

Quais são os problemas de reduzir o prazo médio de recebimento?

Você poderia reduzir esse prazo estendendo menos crédito aos clientes.

Porém esses clientes podem precisar receber crédito de seus fornecedores, ou ter costume de usá-lo; sem ele, talvez prefiram a concorrência da Home Depot.

Quais são os problemas de aumentar o prazo médio de pagamento?

Pagar fornecedores com atraso pode desgastar a relação; eles podem ficar relutantes em fornecer produtos e menos dispostos a estender crédito. Se houvesse ameaça de um furacão em Atlanta e todo mundo precisasse de suprimentos, seus fornecedores achariam mais interessante trabalhar com seus concorrentes do que com você.

Da perspectiva do caixa, você precisa gerar dinheiro para pagar pelo martelo 80 dias antes de receber por sua venda. Se as empresas *pagam* antes de *serem pagas*, elas precisam financiar seu ciclo de caixa deficitário. Nada disso aparece nos lucros líquidos ou no EBITDA. Assim, apenas comprar e vender martelos cria uma necessidade financeira (veja a Figura 2-2).

FIGURA 2-2

O ciclo de conversão de caixa

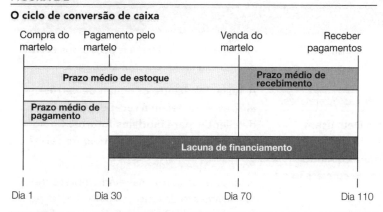

A lacuna no ciclo de conversão de caixa levanta várias questões. Quanto custará para financiar essa lacuna? Como a empresa pode mudar o comportamento para reduzir esses custos? Essas mudanças custarão mais que a possível economia?

Para entender melhor as dinâmicas por trás do ciclo do capital de giro, pense no que acontece em uma recessão. As empresas seguram os estoques por mais tempo, e mesmo quando vendem um martelo, o empreiteiro, sendo pressionado por seus clientes, vai demorar mais para pagar. Todo o ciclo de conversão de caixa aumenta, que foi o que ocorreu durante a crise financeira de 2008. A recessão aumentou os prazos médios de estoque e de recebimento, e, uma vez que os bancos estavam recuando, não havia mecanismo para financiar essas grandes lacunas. Foi por isso que o comércio global despencou em 50% naquele ano.

Voltemos à loja de ferragens. Um fornecedor o encoraja a pagar em dez dias, com um desconto de 2% — uma oferta razoavelmente comum. É um bom negócio?

Embora uma resposta automática para essa oferta seja tentadora, você não tem informações suficientes para respondê-la. Essa decisão exige que métodos alternativos de financiamento sejam considerados. Já que pagaria o fornecedor em 10 dias, em vez de em 30, seria preciso financiar essa lacuna restante. Quem é a fonte mais barata de financiamento para esses 20 dias — o banco ou o fornecedor? Vamos imaginar que seu banco cobre uma taxa de juros de 12% ao ano, o que representaria menos de 1% por aquele período. Isso significa que você pagaria menos de 1% para financiar aqueles 20 dias se aceitasse a oferta do fornecedor e usasse o banco para financiar seu ciclo de conversão de caixa.

O desconto oferecido pelo fornecedor pode ser realocado como custo financeiro por aqueles 20 dias. Caso o recuse, você abre mão dos 2% e recebe 20 dias de financiamento. Na verdade, o fornecedor está cobrando 2% por um empréstimo de 20 dias. Você preferiria pagar 2% ou menos de 1% por esse empréstimo? A resposta, obviamente, é menos de 1%. O financiamento do banco é mais barato, logo, você deveria aceitar o acordo com o fornecedor e pegar o empréstimo com o banco por aqueles 20 dias.

Para refletir...

A Salesforce.com é uma empresa do tipo software-as-a-service (SaaS), que em geral vende assinaturas que funcionam como assinaturas de revistas. Seus clientes pagam antecipadamente e usam o software pelo período pelo qual pagaram. Como isso afeta o ciclo de conversão de caixa da Salesforce?

A empresa terá um prazo médio de recebimento negativo, pois recebe antes de oferecer o serviço. Ela não tem estoques, então não há prazo médio de estoque, e não pagará seus fornecedores imediatamente, criando um prazo médio de pagamento. Nesse modelo de negócio, são os clientes da Salesforce, além de seus fornecedores, que financiam as operações.

Muitas empresas, como a Dell, usam produção just-in-time para fabricarem produtos para venda apenas quando necessário. Como o ciclo de conversão de caixa da Dell é afetado?

Primeiro, a empresa recebe o pedido de um cliente e, depois, começa a fabricar o produto, reduzindo, assim, seu ciclo de conversão de caixa ao diminuir o prazo de estoque, levando a uma redução dos custos de financiamento do capital de giro.

A Tesla, fabricante premium de carros elétricos, começou a receber depósitos de clientes para modelos futuros. Como isso muda o ciclo de conversão de caixa?

Pode ser que o depósito não seja pelo valor total do carro, mas ainda representa financiamento da empresa pelo cliente. Ao fazer um depósito para a Tesla antes da entrega, os clientes reduzem o montante do financiamento de capital do qual a empresa precisa depender.

Como a Amazon cresce... Cada vez mais

Para avaliar o poder do capital de giro sobre o modelo financeiro de uma empresa, vamos voltar ao exemplo da Amazon. Hoje, a empresa gerencia seus estoques e suas contas a receber e a pagar de maneira que acaba com o que chamamos de ciclo de capital de giro negativo. Na loja de ferragens, por exemplo, havia uma necessidade financeira criada por suas operações. Imagine que você vive em um mundo no qual comprar e vender martelos não esgota o caixa, mas, na verdade, *gera* caixa. É exatamente esse o caso da Amazon.

Em 2014, o prazo médio de estoque da empresa era de 46 dias, e o prazo de recebimento era de 21 dias, em média (um pouco alto para uma varejista, porque reflete seu sistema de computação em nuvem). A cereja do bolo é que a Amazon, devido à sua dominância de mercado, pode exercer um grande poder sobre seus fornecedores para fazê-los esperar para receber, e isso cria um prazo médio de pagamento de 91 dias. Esse processo é refletido no ciclo de conversão de caixa negativo de 24 dias.

Para refletir...

Digamos que sua empresa paga os fornecedores em 40 dias e a taxa de juros corrente seja de 20%. Um fornecedor oferece um desconto de 1% para você arcar com suas obrigações em 10 dias. Você aceitaria a oferta? Por quê?

Por um lado, o fornecedor está cobrando uma taxa de juros implícita de 1% por um empréstimo de 30 dias. Por outro, o banco cobrará uma taxa de juros bem acima de 1% pelos mesmos 30 dias (20% divididos por 12 meses). O financiamento do fornecedor é mais barato, então você deveria aceitá-lo, e não o do banco. Em outras palavras, aceite a oferta.

A consequência para a empresa é que suas operações se tornam uma fonte de caixa. A Amazon e a Apple, nesse sentido, têm ciclos de capital de giro que lhes permitem crescer rapidamente sem buscar financiamento externo. É outra maneira de dizer que o caixa que geram a partir do capital de giro se torna uma parte importante de seus modelos de negócios.

Na realidade, os fornecedores financiam o crescimento da Amazon e da Apple. As duas empresas estão substituindo fontes de financiamento mais baratas no ciclo de capital de giro por fontes externas. E a consequência desse capital de giro é a enorme dimensão de seus retornos econômicos, que não são captados pelo EBITDA, pelo EBIT ou pelos lucros líquidos.

Perspectivas reais

Laurence Debroux, diretora financeira da Heineken, comenta a importância do capital de giro:

Faz bem pensar no capital de giro. Sempre é possível melhorar. Ao mesmo tempo, você não deve se tornar dependente dele, porque isso pode levar a comportamentos que não gostaria de ver. E vale tanto para vendas quanto para compras: é preciso ter muito cuidado.

A Heineken opera em 80 países, e queremos operar com suprimentos locais, então realmente precisamos ter uma relação sustentável e de longo prazo com nossos fornecedores. Se insistir em explorar ao máximo cada fornecedor para melhorar seu capital de giro, acabará matando-os. Você

não gostaria de viver nesse ecossistema. Logo, o capital de giro é importante; é preciso prestar atenção nele. Ao mesmo tempo, você precisa ter certeza das consequências que está provocando ao forçá-lo.

Para avançar até o nirvana do caixa, os fluxos de caixa operacionais começam pelos lucros líquidos, ajustam outras despesas (particularmente, depreciação e amortização e compensação em ações) e, por fim, se adéquam a todos os efeitos do capital de giro.

Finalmente, fluxos de caixa livres

A última métrica é o fluxo de caixa livre, uma das mais importantes de desempenho econômico nas finanças. Você verá esse número muitas vezes quando observar como empresas são avaliadas e quando elas analisam como estão se saindo.

A equação para calcular os fluxos de caixa livres oferece uma métrica do montante do fluxo de caixa realmente não onerado pelas operações de uma empresa. É a métrica mais pura do caixa e a base do valuation. Ela não é afetada pelos efeitos deturpadores de outras despesas, como depreciação e amortização (por exemplo, o EBITDA), contas para mudanças no capital de giro (como o fluxo de caixa operacional) e, por fim, reconhece que despesas de capital são necessárias para o crescimento e foram ignoradas até então. Em resumo, o fluxo de caixa livre isola o caixa que de fato está livre para ser distribuído ou usado como a empresa achar adequado.

Para refletir...

A Amazon.com inclui compensações em ações nos seus fluxos de caixa operacionais. Por quê?

Essa compensação é registrada como uma despesa na demonstração do resultado do exercício e diminui o lucro líquido, mas, assim como a depreciação, não é uma cobrança de caixa. É por isso que é incluída de volta nos fluxos de caixa operacionais. Nas duas últimas décadas, esse tipo de compensação se tornou uma das principais outras despesas para empresas dos EUA.

Se a Amazon tivesse emitido ações para financiar seu crescimento — construindo torres de servidores para hospedar o Amazon Web Services, por exemplo — onde isso apareceria na declaração de fluxos de caixa?

Emitir ações é uma forma de financiamento, logo apareceria na seção de financiamentos da declaração de fluxos de caixa.

Se observarmos o capital de giro da Amazon em 2014, parece que houve um

esvaziamento de caixa. Mas não foi dito antes que o capital de giro da empresa é uma de suas fontes de caixa?

O que parece ter acontecido é que, entre 2013 e 2014, o ciclo de conversão de caixa da empresa caiu de –27 dias para –23. Foi por isso que seu capital de giro precisou de um investimento de caixa durante esse período. Um ciclo de capital de giro negativo que se torna menos negativo não difere em nada de um ciclo de capital de giro positivo que se torna mais longo.

FIGURA 2-3
Fluxo de caixa livre

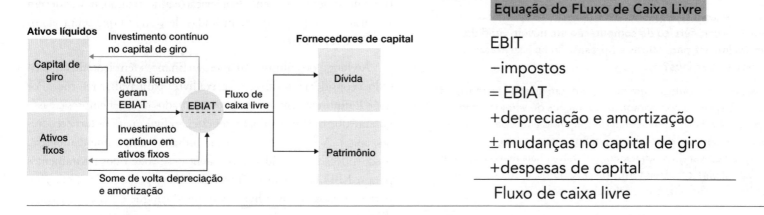

Para calcular o fluxo de caixa livre, vamos começar com o EBIT para ter uma ideia do desempenho operacional. Já que este precisa ser o fluxo de caixa *livre*, é preciso levar em conta os impostos, o que resulta na próxima sigla, EBIAT, ou lucros antes de juros depois dos impostos. Então, inclua de volta aquelas outras despesas, como depreciação e amortização. Segundo, penalize a empresa caso suas necessidades de capital de giro sejam tão altas que seja preciso investir constantemente no ciclo de capital de giro. É o que vimos com os fluxos de caixa operacionais. Terceiro, assegure-se de subtrair quaisquer despesas contínuas de capital, planejadas ou exigidas, pois esse é um gasto de caixa ainda não considerado.

A Figura 2-3 oferece um diagrama e uma equação para entender o fluxo de caixa livre. É possível visualizá-lo pensando em um balanço patrimonial simplificado. Os ativos líquidos do balanço patrimonial são divididos entre capital de giro (por exemplo, estoques e contas a receber, menos contas a pagar) e ativos fixos (por exemplo, propriedade, planta e equipamento), e o lado financeiro do balanço é dividido entre dívidas e patrimônio. Esse balanço patrimonial modificado agora distingue as operações (o lado esquerdo) e os fornecedores de capital (o lado direito). Os fluxos gerados pelas operações que acabam indo para os fornecedores de capital são os fluxos de caixa livres, que são calculados desta forma: as operações de uma empresa geram EBIT, mas o governo pega sua fatia, para transformá-la em

> **Para refletir...**
>
> A Amazon.com se expandiu para além do varejo com o Web Services, serviço de computação em nuvem vendido principalmente para outras empresas. Como isso afetou os fluxos de caixa livre?
>
> Primeiro, a computação em nuvem tem um nível de lucratividade diferente quando comparada às operações de varejo, o que impactaria o EBIT. Com assinantes pagando antecipadamente pelo novo serviço, o ciclo de capital de giro em relação à operação de varejo mudaria. Por fim, talvez haja mais despesas de capital para construir torres de servidores, o que também resultaria em uma depreciação subsequente diferente.

EBIAT. A partir daí, você deve considerar os investimentos contínuos no capital de giro e nos ativos fixos à medida que cresce. Por fim, outras despesas, como depreciação e amortização, nunca devem ser custeadas e precisam ser incluídas de volta. O que sobra são os fluxos de caixa livres.

Ao longo dos últimos 50 anos, as finanças têm lentamente passado a considerar os fluxos de caixa livres para avaliar retornos. Por quê? Porque eles captam todos os resultados de uma empresa, e isso garante que os fluxos subjacentes estejam livres para os fornecedores de capital. A Figura 2-4 traz uma linha do tempo que demonstra, desde a década de 1960, como a atenção se voltou dos faturamentos para o EBITDA, para os fluxos de caixa operacionais e, por fim, para os fluxos de caixa livres, e o que distingue essas três métricas diferentes.

FIGURA 2-4

A mudança de faturamentos para fluxos de caixa livres, décadas de 1960–2020

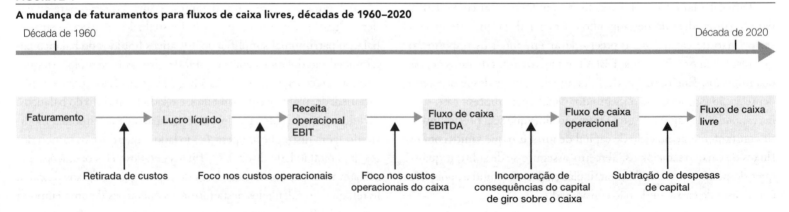

Perspectivas reais

Alan Jones, presidente global de capital privado do Morgan Stanley, comenta:

Gostamos de descobrir o grande número de diferentes mudanças que podemos fazer ao adquirir empresas. Nós o fazemos metodicamente, analisando a demonstração do resultado do exercício, a de fluxo de caixa e o balanço patrimonial. Começamos pelo topo da DRE, no qual podemos aumentar as vendas e os faturamentos brutos, melhorar nossas margens brutas, fazer com que mais delas passem para a área de receitas, na qual estão as despesas operacionais que podemos cortar, e gerenciar melhor nossa posição fiscal.

Depois, analisamos a declaração de fluxo de caixa. Como estamos nos saindo com as despesas de capital? Estamos sendo rigorosos em mantê-las em um padrão alto de retorno esperado e, então, fiscalizando os resultados quando vemos como se saíram em dois ou três anos? O capital de giro tem sido uma enorme oportunidade para nós. Continuamos nos surpreendendo com empresas que prestam pouca atenção ao capital de giro e, como resultado, têm esses índices como uma porcentagem de vendas totalmente descontrolados. Quando examinamos a demonstração de fluxo de caixa, tentamos ser muito criteriosos com o gerenciamento de nossos estoques, contas a receber e a pagar. Depois, nos concentramos no balanço patrimonial, no qual podemos analisar ativos secundários ou gerenciar melhor a intensidade de capital dos ativos que temos.

Amazon x Netflix

Antes de passar para o próximo elemento importante da perspectiva financeira — olhar para o futuro —, vamos descobrir por que considerar a perspectiva do caixa pode render tantas informações. Vamos comparar duas empresas líderes, Amazon e Netflix, analisando seus números de faturamento (veja as Figuras 2-5 e 2-6).

As escalas são diferentes (a Amazon é muito maior que a Netflix), mas fica claro que, entre 2001 e 2017, ambas cresceram de maneira impressionante. Mas esses são apenas os faturamentos. Analisemos mais alguns indicadores financeiros (veja as Figuras 2-7 e 2-8).

A Amazon parece não ter gerado lucros, pelo menos até bem pouco tempo atrás. Por essa métrica, a Netflix parece ser mais lucrativa que a varejista online, com uma margem de lucros de quase 5%, em comparação aos menos de 2% da Amazon.

Agora, observe os fluxos de caixa operacionais das duas. Aqui as coisas começam a divergir, e vemos as vantagens de considerar essas outras métricas. O que acontece? No caso da Amazon, o que faz o motor do fluxo de caixa rodar são todas as outras despesas e a gestão do capital de giro. Em contrapartida, o que acontece na Netflix? Aqueles lucros agora se traduzem em fluxos de caixa

FIGURA 2-5

Faturamento total da Amazon, 2001–2017 (milhões de US$)

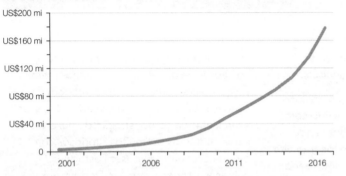

FIGURA 2-6

Faturamento total da Netflix, 2001–2017 (milhões de US$)

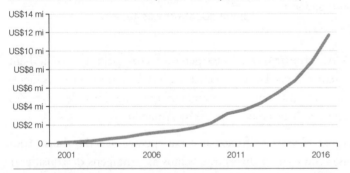

FIGURA 2-7

Fluxos de caixa e lucros da Amazon, 2003–2017 (milhões de US$)

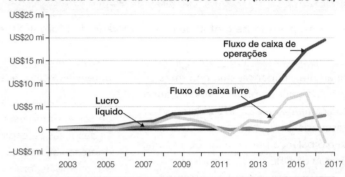

FIGURA 2-8

Fluxos de caixa e lucros da Netflix, 2003–2017 (milhões de US$)

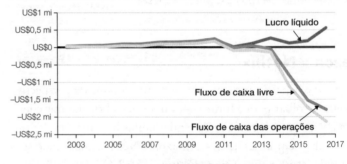

operacionais, negativos por causa dos enormes investimentos em conteúdo. Resumindo, ela adquire quantidades crescentes de conteúdo e rapidamente as amortiza, o que cria prejuízo. O fluxo de caixa operacional mostra uma história completamente diferente em comparação aos lucros.

Por fim, vamos dar uma olhada nos fluxos de caixa livres. Levar as despesas de capital em consideração muda um pouco mais o panorama. A Netflix não tem despesas de capital significativas, então os fluxos de caixa livres se equiparam mais ou menos aos fluxos de caixa operacionais. A Amazon, sim, tem despesas de capital significativas (em parte, devido à aquisição da Whole Foods), o que tornou seu fluxo de caixa livre negativo nos últimos anos.

Todas essas métricas mostram uma história diferente em relação ao que acontece nas duas empresas — histórias que seriam perdidas se nos concentrássemos no faturamento ou nos lucros líquidos. Analisar todas essas várias métricas, com foco principal no fluxo de caixa livre, deixa claro que a questão central para ambas as empresas é a intensidade de ativos. Se os custos de aquisição de conteúdo da Netflix continuarem disparando, talvez ela nunca gere fluxos de caixa positivos. A aquisição da Whole Foods pela Amazon, investimento que expande sua marca varejista física, pode mudar de forma expressiva seu perfil de fluxo de caixa.

Fixados no Futuro

Análises contábeis e financeiras se ocupam com a caracterização do passado e do presente. Por outro lado, profissionais financeiros mantêm os olhos no futuro em busca de questões mais importantes em relação às implicações de valor de qualquer decisão. Em suma, a fonte de todo valor hoje é o desempenho futuro conforme revelado nos fluxos de caixa. Isso cria um problema para as finanças, pois nem todos os fluxos de caixa são criados da mesma forma. Você seria indiferente a um real recebido hoje e um real recebido em dez anos? Claro que não. Assim, as finanças exigem pensar nos fluxos de caixa livres que um ativo gerará e descobrir qual o seu valor hoje.

Esse exercício é um pouco mais complicado do que apenas somar todos esses futuros fluxos de caixa. A razão é um conceito fundamental nas finanças conhecido como valor temporal do dinheiro. Esse conceito central na área é bem simples: $1 hoje vale mais que $1 daqui a um ano.

Por quê? Bem, se você tem $1 hoje, pode fazer algo com ele e ganhar algum retorno — o que significa que acabará com mais de $1 daqui a um ano. Esse conceito simples também significa que esse mesmo valor recebido daqui a um ano valerá menos que $1 recebido hoje. Mas quanto menos?

A diferença depende do custo de oportunidade daquele dinheiro. De qual oportunidade de ganhar retorno você está abrindo mão? O que poderia ter feito com o dinheiro se não tivesse que esperar? Quando descobre o custo de espera, você, então, "pune" esse fluxo de caixa futuro, determinando uma penalidade que leve em conta esse custo de oportunidade. Isso se chama taxa de desconto. A ideia de punir fluxos de caixa pode parecer estranha, mas é exatamente o que você está fazendo ao descontar: punindo as pessoas que o fazem esperar para receber porque não gosta de esperar e porque poderia ter feito algo com esse dinheiro se não tivessem lhe dado um chá de cadeira.

Em capítulos posteriores, usaremos esses mecanismos para avaliar empresas, mas, por ora, consideremos a ideia por trás do desconto e algumas das fórmulas básicas.

Desconto

Como podemos operacionalizar a ideia de valor temporal do dinheiro e o conceito de custo de oportunidade? Uma maneira simples é usando o conceito de taxa de juros. Digamos que, se colocar dinheiro no banco hoje, você ganhará 10% e, daqui a um ano, terá $1,10. Em essência, isso o torna indiferente a $1 hoje e $1,10 daqui a um ano. Essa é a primeira pista de por que $1 vale mais hoje do que em um ano.

Como consequência, agora você sabe como punir fluxos de caixa futuros por fazê-lo esperar para recebê-los. Toda vez que precisa esperar um ano, você "poda" os fluxos de caixa futuros em um mais a taxa de juros, pois é o que teria ganhado se não tivesse que esperar.

Fórmula de Desconto

$$\frac{\text{fluxo de caixa}}{(1 + r)}$$

na qual

$$r = \text{taxa de desconto}$$

Aqui, r é a taxa de juros que poderia receber fazendo um investimento alternativo relevante — é o custo de oportunidade que você cobra por esperar. Por exemplo, digamos que quer descobrir quanto $1.000 recebidos daqui a um ano valem hoje. Imagine que um banco lhe ofereça uma taxa de 5% e que esse é o investimento alternativo relevante que teria feito se tivesse esse dinheiro agora. Você pode usar o método descrito para prever que um pagamento de $1.000 recebido daqui a um ano tem um valor presente de R$952,38, descontando aqueles 5%. Se der esse valor ao banco hoje, ele lhe devolverá $1.000 no próximo ano.

Suponha que a taxa de juros de repente subisse para 10%. Esses $1.000 daqui a um ano ainda valeriam $952,38? Valeriam mais ou menos? E se a taxa de juros caísse?

Se a taxa de juros subisse para 10%, você precisaria depositar $909,09 no banco, em vez dos $952,38, para receber $1.000 daqui a um ano. E se essa taxa caísse — digamos, para 2% —, você precisaria depositar apenas $980,39 para receber $1.000 um ano depois. O que isso implica? Bem, a punição dos fluxos de caixa é bem maior com 10% de taxa de juros ($1.000 daqui a um ano valem $909,09 hoje) porque seu custo de oportunidade é maior. Essa punição é bem menor com 2% de juros ($1.000 daqui a um ano valem $980,89 hoje.)

Desconto plurianual

E se você tivesse fluxos de caixa ao longo de vários anos no futuro? Considere a lógica da punição descrita anteriormente. Se não gosta de esperar um ano, com certeza não vai gostar de esperar cinco. Como levar isso em consideração? Se tiver que esperar mais de um ano, terá que descontar esses fluxos de caixa várias vezes. O desconto para vários anos é parecido com aquele para um ano, mas o processo de desconto anual precisa ser repetido. Basta modificar a fórmula original para considerar mais anos:

Fórmula de Desconto para Vários Anos

$$\frac{\text{fluxo de caixa}_1}{(1 + r)} + \frac{\text{fluxo de caixa}_2}{(1 + r)^2} + \frac{\text{fluxo de caixa}_3}{(1 + r)^3} \ldots$$

Aqui, r ainda é a taxa de desconto anual, ou taxa de juros. Para diferenciar cada ano, acrescentamos subscritos: o número ao lado do fluxo de caixa indica em que ano aquele caixa será recebido. Para cada ano de espera adicional, é preciso descontar mais fluxos, pois você precisa cobrar mais a cada ano de espera.

Suponha que o banco agora esteja oferecendo um pagamento de $1.000 por cada um dos três próximos anos e a taxa de juros predominante ainda seja de 5%. Quanto isso vale para você? Primeiro, é preciso descobrir os valores atuais de cada um dos pagamentos. Se deseja somar fluxos de caixa de vários anos, o primeiro passo é converter todos eles para valores de hoje usando a equação. Se não fizer isso, estará de fato misturando óleo e água. Após transformar todos os seus fluxos em água, pode somá-los.

Quando somar os três valores, chegará a quanto a oferta do banco vale hoje:

$$\frac{1.000}{(1 + 0,05)} + \frac{1.000}{(1 + 0,05)^2} + \frac{1.000}{(1 + 0,05)^3}$$

ou

$$\$952,38 + \$907,03 + \$863,84 = \$2.723,25$$

O impacto das taxas de desconto

Vamos analisar o impacto das taxas de desconto no valor presente de pagamentos de caixa. Imagine que você possa receber $1.000 em fluxos de caixa todo ano por uma década. Como o valor desse conjunto de fluxos de caixa muda com as taxas de desconto? Como pode ver na Figura 2-9, o impacto é grande.

Para refletir...

Um amigo precisa pegar dinheiro emprestado com você. Seria melhor receber em um ano ou dois?

A maioria das pessoas prefere receber em um ano porque poderia fazer outra coisa com aquele dinheiro — esse é o conceito de custo de oportunidade. O custo de esperar está relacionado ao que você poderia fazer com aquele dinheiro caso o tivesse. Uma ideia importante em finanças é pensar no custo de oportunidade adequado, pois isso dita quanto você deve cobrar por ter que esperar. Esse custo é diferente para cada

investimento, porque precisa refletir não apenas uma alternativa, mas uma alternativa relevante.

Se seu amigo insistir que só pode pagar em dois anos, o que ele poderia fazer para convencê-lo a esperar mais?

Pedir para ele pagar um montante adicional parece uma exigência bastante justa por ter que esperar mais um ano. Portanto, quando são forçadas a esperar, as pessoas pedem retornos adicionais.

Quais fatores influenciariam quanto retorno a mais você pediria se tivesse que esperar mais um ano?

Muitas pessoas consideram a confiabilidade do amigo (com que frequência ele pagou antes, o quanto o trabalho dele é estável, quanto ele ganha etc.). O montante que precisa cobrar por ter que esperar mais um ano deve refletir o quão arriscado você acha que é emprestar dinheiro a seu amigo. No Capítulo 4, retornaremos ao conceito de cobrar pelo risco.

Sunk costs e valor presente líquido

Uma grande lição da distinção entre finanças, contabilidade e processo de desconto é que os sunk costs — custos que já foram pagos e não podem ser reavidos, ou seja, são irrecuperáveis — não importam. Embora a contabilidade os leve cuidadosamente em conta nos balanços patrimoniais, profissionais financeiros veem o montante pago por um ativo como perdido para sempre.

Por exemplo, digamos que sua empresa gastou $100 mil em pesquisas de mercado para um novo produto. Esse dinheiro foi perdido, não importa o que você descubra sobre o futuro desse produto. Da mesma forma, qualquer decisão sobre o futuro dele (por exemplo, devemos lançá-lo?) deve incorporar o feedback das pesquisas de mercado, mas os $100 mil gastos são irrelevantes.

FIGURA 2-9
O efeito das taxas de desconto de 2% e de 10% em comparação

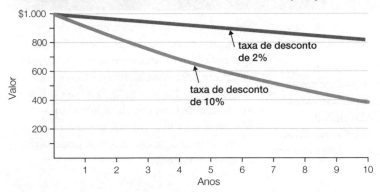

Total para 2% de taxa de desconto: $9.982
Total para 10% de taxa de desconto: $7.144

Isso não vale apenas para o custo de pesquisa, mas também para o tempo gasto ao planejar a criação e ao lançar o produto. Nada disso voltará, não importa o quanto você queira.

Resumindo, avaliar valores exige que você: (1) considere o futuro; (2) pense nos fluxos de caixa incrementais que serão gerados ao longo do tempo; e (3) desconte-os no presente usando o conceito de oportunidade de custo do capital.

Calcular o *valor presente* de um projeto envolve somar todos os fluxos de caixa em potencial — positivos e negativos — depois de descontados em valores atuais. (O caixa que você recebe, ou fluxo de entrada, são números positivos; o caixa que você gasta, ou fluxos de saída, são números negativos.) Determinar o *valor presente líquido* envolve os mesmos cálculos, mas inclui o custo inicial do projeto.

Por exemplo, suponha que a Nike esteja construindo uma nova fábrica de calçados a um custo de US$75 milhões. A fábrica gerará US$25 milhões em caixa todos os anos com os calçados que a marca poderá produzir e vender pelos próximos cinco anos. Consideremos uma taxa de desconto de 10% para esse projeto.

Valor Presente da Fábrica da Nike

$$\frac{25}{(1{,}10)^1} + \frac{25}{(1{,}10)^2} + \frac{25}{(1{,}10)^3} + \frac{25}{(1{,}10)^4} + \frac{25}{(1{,}10)^5} = US\$94{,}8M$$

O valor presente do projeto é de US$94,8 milhões. Ao pagar US$75 milhões por algo que vale $94,8 milhões, a Nike gerará US$19,8 milhões em valor adicional — este é o valor presente líquido do projeto. Em razão do aumento de US$19,8 milhões em valor, a marca deve ir em frente e construir a fábrica. Esta é uma das regras de ouro da tomada de decisão nas finanças: as empresas só devem assumir projetos com valores presentes líquidos positivos.

No ano seguinte, a Nike analisa a produção de novo. Infelizmente, as vendas não foram boas. Em vez de ganhar US$25 milhões no primeiro ano, a empresa ganhou apenas US$10 milhões, e essa é a tendência esperada para os próximos quatro anos.

Finanças... Simples Assim!

Para refletir...

Como os bancos centrais norte-americanos mantiveram taxas de juros baixas desde a crise financeira de 2008, muitas pessoas alegam que os mercados de ação cresceram rapidamente. Por quê?

Uma interpretação do recente mercado em alta é que a queda das taxas de juros levou a um aumento no valor das ações, pois todos os fluxos de caixa (dividendos e ganhos de capital) são menos descontados, resultando em ações com valores mais altos.

Em países considerados arriscados, muitas vezes investidores pedem taxas de retorno altas para compensar esses riscos. Nesse contexto, que tipo de investimentos as empresas devem fazer, considerando a alta taxa de desconto que são forçadas a usar?

Em países com alto risco e altas taxas de juros, devem ser buscadas oportunidades que ofereçam retornos em curto prazo, pois fluxos em prazos muito longos têm valores muito baixos. Por exemplo, fica mais difícil justificar uma fundição de alumínio, que leva anos para ficar pronta, em comparação a uma empresa de câmbio, que pode ser criada rapidamente.

Valor Presente da Fábrica da Nike 2

$$\frac{10}{(1,10)^1} + \frac{10}{(1,10)^2} + \frac{10}{(1,10)^3} + \frac{10}{(1,10)^4} = US\$31,7M$$

O valor presente dos fluxos de caixa futuros da Nike agora é de US\$31,7 milhões. E se uma empresa concorrente abordasse a marca e se oferecesse para comprar a fábrica por US\$40 milhões depois dos resultados decepcionantes do primeiro ano? Ela deveria aceitar o negócio? Não se esqueça de que foram gastos US\$75 milhões para construí-la.

A Nike deveria aceitar o negócio sem pensar duas vezes. Os fluxos de caixa futuros da fábrica estão avaliados em apenas US\$31,7 milhões, logo, a oferta de US\$40 milhões é melhor. Porém, no processo, a marca abrirá mão desse montante de fluxos de caixa futuros. O valor presente líquido da oferta — o valor que a Nike cria para si mesma ao aceitar o negócio — é, portanto, de US\$8,3 milhões. Nesse ponto, os US\$75 milhões pagos pela fábrica são um sunk cost — é irrelevante para a decisão atual. Com sorte, a empresa concorrente tem um plano para se sair melhor do que a Nike esperava se sair. Do contrário, não deveria ter oferecido aquele valor pela fábrica.

Esse exemplo da Nike generaliza duas das mais importantes equações financeiras. Primeiro, o valor presente de qualquer investimento é a soma de todos os fluxos de caixa futuros descontados do presente usando uma taxa de desconto adequada.

Equação do Valor Presente

$$\text{Valor presente}_0 = \frac{\text{fluxo de caixa}_1}{(1 + r)} + \frac{\text{fluxo de caixa}_2}{(1 + r)^2}$$

$$+ \frac{\text{fluxo de caixa}_3}{(1 + r)^3} + \frac{\text{fluxo de caixa}_4}{(1 + r)^4} \ldots$$

Já o valor presente líquido de qualquer investimento é a soma de todos os fluxos de caixa futuros e atuais, descontados do presente usando uma taxa de desconto adequada.

Equação do Valor Presente Líquido

$$\text{Valor presente líquido}_0 = \frac{\text{fluxo de caixa}_0 + \frac{\text{fluxo de caixa}_1}{(1 + r)}}{}$$

$$+ \frac{\text{fluxo de caixa}_2}{(1 + r)^2} + \frac{\text{fluxo de caixa}_3}{(1 + r)^3}$$

$$+ \frac{\text{fluxo de caixa}_4}{(1 + r)^4}$$

Se os gestores se preocupam com a criação de valor, então a regra de decisão financeira mais importante que devem seguir é assumir apenas projetos com VPL positivo.

Para refletir...

Você é o administrador-geral de um time da NBA. Depois do draft de 2018, descobre que tanto sua primeira quanto sua décima escolhas são jogadores igualmente bons. Para qual deles daria mais tempo de quadra?

Se são igualmente bons, a ordem da escolha não deveria fazer diferença e você deveria dar aos dois o mesmo tempo de quadra. Porém um estudo de 1995 publicado na *Administrative Science Quarterly*[1] mostrou que os times da NBA dão mais tempo de quadra a jogadores escolhidos no início do draft, que custam mais, e os mantêm por mais tempo mesmo após determinar desempenho, lesões e posição. Até no basquete é difícil ignorar os sunk costs.

IDEIAS EM AÇÃO

Análise patrimonial da Corning Glass

Se você fosse analista patrimonial ou investidor, como decidiria investir ou não em uma empresa? Vamos examinar a análise patrimonial da Corning Glass feita pelo analista Alberto Moel, que revela os mecanismos do valuation e o poder de aplicá-lo corretamente.

A Corning produz vidro para telas de smartphones, televisores e notebooks. É uma das poucas empresas que dominaram o processo de fabricação desse tipo de vidro, que é extremamente complicado. Graças a isso, ela conseguiu dominar o mercado.

A empresa cresceu rapidamente no início dos anos 2000, conforme a demanda por televisores de tela plana e smartphones disparou. Em algum momento, a demanda começou a diminuir. Os mercados de TVs e smartphones não estavam crescendo tão rápido e, como consequência, os mercados finais da Corning se afunilaram. Por fim, apesar de sua tecnologia, escala e liderança de mercado, a empresa começou a ter baixo desempenho no mercado acionário à medida que as margens do negócio de telas de vidro (os clientes da Corning) diminuíam.

Observe o desempenho de mercado da Corning de 2008 a 2012 em comparação ao S&P 500, uma métrica do mercado, e à LG Display, uma das clientes da empresa (veja a Figura 2-10).

A figura mostra que, desde o início de 2010, as margens das telas em empresas como a LG Display começaram a diminuir — os preços das chapas de vidro caíram de 15% a 20% — e os mercados acionários começaram a embutir essas margens decrescentes nos preços das ações de seus fornecedores, incluindo a Corning.

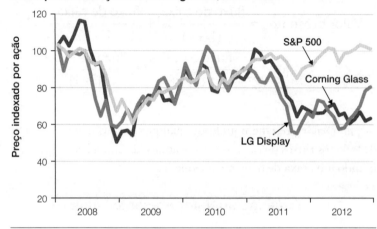

FIGURA 2-10
Desempenho das ações da Corning Glass, 2008–2012

Considerando todos esses fatores, se você fosse Moel, faria negócios de compra ou venda com a Corning?

Por um lado, parece que os clientes da empresa estão passando por problemas. As margens da LG, e as de todas as fabricantes de telas, estão se comprimindo, o que limita seus fluxos de caixa. Mas o que isso significa para a Corning?

Na verdade, os preços do vidro — que afetam as margens da Corning — não caíram da mesma forma que os preços das telas. A razão é que a vantagem competitiva da empresa lhe deu poder de precificação. Já que os fabricantes de telas dependem da Corning, a empresa mantém os preços altos, mesmo quando o custo das telas diminui. Então, Moel percebeu que o mercado extrapolou, e muito, os efeitos da demanda decrescente do mercado final da Corning ao ignorar seu poder de precificação.

Com base na discussão das margens de lucro da Intel e da Food Lion no Capítulo 1 e nas atividades da Corning, você acha que a fabricante de vidro tem margens de lucro altas ou baixas?

A margem de EBITDA da Corning era alta em 2012 — estava em 27%. Como a empresa agrega muito valor — está literalmente transformando areia em vidro —, ela deve ter margens de lucro altas.

Tendo em mente o crescimento da Corning, você esperaria uma diferença grande ou pequena nos índices de EBIT/margem de faturamento e de EBITDA/margem de faturamento da empresa?

A Corning cresceu rapidamente nos anos 2000 com vultuosos investimentos em fábricas, o que levou a uma alta depreciação e à redução de seu EBIT. Isso teria resultado em uma grande diferença nos índices de EBIT/faturamento e EBITDA/faturamento, fazendo da margem de EBITDA uma métrica mais confiável de seu desempenho. Em 2012, a margem de EBIT/faturamento da empresa era de 14%, em comparação à margem de 27% de EBITDA/faturamento.

Projeção dos fluxos de caixa

Para começar o processo de valuation da Corning Glass, a primeira coisa que Moel faria seria a projeção dos fluxos de caixa. O próximo passo é reunir essas projeções e gerar estimativas dos fluxos de caixa livres da Corning (veja a Tabela 2-2). Você consegue calcular os fluxos de caixa livres para 2014? Dica: observe esses fluxos em 2012 e 2013 para descobrir como fazer isso.

Usando a fórmula do fluxo de caixa livre, temos: US$2.195 + US$1.108 – US$1.491 – US$50 = US$1.762.

Agora, desconte os fluxos de caixa livres para descobrir o valor presente criando fatores de desconto. Esses fatores vêm da fórmula de desconto; eles correspondem a quanto $1 daqui a um ano vale hoje. Depois disso — Alberto Moel usou uma taxa de desconto (*r*) de 6% —, multiplique os fluxos de caixa livres pelo fator de desconto. Faça isso para 2015; confira os números de 2014 para ajudar (veja a Tabela 2-3).

Ao multiplicar o fluxo de caixa livre pelo fator de desconto, você terá US$1.381 — valor presente do fluxo de caixa esperado para 2015.

Para avaliar a Corning, some os valores descontados de todos os fluxos de caixa futuros, que é US$18.251. (As Tabelas 2-2 e 2-3 não incluem todos os fluxos de caixa relevantes por razões que serão explicadas no Capítulo 5.) Isso representa o valor total da empresa,

78 Finanças... Simples Assim!

TABELA 2-2

Valuation da Corning Glass (em milhões de US$)

	2012E	2013E	2014E	2015E	2016E	2017E
EBIAT	US$2.046	US$2.136	US$2.195	US$2.144	US$2.154	US$2.126
+ depreciação e amortização	983	1.056	1.108	1.169	1.238	1.315
– despesa de capital	1.775	1.300	1.491	1.615	1.745	1.864
– aumento no capital de giro	112	32	50	53	46	47
Fluxo de caixa livre	**US$1.142**	**US$1.860**	**?**			
Fator de desconto						
Valor presente do fluxo de caixa livre						
Valor presente cumulativo do fluxo de caixa livre						
– dívida	US$3.450					
+ caixa	US$6.351					
Valor do acionista						
Número de ações	1.400					
Preço implícito por ação (US$)						

mas queremos saber se suas ações são um bom investimento. Para descobrir, precisamos incluir o caixa no balanço patrimonial (porque ele pertence à empresa, junto com todos os fluxos de caixa futuros) e subtrair o valor da dívida, pois os acionistas são pagos apenas depois que a dívida é recolhida. Logo, o valuation do patrimônio da Corning é de US$21.152 ou, considerando as 1.400 ações em circulação, US$15,11 por ação. O valor por ação na época do relatório de Moel era de apenas US$11, o que indica que os investidores estavam penalizando em excesso a Corning pelos resultados de seus clientes.

Em seu relatório datado de dezembro de 2012, Moel recomendou "comprar". Observe o desempenho da Corning nos dois anos seguintes, em comparação ao S&P 500 e à LG Display (veja a Figura 2-11).

Ao entender a fonte das margens de lucro da Corning, Moel descobriu que seus fluxos de caixa segurariam a onda melhor que os fabricantes de telas, mesmo que o mercado final se afunilasse. Ele sabia que o EBITDA era uma métrica mais confiável que o EBIT ou os lucros líquidos. Usando taxas de desconto e o valor temporal do dinheiro, ele definiu o atual valor presente das ações da empresa e fez uma recomendação excelente. A análise patrimonial e os investimentos, em geral, se tratam disso.

TABELA 2-3

Valuation da Corning Glass (em milhões de US$)

	2012E	2013E	2014E	2015E	2016E	2017E
EBIAT	US$2.046	US$2.136	US$2.195	US$2.144	US$2.154	US$2.126
+ depreciação e amortização	983	1.056	1.108	1.169	1.238	1.315
– despesa de capital	1.775	1.300	1.491	1.615	1.745	1.864
aumento no capital de giro	112	32	50	53	46	47
Fluxo de caixa livre	US$1.142	US$1.860	US$1.762	US$1.645	US$1.601	US$1.530
Fator de desconto		0,9434	0,8900	0,8396	0,7921	0,7473
Valor presente do fluxo de caixa livre		US$1.755	US$1.568	?		
Valor presente cumulativo do fluxo de caixa livre						
– dívida	US$3.450					
+ caixa	US$6.351					
Valor do acionista						
Número de ações	1.400					
Preço implícito por ação (US$)						

FIGURA 2-11

Desempenho das ações da Corning Glass, 2013–2014

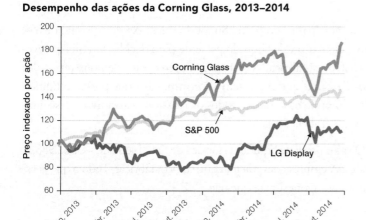

Hon Hai Sharp

Vamos observar a Sharp Corporation, que projeta e produz eletrônicos, como televisores, e a Hon Hai Precision Industry Co. (também conhecida como Foxconn Technology), a maior fabricante de eletrônicos terceirizada do mundo, ambas do Japão. Como no caso da Corning, vamos analisá-las ao longo dos próximos capítulos.

O grande marco desse caso é a fábrica de LCD da Sharp em Sakai. A empresa foi a primeira a produzir e comercializar telas planas e teve que decidir entre fabricar ou não telas ainda maiores — pense em 65 polegadas — ao longo do tempo. As telas de LCD antes eram

Perspectivas reais

O analista patrimonial Alberto Moel comenta a importância dos fluxos de caixa no valuation:

A afirmação de que o dinheiro é o rei é essencialmente verdadeira. Tudo o que os investidores buscam são retornos financeiros. Você injeta algum dinheiro e o quer de volta. Portanto, a única maneira de receber seu dinheiro de volta é se aquele montante for, de alguma forma, transformado em caixa. Logo, se for acionista, a ação se valorizar e você vendê-la, terá seu dinheiro de volta. Se for investidor de dividendos, vai esperar mais dinheiro de volta como dividendo. Se for investidor de dívidas, espera um fluxo de receita de qualquer dinheiro que entrar. Por isso, o segredo é ser capaz de devolver dinheiro aos acionistas ou detentores de crédito da empresa.

Você pode observar todos os tipos de métricas para descobrir como sua empresa está crescendo. Ela gera caixa? Se sim, você é bom; se não, tem um problema.

Caixa é muito importante, e analisar suas métricas é fundamental. No fim, tudo se une nas bases do valuation. O valuation se trata de fluxo de caixa descontado; é o fluxo de caixa, e não o fluxo de ganhos descontado. Eu investi dinheiro e, portanto, o quero de volta com algum retorno. É por isso que o fluxo de caixa descontado é tudo.

---

muito pequenas, e a Sharp achou que poderia ganhar vantagem competitiva mediante economias de escala ao produzir telas maiores. Mas surgiram alguns desafios de produção, pois telas amplas exigem folhas de vidro enormes, que exigem fábricas grandes.

Em 2011, a Sharp estimou que seria necessário um investimento de US$4,8 bilhões, diluídos ao longo de três anos, para construir a maior fábrica de vidro para telas do mundo em Sakai, perto de Osaka, no Japão. Quando a fábrica começasse a funcionar, em 2014, geraria caixa para a empresa. Supondo uma taxa de desconto de 8%, vamos calcular o valor líquido presente para decidir se a Sharp deveria construir a fábrica. A Tabela 2-4 oferece um demonstrativo dos fluxos de caixa que permitem determinar o valor presente líquido (VPL) do projeto, somando todos os fluxos de caixa livres descontados (veja a Tabela 2-4).

O valor presente líquido da fábrica de Sakai seria de –US$2.988,11 milhões. A empresa deveria ter construído a fábrica? Tudo o que já estudamos até agora sugere que não.

TABELA 2-4

Fluxos de caixa livres previstos da Sharp, 2007–2029 (em milhões de US$)

Ano	Fluxo de caixa livre	Fator de desconto*	Fluxo de caixa livre descontado
2007	–1.378,00	0,93	–1.275,93
2008	–3.225,00	0,86	–2.764,92
2009	–282,00	0,79	–223,86
2010	–430,35	0,74	–316,32
2011	–177,30	0,68	–120,67
2012	–83,33	0,63	–52,51
2013	6,83	0,58	3,99
2014	89,91	0,54	48,57
2015	166,32	0,50	83,20
2016	236,49	0,46	109,54
2017	300,80	0,43	129,01
2018	359,61	0,40	142,81
2019	413,26	0,37	151,95
2020	462,08	0,34	157,32
2021	457,46	0,32	144,21
2022	452,88	0,29	132,19
2023	448,36	0,27	121,18
2024	443,87	0,25	111,08
2025	439,43	0,23	101,82
2026	435,04	0,21	93,34
2027	430,69	0,20	85,56
2028	426,38	0,18	78,43
2029	422,12	0,17	71,89
VPL			**– US$2.988,11**

*Os fatores de desconto foram arredondados para dois dígitos.

Apesar do VPL negativo, a Sharp decidiu construir a fábrica porque estava muito fascinada tanto pelo desafio tecnológico quanto pelo desejo de ser pioneira. A gerência da empresa, como muitos grupos de gerenciamento, não confiou na análise de VPL quando ela não ofereceu a resposta desejada, e essa atitude se provou muito problemática. Não foi surpresa quando a Sharp logo se deparou com problemas. Ela esperava, indo contra as previsões, que a demanda de consumidores por TVs muito grandes seria enorme. A empresa esperava poder vender os equipamentos por alguns milhares de dólares cada, o que permitiria margens, EBITDA e fluxo de caixa suficientes para fazer o investimento valer a pena. Mas os consumidores acharam os preços altos demais.

A Sharp não teve escolha senão baixar os preços, o que diminuiu o fluxo de lucros. Assim, sua única esperança era vender mais televisores para compensar a diferença. Mas, para atrair consumidores o suficiente, a empresa teria que diminuir os preços ainda mais, o que não era economicamente viável. Infelizmente, por causa das dinâmicas em cena, a fábrica se tornou um ativo estagnado. A empresa não recebia retorno sobre o investimento, as margens diminuíam e ela perdia dinheiro. Os acionistas ficaram aflitos conforme o preço das ações despencava e as considerações da contabilidade deixaram a empresa ansiosa para se livrar do ativo.

Qual preço mínimo a Sharp deveria ter aceitado pela fábrica em 2011? Para ajudá-lo com a resposta, considere o seguinte:

- **A empresa gastou US$4,8 bilhões para construí-la.**
- **O VPL original do projeto era de –US$2,9 bilhões.**

- **A empresa calculou que o atual valor presente dos fluxos de caixa da fábrica em 2011 era de US$3,2 bilhões.**

Por fim, a Sharp estava tão desesperada que decidiu vender 46% da fábrica de Sakai para Terry Gou, presidente da Hon Hai Precision, por US$780 milhões. Essa transação sugeriu que o valor da fábrica era apenas US$1,7 bilhão. Embora a Sharp estivesse feliz em se livrar dela, a vendeu por muito menos que seu valor real, de US$3,2 bilhões na época. Na verdade, a empresa tomou duas péssimas decisões: nunca deveria ter construído a fábrica, pois ela tinha VPL negativo; e deveria ter tentado vendê-la por muito mais do que o fez, porque acabou transferindo muito valor para Terry Gou.

Quiz

Algumas perguntas podem ter mais de uma resposta.

1. **Você supervisiona o departamento de compras da Best Buy, varejista de eletrodomésticos e eletrônicos, e está preocupado com a lacuna de financiamento em seu ciclo de conversão de caixa. Qual das opções a seguir *não* reduzirá essa lacuna?**

   A. Aumentar o prazo médio de pagamento.

   B. Aumentar as vendas.

   C. Diminuir o prazo médio de recebimento.

   D. Diminuir o prazo médio de estoque.

2. **Qual das opções a seguir representa uma divergência entre as finanças e a contabilidade? (Escolha todas que se aplicam.)**

   A. O que constitui retornos econômicos (lucros líquidos ou fluxos de caixa livres).

   B. Como avaliar ativos (custo histórico ou fluxos de caixa futuros).

   C. Onde registrar o estoque (na demonstração do resultado do exercício ou no balanço patrimonial).

   D. Como avaliar o patrimônio (valor contábil ou valor de mercado).

3. **Em 2016, a Pfizer investiu US$350 milhões em uma nova fábrica na China. Para qual dos seguintes valores presentes dos fluxos de caixa da fábrica a decisão faz sentido? (Escolha todos que se aplicam.)**

   A. US$300 milhões.

   B. US$400 milhões.

   C. US$500 milhões.

   D. Todas as opções anteriores.

4. **Você está considerando abrir uma franquia da Five Guys Burgers & Fries, cujo custo estimado é $250 mil. Você espera criar um fluxo de caixa livre considerável para os próximos cinco anos, e depois vender a franquia por $200 mil. Os valores des-**

contados desses fluxos de caixa são $90 mil, $80 mil, $70 mil, $60 mil e $180 mil (o que inclui os fluxos de caixa para os cinco anos, assim como os lucros da venda), respectivamente. Qual das opções a seguir representaria o valor presente líquido de seu investimento?

A. $180 mil.

B. $230 mil.

C. $480 mil.

D. $600 mil.

5. Por que em finanças somamos de volta a depreciação e a amortização na métrica de retornos econômicos?

A. A depreciação é muito incerta e não deve ser considerada.

B. As empresas muitas vezes têm despesas excessivas com ativos, tornando a depreciação alta demais.

C. A depreciação não é uma despesa de caixa.

D. A depreciação aparece no balanço patrimonial, não na demonstração do resultado do exercício.

6. Uma ação do Facebook está sendo negociada por $150. Neste caso, qual das seguintes afirmações o mercado acionário acredita ser verdadeira?

A. O valor presente de todos os fluxos de caixa futuros dos negócios do Facebook, depois de compensados o caixa e as dívidas, sugere $150 por ação da empresa.

B. Sempre é possível vender uma cota de ação do Facebook por, pelo menos, US$150.

C. O valor presente líquido para a compra de uma unidade de ação do Facebook é de US$150.

D. A taxa de desconto sobre os fluxos de caixa futuros usada para avaliar o valor por ação do Facebook é de 15%.

7. A United States Steel Corporation tem um prazo médio de recebimento de 33 dias, um prazo médio de estoque de 68 dias e um prazo médio de pagamento de 49 dias. De quanto tempo é a lacuna de financiamento?

A. −14 dias.

B. 52 dias.

C. 84 dias.

D. 150 dias.

8. Se seu fornecedor lhe oferece um desconto de 2% caso você pague 20 dias antes do prazo acordado, quanto ele está implicitamente lhe cobrando por esse empréstimo de 20 dias?

A. 0%.

B. 1%.

C. 2%.

D. É um desconto, e não um empréstimo, então não há taxa de juros implícita.

9. Sua empresa construiu uma nova fábrica com um investimento de $100 milhões e um valor presente esperado de seus fluxos de caixa futuros de $150 milhões. Dois anos depois, fica claro que o novo produto não está vendendo tão bem quanto o esperado, e agora o valor presente dos fluxos de caixa futuros é de apenas $50 milhões. A empresa deve fechar essa fábrica?

   A. Sim, agora o valor presente líquido é negativo.

   B. Não, o valor presente líquido ainda é de R$50 milhões.

10. Qual das afirmações a seguir sobre fluxos de caixa livres é verdadeira?

   A. São apenas para os acionistas e ajustados aos impostos.

   B. São para todos os fornecedores de capital e ajustados aos impostos.

   C. São apenas para os acionistas e não ajustados aos impostos.

   D. São para todos os fornecedores de capital e não ajustados aos impostos.

Resumo do Capítulo

Neste capítulo, exploramos dois princípios financeiros centrais. Primeiro, o caixa é uma métrica melhor dos retornos econômicos em relação aos lucros. "Caixa" é um termo um tanto ambíguo, mas pode ser direcionado quando pensamos em EBITDA, fluxos de caixa operacionais e fluxos de caixa livres — o nirvana financeiro. A ênfase no caixa explica por que empresas que geram lucros, mas não geram caixa, podem ser insustentáveis e por que empresas que não geram lucros, mas geram muito caixa, podem ser valiosas. Segundo, o dinheiro ganho hoje vale mais que o dinheiro ganho amanhã devido ao custo de oportunidade do capital. Ignorar esse custo de oportunidade pode levar à destruição ou à transferência de valores. Todos os valores vêm dos fluxos de caixa futuros, e tomar decisões positivas sobre o valor presente líquido é a característica distintiva de um bom administrador de capital e gestor. Todo o restante deste livro usará como base essas ideias centrais.

3

O Ecossistema Financeiro

Entendendo quem atua, por que e como funcionam os mercados de capitais

Em meados de 2018, a Netflix, serviço online de streaming de vídeos, anunciou que tinha incluído 670 mil novos assinantes nos Estados Unidos e 4,5 milhões ao redor do mundo (além dos 125 milhões que já tinha). Suas ações caíram em 14% na negociação after-market. Por quê? Como um enorme aumento no total de assinantes pode resultar em uma queda de 14% no preço das ações?

Em 2014, o investidor ativista Nelson Peltz adquiriu uma ampla participação na PepsiCo e começou a exigir que as divisões de aperitivos (Frito-Lay) e de bebidas gaseificadas fossem separadas. A PepsiCo respondeu dizendo: "Esperamos que reconheça a seriedade com que analisamos suas observações e proposta, mas firmemente a rejeitamos."[1] Então, Peltz levou sua reclamação para outros acionistas, iniciando uma longa revolta que terminou dois anos depois, quando o investidor vendeu sua participação na PepsiCo. Por que um acionista ativista brigaria com a gestão superior de uma empresa?

Nos planos de aposentadoria dos EUA, os norte-americanos encaram escolhas entre diferentes tipos de fundos, incluindo os fundos mútuos ativos e passivos. O que isso significa? O que são fundos mútuos e como eles se diferem daqueles malignos fundos de hedge?

Neste capítulo, entenderemos quem atua, por que e como funcionam os mercados de capitais. Esses mercados são essenciais para o crescimento da economia e servem cada vez mais de guia para legisladores e gestores. Porém eles também geram muito ceticismo a respeito de seu valor e sensatez. Independentemente de sua visão sobre esses mercados, você interagirá com eles cada vez mais como gestor em ascensão, poupador e cidadão. Aqui, exploraremos e desmistificaremos os mercados de capitais.

De forma mais ampla, investigaremos qual o papel das finanças na sociedade e como reestruturá-lo. No processo, confrontaremos o ceticismo predominante sobre o valor dos mercados financeiros e descobriremos que as finanças vão muito além do dinheiro.

Por que as Finanças Não Podem Ser Simples?

Por que o mundo financeiro não pode ser mais simples? Vamos imaginar uma versão simplificada dos mercados de capitais. De um lado, estariam as pessoas ou famílias com economias que querem investir. Essas pessoas são como você e eu: querem economizar para os estudos ou para a aposentadoria e querem usar esse dinheiro para gerar um retorno. Do outro lado, estariam as empresas que precisam de capital para desenvolver novos projetos e crescer. Logo, um mundo financeiro mais simples apenas teria os poupadores e as empresas, e não precisaríamos de toda a bagunça financeira que existe no meio do caminho (veja a Figura 3-1).

Então, por que o mundo não é tão simples? Por que as pessoas não podem apenas dar seu dinheiro diretamente às empresas e pronto? Na verdade, o mundo financeiro é muito mais complexo que isso (veja a Figura 3-2).

FIGURA 3-1

Um mundo financeiro mais simples

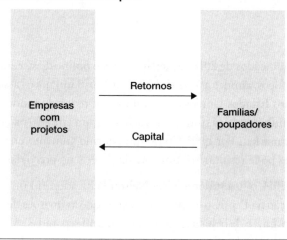

Por que os mercados de capitais são tão complexos? Por que existem tantos intermediários, como bancos de investimento, fundos e analistas, que ficam entre os poupadores e as empresas? Quando a maioria das pessoas analisa a bagunça dos mercados de capitais, conclui que é um sistema viciado, cheio de sanguessugas querendo extrair valor de todas as pessoas sérias na economia. De fato, na sequência de uma crise financeira, essa visão prevalece cada vez mais. Conforme explorarmos esse terreno, tentaremos descobrir por que o mundo financeiro é tão complexo e se realmente precisa ser assim.

O Ecossistema Financeiro   89

FIGURA 3-2

A realidade dos mercados de capitais

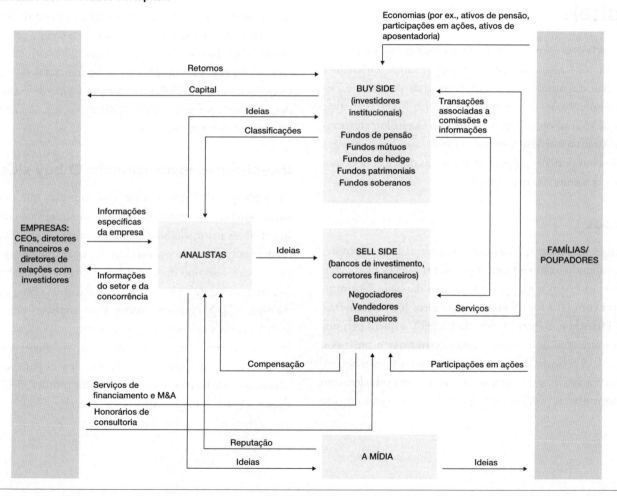

Quem é Quem nos Mercados de Capitais

Para analisar toda essa complexidade, vamos usar como guia a pessoa no centro de tudo isso: o analista de equity research (ou analista patrimonial). Seu trabalho é avaliar empresas, criar previsões e, depois, fazer recomendações a investidores. Alberto Moel, o analista patrimonial que examinou a Corning Glass no Capítulo 2, fez exatamente isso. Analistas passam a maior parte de seus dias, e às vezes noites, falando com pessoas. Mapear as conversas de Moel pode nos ajudar a começar a entender esse mundo.

As empresas

Primeiro, e mais importante, Moel busca conversar com as empresas que está avaliando (como a Corning) e, dentro delas, falará com qualquer um com quem tenha permissão para dialogar. No mínimo, conversará com CEOs e diretores financeiros (como Laurence Debroux, da Heineken, e Paul Clancy, da Biogen), a quem perguntará sobre lançamentos de novos produtos, estratégia e previsões. Basicamente, Moel procura informações, além dos números brutos, que lhe digam como a empresa está se saindo, o que é um elemento crucial para formular as previsões que guiarão suas recomendações.

Tendo em vista que as finanças são sempre uma via de mão dupla, diretores financeiros, como Debroux e Clancy, também terão suas próprias perguntas e solicitarão a opinião de Moel, que pode ser uma fonte valiosa de conhecimento de setor e oferecer uma compreensão melhor do cenário competitivo. Essa troca de informações é um dos principais insights sobre os mercados de capitais — com frequência, suas interações assumem a forma de transações, que podem não ser apenas em capital. Muitas vezes, são transações de informações ou conhecimento.

Investidores institucionais: O buy side

Moel compartilha suas análises das empresas que estuda com uma vasta gama de investidores. Mas não são quaisquer investidores, são investidores institucionais, incluindo nomes como Jeremy Mindich, do Scopia Capital. As pessoas nas finanças usam vários rótulos diferentes para esse tipo de investidor — gestor financeiro ou de ativos —, mas, em geral, eles são referidos como o buy side [ou "o lado da compra"]. No entanto, apesar das diferentes nomenclaturas, investidores institucionais são, de maneira simplificada, entidades que investem grandes montantes de capital em nome de terceiros e os alocam das formas que consideram melhores para seus clientes. Há vários tipos de fundos, incluindo fundos mútuos, de pensão, de fundações e patrimoniais, soberanos e de hedge.

A ascensão dos investidores institucionais foi um dos desdobramentos mais importantes do capitalismo moderno, então vamos analisar mais de perto tipos específicos desses investidores para que não pareçam de outro mundo quando você os encontrar. Desvendaremos alguns dos maiores conceitos financeiros conforme examinarmos as interações de Moel com esses investidores.

Fundos mútuos. Fundos mútuos gerenciam dinheiro em nome de indivíduos e investem esses fundos em portfólios diversificados de ações ou títulos. Para você ter uma ideia de sua grandiosidade, a Fidelity e a Black Rock, importantes gestoras de ativos, juntas, gerenciam quase US$10 trilhões em vários fundos mútuos. Há uma boa chance de que qualquer norte-americano comum tenha investido em fundos do tipo por meio de contas de aposentadoria. Como investem em nome de indivíduos com riqueza e sofisticação variáveis, esses fundos são estritamente regulados.

Considerando sua exposição a ativos arriscados, como ações, é necessário gerenciar esses riscos. O método de gerenciamento de riscos das gestoras de ativos é um exemplo de uma lição fundamental das finanças. Elas mantêm uma ampla seleção de ações, em vez de se concentrar em poucas, para que os fundos não fiquem excessivamente expostos a uma única ação. Esse processo limita sua exposição. Mais importante: já que as ações não se movimentam juntas, sua movimentação consegue compensar umas às outras e reduzir o risco geral do portfólio sem sacrificar os retornos. Logo, a diversificação tem a vantagem de proteger contra os riscos sem afetar tanto os retornos; é por isso que diversificar é tão recomendado. No Capítulo 4, voltaremos ao assunto para falar sobre como o risco é precificado.

Fundos mútuos são muitas vezes classificados como ativos (ou seja, um gestor decide pessoalmente quais ações manter em um portfólio) ou passivos. O crescimento dos fundos mútuos passivos — fundos indexados e exchange traded funds (ETFs) — é um dos acontecimentos mais importantes dos mercados de capitais. Entre 2011 e 2018, esse tipo de fundo cresceu de um quinto para um terço do total de dinheiro gerenciado por investidores profissionais. Só em 2017, US$692 bilhões fluíram para fundos mútuos passivos.

Fundos passivos não são ativamente gerenciados por alguém que tenta monitorar o mercado ou selecionar ações com baixo desempenho que subirão em algum momento. Em vez disso, eles simplesmente investem em todas as ações em um amplo mercado indexado, como o S&P 500, que monitora 500 das empresas mais valiosas do mundo. Levando em conta sua natureza mecânica, é relativamente barato investir nesse tipo de fundo. Mas não é só isso. Fundos passivos são uma manifestação de uma ideia vencedora do Prêmio Nobel conhecida como "teoria do mercado eficiente". Essa teoria sugere que, se informações estiverem amplamente disponíveis para investidores, é impossível superar o mercado porque os preços já refletem essas informações disponíveis. Então, tentar dominar ou monitorar o mercado em longo prazo é um esforço inútil. Dessa perspectiva, qual é a lógica de pagar uma grande quantia de dinheiro para gestores ativos fazerem algo que não é possível?

Existe um debate considerável sobre a teoria do mercado eficiente. No entanto, a lógica subjacente de que é difícil superar o mercado de forma sustentável, combinada à promessa de ganhos crescentes da diversificação, se mostrou verdadeira e tem levado ao aumento de investimentos passivos e pouco onerosos às custas de fundos ativamente gerenciados.

Fundos de pensão. Esses fundos são grandes reservas de dinheiro que representam os ativos de aposentadoria de trabalhadores de uma empresa, união ou entidade governamental em particular. Um exemplo: o Sistema de Aposentadoria de Funcionários Públicos da Califórnia (CalPERS, na sigla em inglês) gerencia mais de US$320 bilhões em ativos de pensão em nome dos funcionários públicos da Califórnia. Em geral, esses fundos podem ser de dois tipos. Nos planos de benefício definido (BD), depois de se aposentar, os funcionários recebem pagamentos de seus empregadores que são financiados por planos de pensão controlados pelas empresas ou por organizações (como o CalPERS). Em contrapartida, empresas com planos de contribuição definida (CD) apenas contribuem com contas de pensão individuais que o próprio funcionário gerencia. Embora muitos funcionários públicos nos Estados Unidos tenham planos BD, nos últimos 50 anos, as pensões têm mudado em larga escala para planos CD. Essa mudança, por sua vez, impulsionou um enorme crescimento dos fundos mútuos.

Para refletir...

Em sua opinião, qual dos portfólios a seguir é o mais diversificado?

- Google, Yahoo, Microsoft
- Merck, Pfizer, Biogen
- Google, Caterpillar, Merck

Google, Caterpillar e Merck é o portfólio mais diversificado dos três. O objetivo da diversificação é ter um conjunto de ações que não se movimentam juntas e que não compartilham os mesmos riscos. Por exemplo, quando o Google se sai mal, a Caterpillar pode se sair bem. O risco de ter um portfólio concentrado em um único setor é que, com frequência, ações similares tendem a se mover juntas, o que é menos provável com empresas de setores diferentes.

Fundos de fundações e patrimoniais. Fundações e organizações sem fins lucrativos às vezes retêm e investem fundos durante longos períodos para criar mais estabilidade para suas operações. Esses fundos de fundações e patrimoniais, que cresceram nas últimas décadas, agora são players importantes e inovadores nos mercados de capitais. Por exemplo, em 2017, a Universidade Harvard controlava um fundo patrimonial de US$37,1 bilhões.

Fundos soberanos. Países com excesso de economias — em geral, criadas a partir de recursos naturais — muitas vezes as investem em um fundo soberano. Esses fundos cresceram de forma expressiva nas últimas décadas e se tornaram mais experimentais em suas estratégias de investimento. O fundo soberano da Noruega, por exemplo, gerenciava mais de US$1 trilhão em 2017.

Fundos de hedge. O último investidor institucional é o mais controverso — fundos de hedge cresceram de US$260 bilhões em ativos no ano 2000 para US$3 trilhões em 2017. Embora sejam similares aos fundos mútuos, se diferenciam por seu menor grau de regulação e pelo uso de alavancagem, além de sua abordagem diferente do gerenciamento de risco.

Fundos de hedge, que incluem como clientes muitos fundos de pensão, patrimoniais e soberanos, têm menores graus de regulação porque apenas os chamados investidores sofisticados (leia-se: ricos) podem comprá-los. Portanto, seus gestores têm atitudes menos contidas em relação ao risco. Por exemplo, um fundo de hedge pode ampliar seu poder de compra adquirindo ações com fundos emprestados. Assim, em vez de investir $10 mil do dinheiro de um cliente, ele pegará valores adicionais emprestados de uma corretora e investirá, digamos, $20 mil. Essa alavancagem amplificará seus retornos, como vimos no Capítulo 1. Diferentemente dos fundos mútuos, os fundos de hedge também podem adotar posições mais concentradas em empresas, o que permite que se tornem acionistas "ativistas", que promovem as políticas e estratégias mais vantajosas para seus investidores.

Embora fundos de hedge, ou de cobertura, estejam dispostos a assumir riscos adquirindo participações significativas em empresas individuais com alavancagem, eles tentam gerenciar esse risco, pasme, *com uma cobertura* contra riscos. Embora fundos de hedge sejam demonizados por serem arriscados, eles argumentam que são *menos* arriscados por causa desse gerenciamento de risco. Fundos mútuos gerenciam os riscos diversificando ações, mas isso ainda os deixa vulneráveis a movimentações no mercado acionário em geral. Os fundos de hedge tentam gerenciar melhor o risco.

Como um fundo de hedge que investe na Merck, empresa farmacêutica global, gerencia o risco desse investimento? Um fundo mútuo limitaria seu investimento à Merck, comprando várias outras ações, mas um fundo de hedge, em vez disso, focaria seus esforços em uma empresa da qual de fato gostasse. Uma "cobertura" (como quando, na vida real, você compra uma cobertura de seguro para a sua casa) é outro investimento que vai no caminho contrário ao da Merck, para oferecer um retorno quando a empresa for mal. Para esse propósito, consideremos outra empresa farmacêutica, a Pfizer. Um fundo de hedge comprará "a descoberto" na Pfizer para gerenciar sua exposição porque comprou "a coberto" na Merck.

O que tudo isso quer dizer? Comprar "a coberto" é relativamente simples — quer dizer apenas que você compra a ação. Comprar "a descoberto" é mais complicado. Para comprar ações de uma empresa a descoberto, você pega emprestadas ações de outro investidor, como um fundo mútuo, que cobra uma taxa por esse empréstimo. Quando estiver com as ações emprestadas, você as vende. Em algum momento no futuro, você compra as ações de volta (com sorte, por um preço mais baixo) e as devolve ao investidor institucional de quem pegou emprestado.

Imagine que você compre ações a descoberto da Pfizer por $40 e essas ações depois caiam para $20. O que você faz? Pega ações emprestadas da Pfizer, as vende e recebe $40; depois, compra ações por $20 e as devolve, com um ganho de $20 por ação. Isso significa que você ganhará dinheiro quando a Pfizer for mal. Se as ações subissem para $80 ou $120, você acabaria perdendo uma boa quantia — na verdade, poderia perder mais do que comprometeu inicialmente (veja a Figura 3-3).

Como tudo isso se relaciona a hedging (cobertura)? Imaginemos que as ações tanto da Merck quanto da Pfizer estão valendo $100. Você decide comprar a coberto da Merck, mas como gerenciar esse risco? Você não quer comprar de outras empresas farmacêuticas ou de outros tipos de empresas, como os fundos mútuos fazem. Em vez disso, compra a descoberto da Pfizer pelo mesmo montante total que investiu na Merck. Como sua estratégia de investimento se sai?

Analisemos dados reais de 2012 a 2014 (veja a Figura 3-4). Ao longo de 2012, as ações da Merck e da Pfizer tinham movimentações bem próximas. Em dezembro, ambas subiram 20%. Se você vendesse suas ações da Merck e recomprasse ações da Pfizer no fim do ano, assim fechando sua posição, terminaria no mesmo lugar em que começou. Os ganhos com sua posição a coberto (mais 20%, porque a Merck subiu) seriam neutralizados por suas perdas em sua posição a descoberto (menos 20%, porque Pfizer subiu também).

FIGURA 3-3
Compra a descoberto de ações da Pfizer

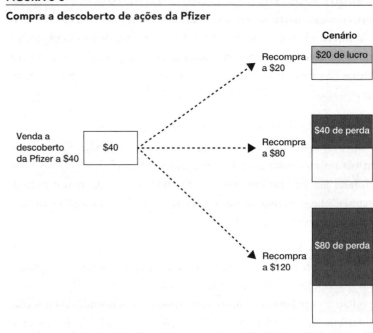

Agora analisemos 2013. No fim desse ano, a Pfizer se saiu melhor que a Merck. Em dezembro, as ações da empresa subiram 50% e as da Merck, apenas 40%. Como as ações da Pfizer subiram mais do que as da Merck (sua compra a descoberto superou sua compra a coberto), você perdeu dinheiro. Por fim, observemos 2014. Em dezembro, as ações da Pfizer subiram um total de 60% e as da Merck,

FIGURA 3-4

Comparação de preços das ações da Merck e da Pfizer, dezembro de 2011–dezembro de 2014

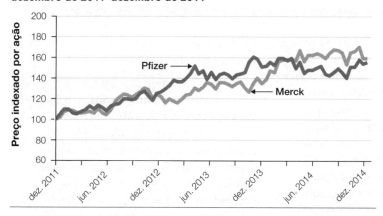

70%. Como sua compra a descoberto superou sua compra a coberto, você ganhou dinheiro.

Logo, hedging pode ajudar a proteger um investidor de movimentações em todo um setor ou em todo o mercado e a isolar o desempenho relativo de uma determinada empresa. Nesse sentido, você gerenciou o risco porque agora está exposto apenas ao bom (ou mal) desempenho relativo das ações de uma determinada empresa.

Gestores de fundos de hedge também recebem taxas de desempenho, um modelo de compensação que lhes permite participar dos retornos econômicos de seus fundos. A combinação de alavancagem e taxas de desempenho significa que gestores de fundos são particularmente atraídos para gigantescos retornos e farão muito esforço para encontrar oportunidades de investimento. Como exemplo, considere um gestor de fundo tentando descobrir se a JCPenney terá uma boa temporada de festas. Em vez de falar com analistas, como Moel, ou criar os modelos que vimos no Capítulo 2, pode ser que ele queira ir muito mais além, pegando imagens de satélite do estacionamento de uma JCPenney na Black Friday para ter uma ideia dos resultados trimestrais da loja ou contratar ex-oficiais de contrainteligência para verificar a validade das declarações de executivos, por exemplo. E se um fundo de hedge estiver comprando ações a descoberto, pode estar propenso a atacar uma empresa publicamente. Essas manobras agressivas atraem apoiadores, que valorizam o trabalho dos fundos de hedge, e produzem detratores, que os consideram ligeiramente cruéis por atacar empresas.

Analistas de equity research, como Moel, apresentam ideias a investidores institucionais variados, mas o que ganham em troca? Esses investidores institucionais não pagam diretamente os analistas por suas ideias. Em vez disso, os classificam com base na qualidade de suas recomendações. Essas classificações são um componente essencial do honorário dos analistas. Ser o primeiro na classificação pode, de fato, render honorários muito mais altos que os do analista em décimo lugar, por exemplo.

Perspectivas reais

Jeremy Mindich, fundador do Scopia Capital, fundo de hedge em Nova York, comenta o modelo de negócios desses fundos:

A filosofia básica de investimento do Scopia é que, a qualquer momento, devemos ser capazes de encontrar boas compras a coberto e a descoberto para que a disparidade de retornos entre essas duas posições possa ser a fonte de nosso fluxo de retorno. Não buscamos negócios em curto prazo nem o investimento em empresas por causa de seus lucros trimestrais.

Pensamos que, em qualquer ambiente de mercado, é possível encontrar empresas que estejam muito mal precificadas, para mais ou para menos, e, assim, construir um portfólio de valor a coberto e a descoberto. Nós nos autonomeamos fundo neutro de mercado, o que significa que temos pouca ou nenhuma exposição líquida no mercado acionário. Em geral, fundos desse tipo são quantitativamente direcionados, logo, tendem a ser conjuntos de ações movidos por um algoritmo quantitativo que cria um grupo de 200 a 300 ideias a coberto subvalorizadas (por um critério qualquer) e outras 200 ideias que são, por alguma razão, consideradas supervalorizadas. A esperança é que, ao alavancar esse portfólio e eliminar as pequenas diferenças nos retornos, seja possível criar um fluxo de retornos interessante.

No Scopia, tentamos criar um portfólio concentrado de mais ou menos 20 a 25 ideias a coberto e 30 a 40 a descoberto. As ideias a coberto são empresas profundamente analisadas, muito mal precificadas e subvalorizadas; e as ideias a descoberto também são empresas profundamente analisadas e muito mal precificadas. Nossa visão para o futuro dessas empresas cria a oportunidade de investimento.

Juntos, esses investidores institucionais formam o "buy side", um conjunto de empresas que acumula fundos — muitas vezes de indivíduos — e os usam para comprar ativos nos mercados financeiros. De quem eles compram? Em geral, gestores de fundos mútuos não batem nas portas das empresas e se oferecem para comprar suas ações. Para isso, buscam alguém no "sell side" [ou "lado da venda"].

O sell side

Analistas de patrimônio ganham honorários significativos, mas ainda não identificamos nenhum real sendo pago a ninguém. Cadê o dinheiro? Analistas como Moel geralmente trabalham para bancos de investimento que constituem o sell side. Dentro desses bancos, es-

Vendas a descoberto são nocivas?

Vender a descoberto é uma atividade controversa e leva a muitas questões. É correto se beneficiar quando as empresas vão mal? Ou é só maldade? Essa atividade deve ser banida?

Apesar dessas preocupações, vendedores desse tipo têm um papel positivo nos mercados, pois geralmente chamam a atenção para o que está acontecendo em empresas que vão mal. Por exemplo, foram vendedores desse tipo que descobriram irregularidades na Enron e na WorldCom, empresas que participaram dos maiores escândalos de governança corporativa já vistos nos Estados Unidos. Como são incentivados a buscar falhas, fraquezas e discrepâncias, vendedores a descoberto enxergam coisas que outros não veem. Levando isso em conta, é possível argumentar que eles são uma força positiva para o bem social, e não algo ruim.

---

ses analistas consultam três instâncias — negociadores, vendedores e bancos de investimento — para oferecer opiniões sobre as empresas que analisam.

Negociadores

Negociadores, por vezes chamados de agentes de mercado ou corretores, garantem que haja compradores e vendedores para os vários instrumentos financeiros. Eles ganham muito dinheiro com a lacuna conhecida como bid-ask spread. Um bid é o maior preço que um investidor está disposto a pagar por uma ação, enquanto o ask é o menor preço pelo qual um vendedor está disposto a vender uma ação. Aqueles no buy side não pagam diretamente aos analistas por seus relatórios; em vez disso, podem escolher negociar por meio do corretor associado ao analista de patrimônio de sua preferência, que

então recebe honorários por essas negociações. Essa é uma maneira pela qual o buy side pode mostrar apreço pelo trabalho do analista. No entanto, esses honorários diminuíram de maneira significativa ao longo do tempo, logo, são uma parte relativamente pequena do quebra-cabeça.

Mesmo com o declínio dos honorários, processar negociações ainda é bastante valioso para os corretores. Se já esteve em um pregão, sabe que negociadores lidam com o curto prazo, sendo as decisões dos grandes investidores institucionais o que importa. Negociadores acham muito valioso conhecer as atividades de negociações desses investidores, pois as transações contêm informações. Os grandes fundos estão comprando? Liquidando? Essas são informações valiosas para negociadores, então bons analistas de equity research asseguram que seus negociadores tenham sua parcela no fluxo de negociação.

Vendedores

Para a surpresa de ninguém, vendedores vendem instrumentos financeiros para investidores no buy side. Analistas podem até falar diretamente com investidores institucionais, mas são os vendedores que disseminam suas ideias para a comunidade em geral com o objetivo de cortejar o buy side de forma mais direta. Isso pode gerar comissões e fluxo de negociação, mas não é aí que estão os peixes grandes.

Bancos de investimento

Diferentemente dos bancos comerciais, com os quais você faz empréstimos e depósitos, bancos de investimento trabalham com empresas que querem levantar capital, ou comprar ou vender ativos operacionais. Financiamentos feitos por meio de bancos de investimento, como ofertas públicas iniciais (IPOs), ofertas de títulos e de dívidas, permitem que empresas acessem novos financiamentos. Os departamentos de fusões e aquisições (M&A) desses bancos ajudam empresas a vender partes de seus negócios ou adquirir novos. Em outras palavras, bancos de investimento são como corretoras para empresas. Tanto IPOs quanto M&As são extremamente lucrativas. Em uma IPO, as taxas para financiamentos de patrimônio podem chegar a 7% dos lucros. De forma similar, as taxas de consultoria em uma M&A podem se aproximar de 1%, portanto uma transação de $10 bilhões pode gerar $100 milhões em honorários, que superam outras fontes de renda.

A mídia

Esse é o artifício final de Moel para transmitir suas ideias a um público ainda maior. Analistas de equity research usam a mídia (por exemplo, o *Wall Street Journal*; o programa Squawk, da CNBC; ou a Bloomberg TV) para disseminar suas ideias entre um público mais amplo, incluindo famílias que investem diretamente. Muitas vezes, esses analistas comentam sobre os últimos acontecimentos e usam essas ocasiões para divulgar sua visão geral sobre uma empresa.

Incentivos para Analistas Patrimoniais

A influência de analistas de equity research, como Moel, se estende pelos mercados de capitais ilustrados na Figura 3-2. Eles falam com empresas que precisam de capital, o buy side, que abrange o capital de famílias, o sell side, que faz a intermediação dos mercados de ações e empresas e da mídia financeira. De fato, esses analistas estão no centro dos mercados de capitais. Esses mercados são importantes para o capitalismo, então vale a pena analisar quais incentivos existem para aqueles que estão no centro deles. E avaliar seus incentivos é essencial para descobrir o quanto é pago para esses talentos nos mercados de capitais e se eles realmente valem esse alto preço.

Como vimos, um componente crucial dos honorários de um analista é o sistema de classificação usado pelo buy side para sinalizar suas opiniões sobre quais analistas oferecem as melhores recomendações. Essa classificação resulta em um mercado de trabalho parecido com um torneio, no qual os melhores se saem muito bem, enquanto os não tão bons não se saem tão bem — os honorários caem de forma abrupta conforme a classificação diminui. Como um analista consegue uma boa classificação? Se essas classificações são tudo, então os profissionais devem oferecer as melhores análises possíveis ao buy side, supostamente por meio de trabalho árduo e criatividade. Resumindo, o foco principal dos analistas deve ser um bom trabalho. Mas, se fosse só isso, poderíamos relaxar sabendo que os mercados de capital estão funcionando bem.

Na verdade, os indícios mostram que os analistas podem ser parciais, muitas vezes com inclinações fortemente positivas, o que quer dizer que emitem uma parcela desproporcional de recomendações de "compra" e raramente emitem recomendações de "venda". Por quê?

Pense no que acontece quando um analista emite um relatório negativo sobre uma ação, o qual atesta que uma empresa é supervalorizada. Em última análise, os investidores valorizarão a verdade e darão uma alta classificação ao analista. Porém o que mais pode acontecer no meio do caminho? Primeiro, o CEO e o diretor financeiro da empresa não vão gostar da falta de fiabilidade e podem tentar calar os analistas ao não contratá-los ou ao não responder a suas perguntas na próxima conferência telefônica. Se estiverem irritados de verdade, podem ligar para os colegas do analista no banco de investimento e sinalizar que não trabalharão mais com ele em acordos de M&A e financiamentos futuros. Considerando a magnitude relativa desses fluxos de faturamento, isso pode ser desastroso. Como resultado, os analistas acham bem difícil dizer "vender", e dizem coisas como "desempenho de mercado" ou "neutro", o que no fundo quer dizer "vender".

O próprio sistema de classificação cria problemas extras. O que analistas jovens e novos em bancos de investimento de menor prestígio podem fazer? Como não têm nada a perder, eles muitas vezes fazem análises exageradas e extremas: se acertarem, disparam na classificação devido à ousadia, e se errarem, bem, ninguém estava prestando atenção.

Para analistas com classificações mais altas, o problema é outro. Se você for o analista número um, como se certificar de que o número dois e o número três nunca o superem? "Misturando-se" a eles. Se estimar ganhos que estejam precisamente entre as estimativas do número dois e do número três, é improvável que eles o desbanquem. Claro, apenas se misturar e copiar o que outras pessoas estão fazendo é exatamente o que analistas não deveriam fazer.

Desse modo, os incentivos para as pessoas no centro dos mercados de capitais são muito mais complicados do que você poderia esperar. Seria maravilhoso se os únicos incentivos para os analistas fossem trabalhar arduamente e cumprir sua função. Infelizmente, não é esse o caso — eles tendem a ser parciais para o lado positivo, e alguns "se misturam", copiando outros analistas, enquanto outros dizem coisas extremas.

Espero que agora você consiga rever o diagrama mostrado na Figura 3-2 e entender de verdade as complexidades dos mercados de capitais. Mas essas complexidades ainda deixam uma questão central sem reposta: por que todas essas pessoas no meio ganham tanto dinheiro? Elas estão fazendo alguma coisa de valor? Por que as pessoas que têm o capital — você e eu, como famílias — não podem se juntar àquelas que precisam desse capital — empresas — e se livrar de tudo no meio do processo? Por que o mundo financeiro não pode ser mais simples?

O Problema no Cerne dos Mercados de Capitais

Talvez rever a bagunça na Figura 3-2 apenas intensifique seu ceticismo em relação ao valor dos mercados de capitais. Pode parecer que as finanças apenas extraem valor das empresas e dos poupadores, que constituem a "real" economia. Então, vamos explorar se os mercados de capitais estão, de fato, resolvendo um problema profundo e

> ## Perspectivas reais
>
> **Paul Clancy, diretor financeiro da Biogen, comenta os mercados de capitais:**
>
> O sell side, o buy side... existem muitos lugares diferentes nos quais tudo é distorcido. Competimos por investidores. Competimos por capital. O que estamos fazendo é proporcionar economias para a aposentadoria, que as pessoas querem passar para a próxima geração ou investir e mandar para seus filhos. Competimos por pessoas, por sua poupança de aposentadoria e por sua poupança educacional. Elas têm alternativas.

difícil e qual problema seria esse. Por que reunir poupadores e empresas é tão complicado?

Qual é o problema profundo que os mercados de capitais — e boa parte das finanças — resolvem? Vamos começar com uma pergunta mais simples: quem detém todas as informações sobre o futuro das empresas que nós, como investidores, queremos saber? Obviamente os gestores das empresas. Mas podemos confiar neles quando compartilham essas informações? O problema é que não podemos confiar com certeza no que esses gestores nos dizem. Eles querem algo de nós — nosso capital —, então nos dizem coisas que não são verdadeiras para consegui-lo. Essa incapacidade de compartilhar informações de forma confiável é chamada informação assimétrica; é um problema profundo e difícil que todas as pessoas no meio da

FIGURA 3-5

O problema das informações assimétricas

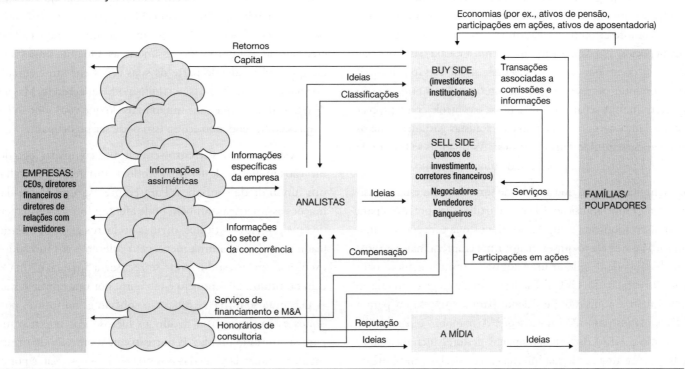

Figura 3-2 tentam resolver. Embora alguns diretores financeiros — como Paul Clancy e Laurence Debroux — sejam boas pessoas, outros inevitavelmente tentarão tirar vantagem.

Em um mundo de informações perfeitas, os mercados de capitais são relativamente simples: só é preciso reunir recursos e precificar o risco (algo ao qual retornaremos no Capítulo 4). Mas, em um mundo de informações assimétricas, é preciso descobrir como alocar capital quando não se sabe em quem acreditar. As nuvens na Figura 3-5 representam esse entrave.

O problema dos mercados de capitais é a manifestação de um problema ainda mais geral conhecido como problema do principal-agente. Historicamente, muitas pessoas trabalhavam por conta própria em suas empresas ou na agricultura — eram donas e gerenciavam seus negócios. No capitalismo moderno, a escala das empresas aumentou e os donos não são mais gestores; agora, eles (o principal) precisam monitorar os gestores (seus agentes) para garantir que não se comportem mal. A separação entre posse e controle cria o problema da governança corporativa: como os acionistas garantem que os gestores estão perseguindo seus interesses? As finanças se tratam de tentar ajudar a resolver esse problema de monitoramento.

Por exemplo, digamos que a CEO de uma empresa esteja considerando uma grande aquisição. Ela compartilha suas previsões para a empresa a ser adquirida e sugere aos donos que o negócio é uma ótima ideia. Mas e se ela só quiser dirigir uma empresa maior e aproveitar sua habilidade de liderar uma aquisição transformadora para chegar ao alto escalão dos CEOs? Ela teria um emprego e um salário melhores. Então a aquisição é excelente para a empresa ou para a CEO? E os planos para uma nova sede? A manobra é para atrair talentos, como a CEO diz, ou são apenas gestores incrementando seus salários com uma academia interna cinco estrelas e um bufê de café da manhã superior ao do melhor hotel da cidade?

Esse problema permeia todas as interações de uma empresa com os mercados financeiros. A CEO erra a previsão de lucros por um centavo e atribui o equívoco às péssimas condições do clima. É verdade ou o erro sinaliza o começo do fim para a empresa? A desconfiança dos investidores em relação à empresa ajuda a explicar as enormes quedas de preço associadas a pequenos erros nos lucros, pois esses erros podem abranger mais de um trimestre. Trata-se de credibilidade e informações assimétricas. Quando uma CEO anuncia que está vendendo parte de suas ações em um chamado plano normal de reequilíbrio de portfólio, pode ser verdade. Mas a realidade é que alguém que sabe muito mais do que você sobre o futuro da empresa está vendendo ações. Isso pode ser preocupante.

Gestores e donos se envolvem em um complexo jogo de comunicação em que qualquer sinal vindo de um gestor é reavaliado com um fundo de desconfiança. Para empresas, o problema das informações assimétricas também pode afetar a forma de financiamento de seus projetos — títulos, dívidas ou lucros gerados internamente. Cada método envia uma mensagem diferente aos investidores. Por exemplo, um investidor pode se recusar a financiar uma empresa usando títulos. Se o projeto é tão bom, por que emitir novas ações? A pergunta se torna: se estão tão confiantes no futuro, por que os donos estão dispostos a dividir os lucros? Por que não mantê-los para si emitindo dívida? É por isso que a emissão de títulos geralmente é associada a quedas nos preços de ações. Não é por causa da diluição ou de algum argumento contábil. É porque emitir ações envia um sinal negativo. Para alguns investidores, parece que a empresa está relutante em financiar o projeto internamente, e, portanto, ele não é tão bom quanto parece. Títulos se tornam a fonte mais cara de financiamento.

Dívidas parecem ser um pouco melhor. Embora a empresa ainda esteja se apoiando em provedores externos de capital, pelo menos não está abrindo mão de sua posse. Porém, quando busca fontes de financiamento externas, os investidores sempre querem saber por quê. A melhor fonte de financiamento são os fundos gerados internamente. Não há custo informacional associado a eles, mas esta pode ser uma fonte limitada.

Uma última coisa a considerar é a recompra de ações, um fenômeno de importância crescente ao qual voltaremos no Capítulo 6. Quando uma CEO anuncia uma recompra de ações, ela está dizendo aos investidores de forma implícita que acredita que as ações estão subvalorizadas. É por isso que essas recompras são, muitas vezes, recebidas com bons olhos. Mais uma vez, não porque menos ações estão em circulação, mas porque isso envia um sinal importante de confiança dos gestores, que sabem mais que os investidores.

A Persistência do Problema do Principal-agente

Se as finanças existem para melhorar o problema do principal-agente, como elas estão se saindo? Considerando as repetidas crises de governança corporativa, é fácil concluir que os mercados financeiros não estão fazendo seu trabalho bem, logo não estão cumprindo sua promessa. Mas, primeiro, é importante considerar como podemos

intervir para melhorar a governança corporativa. Se você fosse presidente do mundo, como tentaria resolver essa situação?

Aqui vão algumas possibilidades. Primeiro, seria possível punir gestores quando eles mentem? Isso é tentador, mas poderia levá-los a compartilhar cada vez menos, aumentando, assim, o nível de informações assimétricas. Segundo, poderíamos pagar os gestores com mais títulos, para que se comportem como os donos querem que o façam. A compensação em títulos tem se tornado cada vez mais comum nas últimas décadas, mas cria algumas questões. Os gestores podem direcionar seu desempenho a resultados em curto prazo e depois vender ações em seu pico. Seria possível criar uma diretoria acima dos gestores para monitorá-los e representar os donos? Bem, quem escolheria esses diretores? Muitas vezes, os próprios gestores. E, para complicar ainda mais, eles podem servir à diretoria do CEO que também está com os gestores. Todas as soluções em potencial levam a consequências colaterais que podem ampliar o problema, em vez de resolvê-lo.

Por fim, o capital privado pode ajudar a substituir com eficiência donos dispersos com um grande dono que monitora cuidadosamente a gerência e usa alavancagem para restringi-la. Mas o capital privado também cria suas próprias questões — esses investidores obtêm lucros emitindo ações para os mercados de capitais e têm incentivos para fazer suas empresas parecerem melhores do que são antes de abrir capital.

Esperamos que isso o ajude a entender outras coisas que acontecem nos mercados de capitais. Fundos de hedge muitas vezes assumem posições ativistas e tentam influenciar gestores a fazer mudanças significativas. Com frequência, eles têm a má fama de serem irritantes causadores de problemas. Mas talvez estejam corrigindo alguns vieses nos mercados que dão poder demais aos gestores. Talvez os vendedores a descoberto, que também têm má fama, não sejam os malvados, mas, na realidade, sejam os heróis lutando contra a maré de otimismo excessivo que gestores e analistas muitas vezes criam. Por fim, tudo isso mostra que os mercados de capitais não são uma solução perfeita para esse problema, mas também que encontrar uma maneira de melhorá-lo não é, de forma alguma, simples. A separação entre posse e controle exigida pela escala das empresas modernas significa que o problema do principal-agente veio para ficar — e é isso que, em parte, torna as finanças tão interessantes.

Se você, como CEO ou diretor financeiro, conhecesse esses problemas dos mercados de capitais, como isso afetaria sua gestão da empresa e sua comunicação com esses mercados? CEOs e diretores

Mercados de carros usados

O problema das informações assimétricas e o fenômeno da sinalização não são exclusivos dos mercados de capitais. Vemos esses conceitos em nossas vidas todos os dias.

Pense no mercado de carros usados. Digamos que você vai a um revendedor da Volkswagen e compra um carro novo por $50 mil. Depois de alguns dias, decide que não quer o carro. Se o puser à venda, quanto vai ganhar? Provavelmente, nada muito próximo do valor depreciado, que seria algo como $49.999. Seria algo mais próximo de $45 mil ou $40 mil. Por quê?

Porque os compradores em potencial desconfiarão de que há algo errado com o carro que você não está revelando. Afinal, a pessoa com todas as informações sobre ele — você — está vendendo-o. Para lidar com a desconfiança, será necessário diminuir o preço até um valor pelo qual os compradores estariam dispostos a assumir o risco.

E ainda pode piorar. Imagine que algumas pessoas realmente tenham bons carros, mas precisem vendê-los porque vão se mudar para o outro lado do país. E imagine que algumas pessoas tenham tido má sorte

ao comprar esses carros e agora estão tentando vendê-los para algum desavisado. O que acontece quando o comprador reduz seu preço para $45 mil ou $40 mil? A resposta é que aqueles com bons carros dizem: "Não quero mais fazer parte desse mercado" e vão embora. A qualidade média dos carros usados cai. Os compradores reduzem seus preços ainda mais. Mais bons carros saem do mercado, que vai ladeira abaixo. É por isso que informações assimétricas são tão nocivas.

financeiros precisam administrar sua credibilidade com os mercados de capitais porque a perda da confiança dos investidores pode ser particularmente danosa. Assim, prometer demais é perigoso. Ao mesmo tempo, prometer de menos e entregar demais pode fazer com que os investidores esperem um desempenho surpresa — uma expectativa que você não conseguirá manter.

IDEIAS EM AÇÃO

A busca por três ideias de investimento demonstra alguns dos conceitos de nossa exploração dos mercados de capitais. Vamos voltar às consequências do investimento na fábrica da Sharp em Sakai, considerar um breve investimento em uma fabricante de cabos e examinar um levarage buyout (LBO) do Morgan Stanley Private Equity.

Hon Hai Sharp e a fábrica de Sakai

No estudo de caso do Capítulo 2, falamos sobre a fábrica da Sharp em Sakai, projetada para produzir grandes telas de vidro para televisores. O grande investimento da empresa na fábrica foi imprudente e se mostrou insustentável, e Terry Gou, presidente da Hon Hai, pessoalmente comprou uma participação nela. Existem mais alguns desdobramentos interessantes nessa história, que exemplificarão o problema do principal-agente.

O investimento de Gou na fábrica de Sakai foi uma de duas manobras anunciadas conjuntamente em março de 2012. A outra foi que sua empresa, a Hon Hai, que produz telas de vidro para a Apple e a Microsoft, compraria mais de US$800 milhões em títulos da Sharp, o que a tornaria a maior investidora da empresa.

Alberto Moel, analista patrimonial, ficou intrigado quando soube das notícias por um de seus clientes. Ele havia acompanhado a Hon Hai ao longo de toda sua carreira. A empresa tinha uma reputação de não ser muito transparente, e a transação dupla nesse caso era intrigante. Por que a Hon Hai compraria uma enorme participação na Sharp quando seu presidente usou seus próprios recursos para comprar uma participação de 46% na fábrica de Sakai?

Caso ambas as transações fossem completadas, a Hon Hai seria dona da Sharp e, ao mesmo tempo, a Sharp venderia um ativo a Gou, presidente da Hon Hai. Como vimos no Capítulo 2, a venda para Gou pareceu acontecer a preço de liquidação, criando muito valor para ele. Mas de onde vinha esse valor? Na verdade, Gou estava tirando valor dos acionistas da Sharp — mas isso incluía a Hon Hai, empresa que ele presidia! Os comentaristas de mercado especularam que o investimento que a Hon Hai prometera à Sharp foi criado apenas para facilitar a venda da fábrica de Sakai para Gou a preço de banana.

Depois que os acordos foram anunciados, o preço das ações da Sharp despencou, e continuou despencando porque a empresa havia recebido muito pouco de Gou pela fábrica. A Hon Hai tentou renegociar por um preço mais baixo, mas quando isso não deu certo ela retirou a oferta. O presidente, no entanto, manteve sua parcela do acordo e comprou uma grande participação na fábrica de Sakai.

Qual a sua opinião sobre as atitudes de Terry Gou? Sua resposta depende de sua visão da fábrica de Sakai. Se concorda com o argumento de que a fábrica tinha um valor significativo, então o presidente estava efetivamente preparando o terreno para tirar valor dos acionistas da Hon Hai. Como maior acionista da Sharp, a Hon Hai estava oferecendo a seu presidente um ativo subprecificado, tirando um ativo da Sharp que valia US$3,2 bilhões por apenas US$1,7 bilhão, um negócio incrível. Em outras palavras, por que não deixar os acionistas da Hon Hai serem parte do ótimo negócio que a fábrica de Sakai mostrou ser? Essa é a visão insensível. Por outro lado, se você acredita que a fábrica representava um grande risco, então o presidente estava comprometendo seu próprio dinheiro para proteger sua empresa do risco adicional.

Venda a descoberto da Bekaert

Em 2010, o fundo de hedge de Jeremy Mindich, o Scopia Capital, decidiu vender a descoberto a Bekaert, fabricante de cabos de aço. Depois de ganhar expertise significativa na área, o Scopia achou que a Bekaert estava lucrando excessivamente em relação a suas margens históricas, pois fabricava cabos que iam em pneus radiais usados no maquinário industrial. A maioria das empresas na época se concentrava em cabos elétricos para o mercado imobiliário, o que transformava a Bekaert em uma das únicas empresas focadas no mercado industrial. Como resultado, ela tinha retornos maiores que o normal, que provavelmente eram insustentáveis. Mindich acreditava que os lucros da Bekaert retornariam à média conforme seus concorrentes se voltassem para o mercado industrial.

O Scopia examinou mais a fundo os números e percebeu que os lucros tiveram um aumento crescente entre 2006 e 2008, e depois caíram em razão da crise financeira global. A questão era: a empresa voltaria a crescer? O consenso dos analistas era que sim. O próximo passo foi tentar encontrar concorrentes e avaliar como estavam se saindo. O Scopia descobriu que alguns concorrentes chineses tinham a intenção de entrar no segmento de clientes mais lucrativo da Bekaert.

O que você gostaria de saber sobre os concorrentes chineses para determinar se a Bekaert será capaz de manter suas margens altas?

Dois membros da equipe do Scopia visitaram empresas chinesas de cabos e tentaram responder às seguintes perguntas:

- Quais eram as expectativas deles para as novas fábricas de cabos?
- Quais eram as margens esperadas por eles?

Depois de falar com representantes das empresas, os analistas do Scopia determinaram que suas expectativas de lucros futuros eram muito mais baixas que as do mercado.

A partir dessa informação, o fundo de hedge foi capaz de deduzir que os acionistas da Bekaert teriam uma surpresa desagradável, só não tinha certeza de quando. Enquanto as pessoas debatiam se o crescimento da indústria continuaria ou estagnaria, o Scopia percebeu algo muito pior: os lucros cairiam pela metade. "No caso da Bekaert, vimos que essa indústria voltaria a margens próximas do normal", recorda Mindich. "Uma indústria que desfrutava de retornos excessivos estava indo em direção a um ambiente mais normal." Assim, o Scopia decidiu vender as ações a descoberto.

Supondo que você queira vender a Bekaert a descoberto, quais são os riscos?

A Figura 3-6 mostra o preço das ações da Bekaert de 2006 a 2013. O aumento de preço no fim de 2010 refletiu o otimismo insustentável sobre o qual Mindich esperava capitalizar. Embora as previsões do Scopia tenham se mostrado corretas, ele acabou vendendo as ações a descoberto cedo demais e teve que sobreviver a um ano de perdas, enquanto o preço das ações da Bekaert subiu cerca de 30%. Mindich conta: "Esse não é o objetivo. Não esperamos encontrar ideias que nos farão sofrer antes de funcionarem. Mas, como nos esforçamos muito e estávamos tão convencidos da questão fundamental final da empresa, pudemos esperar a tempestade passar, pois tínhamos certeza de que isso não era sustentável."

FIGURA 3-6

Preço das ações da Bekaert, 2006–2013

Você pode imaginar o quanto foi sofrido para o Scopia assistir à sua hipótese de investimento dar errado no primeiro ano, à medida que as ações da Bekaert subiam e se mantinham em alta. Com vendas a descoberto, não há limite para as perdas potenciais, pois o preço das ações pode continuar subindo, possivelmente pegando os investidores em um "short squeeze", quando os vendedores a descoberto são forçados a recomprar sua cota enquanto o preço das ações não para de subir. A análise e a determinação de Mindich permitiram que o Scopia mantivesse essa hipótese de investimento até sua conclusão.

O leveraged buyout da Tops Friendly Markets

Em 2007, o Morgan Stanley Private Equity comprou a Tops Friendly Markets, uma rede de supermercados no norte do estado de Nova York, em um leveraged buyout (LBO). Empresas de capital privado compram empresas usando dívidas, melhoram suas operações e depois as vendem em mercados públicos ou a um comprador estratégico. A alavancagem pode aumentar seus retornos de forma substancial.

O Morgan Stanley aproveitou a oportunidade de comprar a Tops por algumas razões. Primeiro, o Royal Ahold, supermercado holandês dono da Tops, era um vendedor aflito com um objetivo firme: queria os ativos norte-americanos fora de seu balanço patrimonial até o fim de 2007, o que significava que sua jogada era muito mais sobre tempo do que sobre tentar vender pelo valor cheio. Nesse tipo de situação, os gestores podem ser um pouco irracionais em seu desejo de vender um ativo rapidamente.

Já que o Royal Ahold estava com pressa, a atual equipe de gestão na Tops estava inclinada a continuar na empresa-mãe, o que permitiria ao Morgan Stanley contratar seu próprio CEO. A equipe contratou Frank Curci, que havia comandado a Tops cinco anos antes de o Royal Ahold assumi-la. A equipe deduziu que o conhecimento e a expertise de Curci teriam valor imensurável para ajudar a retornar as operações da empresa à sua condição anterior.

De acordo com Alan Jones, do Morgan Stanley, uma das caraterísticas mais atrativas da Tops era que a empresa era uma "clássica órfã corporativa". Como a sede do Royal Ahold era geograficamente distante das lojas da Tops, era difícil gerenciar o negócio, um problema comum. Então, mesmo que as margens operacionais e o retorno sobre o capital fossem muito mais baixos que os de outras empresas do ramo, o Morgan Stanley achou que, com uma gestão melhor, o negócio pudesse prosperar de novo. O próximo passo seria analisar as finanças e frisar áreas a serem melhoradas. A equipe adotou uma abordagem tripartida: mudar a estratégia de precificação, melhorar a tecnologia e se reconectar aos clientes.

Na época, a Tops tentava competir com dois concorrentes muito diferentes: o Walmart, cadeia varejista de produtos baratos e diversos, e o Wegmans, cadeia de supermercados regional de produtos de alta qualidade. Competir com o Walmart nos preços era uma façanha impossível. Então, logo de início, a equipe decidiu posicionar a Tops entre os dois concorrentes. Isso significaria adotar um modelo de supermercado mais tradicional e de maior qualidade, o que exigia dar preços competitivos a itens comuns, como pães, e preços mais altos a outras mercadorias. A equipe achou que esse modelo de precificação seria a chave para o sucesso da Tops.

Curci percebeu logo de cara que a Tops parecia ter perdido a conexão com seus clientes. Por exemplo, muitas lojas da rede estão localizadas na área de Buffalo, no oeste do estado de Nova York, o berço das buffalo wings (asas de frango bem fritinhas). O CEO percebeu que o produto estava ausente das lojas. Ele acreditava que isso apontava uma omissão bem maior de uma regra básica do varejo: dar aos clientes o que eles querem. Isso também reforçava a necessidade de um sistema de tecnologia melhor. O sistema antigo indicava que a equipe de gestão anterior não era capaz de responder às necessidades dos clientes e fazer mudanças de estoque. Com a ajuda de uma nova tecnologia de ponto de venda, a Tops começou a atender melhor os clientes locais, muitos com orçamentos apertados. A empresa substituiu toda a comida gourmet por itens mais simples. Com isso em mente, Curci deixou as decisões de merchandising com os gerentes de cada loja, depois de o Morgan Stanley colocá-los em um treinamento extensivo sobre gasto de capital. Esse passo foi crucial para o posicionamento da Tops entre o Walmart e o Wegmans, porque permitiu aos gerentes responderem mais rapidamente às demandas e variações locais.

Para executar seu plano de vender a Tops, a equipe calculou que teria que aumentar sua alavancagem assumindo mais dívida, o que elevaria a dívida da empresa para 96% dos ativos. Tanta alavancagem era incomum e potencialmente arriscada para o Morgan Stanley. Porém, depois de muita análise, de trabalho próximo à equipe de gestão e da contratação de um consultor para avaliar se a empresa conseguiria superar aquele nível de dívida, o Morgan Stanley decidiu ir em frente. Algo que facilitou mais ainda a decisão foi que, devido ao rápido giro de estoque, supermercados são muito capazes de gerar fluxos de caixa.

Após aumentar sua alavancagem, restavam 30 milhões de ações. Já que a alta gestão tinha se saído tão bem em virar o jogo para a empresa, o Morgan Stanley lhes deu a oportunidade de comprá-las. No final, o fundo ganhou aproximadamente 3,1 vezes mais que seu investimento inicial, a equipe de gestão da Tops pôde operar as lojas de forma independente e a rede prosperou por meio da transação.

Quiz

Algumas perguntas podem ter mais de uma resposta.

1. **Você é gestor de um fundo de hedge e acredita que a General Motors (GM) vai se sair muito bem no próximo ano. Especificamente, você tem certeza de que a GM superará a Ford Motor Company, empresa automobilística concorrente, e gostaria de preparar uma transação. Qual das seguintes opções é uma estratégia que gerará dinheiro caso esteja certo?**

    A. Vender a GM a coberto e a Ford a descoberto.

    B. Vender a GM e a Ford a coberto.

    C. Vender a GM a descoberto e a Ford a coberto.

    D. Vender a GM e a Ford a descoberto.

110 Finanças... Simples Assim!

2. **Qual é a principal vantagem da diversificação?**

   A. Ela aumenta o risco em seu portfólio em relação ao retorno.

   B. Ela diminui o risco em seu portfólio em relação ao retorno.

   C. Ela aumenta o risco e o retorno em seu portfólio.

   D. Ela diminui o número de ações em seu portfólio.

3. **Quando empresas reportam lucros que estão apenas alguns centavos abaixo de suas estimativas anteriores, por que os preços de suas ações caem tanto?**

   A. Mesmo alguns centavos podem fazer uma diferença enorme quando multiplicados por milhões de ações.

   B. Lucros contábeis são imprecisos.

   C. Tal erro nos lucros indica a possibilidade de diluição futura.

   D. Os investidores não conseguem se certificar se a empresa falhou em atingir suas estimativas por coincidência ou má sorte, ou se esse erro é um sinal de que a gestão está escondendo problemas mais profundos.

4. **Você está animado com uma oportunidade de investimento na Dow Chemical, multinacional de produtos químicos, porque ela está subvalorizada em relação a outras no setor. Qual das empresas a seguir você deve vender a descoberto para captar melhor o potencial bom desempenho da Dow?**

   A. Bayer, uma multinacional de produtos químicos e farmacêuticos.

   B. British Airways, uma companhia aérea.

   C. Consolidated Edison, uma empresa de fornecimento de energia elétrica para a região da cidade de Nova York.

   D. Nenhuma empresa em particular; você diversificaria para ganhar vantagem.

5. **Qual das opções a seguir é um exemplo de um mau incentivo?**

   A. Investidores querem ganhar dinheiro para investir em empresas que estão se saindo bem.

   B. Analistas temem recomendar "vender" as ações de uma empresa, pois ela pode não fazer mais negócios com seu empregador no futuro.

   C. CEOs assumem grandes riscos com suas empresas porque boa parte de sua riqueza pessoal está vinculada a opções de ações.

   D. Fundos de pensão investem em empresas de alta qualidade porque querem cuidar de seus aposentados.

6. **A maioria dos analistas de equity research são funcionários (e recebem seus salários) de:**

   A. Famílias.

   B. Empresas industriais.

C. Uma empresa do sell side.

D. A mídia.

7. **Qual(is) da(s) opção(ões) a seguir são consequências possíveis do modelo de compensação usual e da estrutura industrial para analistas patrimoniais? (Marque todas que se aplicam.)**

A. Analistas trabalharão duro para oferecer valuations precisos para empresas.

B. Analistas com classificação alta podem "se misturar", escolhendo valuations parecidos com os de outros analistas para proteger sua classificação.

C. Analistas sempre recomendarão "vender" para receber lucros de vendas a descoberto.

D. Analistas com classificação baixa podem fazer previsões estranhas e contrárias na esperança de que a sorte apareça e os impulsione ao topo das classificações.

8. **Em 2012, o Facebook conduziu sua oferta pública inicial e vendeu 421 milhões de ações ao público pela primeira vez. Qual personagem dos mercados de capitais ajudou a vender essas ações?**

A. Analistas.

B. O buy side.

C. O sell side.

D. A mídia.

9. **Em 1989, a empresa de capital privado KKR se envolveu em um famoso acordo de US$31 bilhões com a RJR Nabisco. O que o capital privado faz?**

A. Investe em fundos de pensão privados em nome de empresas.

B. Compra empresas, as melhora e depois as vende para outro investidor privado ou em mercados públicos.

C. Combina os ativos de capital privado de milhares de investidores e os investe em um amplo portfólio de ativos diversificados.

D. Aconselha empresas sobre investidores privados que podem estar interessados em comprar títulos delas.

10. **Em *Freakonomics*, os autores Steven Lecitt e Stephen Dubner mencionam que corretores imobiliários profissionais vendem suas próprias casas por preços em média 10% mais altos em relação àquelas que vendem para terceiros. Isso pode ser uma manifestação de qual problema dos mercados de capitais?**

A. O buy side.

B. Omissão da diretoria.

C. Misturar-se.

D. O problema do principal-agente.

Resumo do Capítulo

Esperamos que essa viagem turbulenta aos mercados de capitais tenha desmistificado o complexo mundo dos investidores institucionais, analistas e bancos de investimento. Muitas pessoas veem o universo financeiro que existe entre poupadores e empresas como um grupo de sanguessugas extraindo valor da economia real. Mas os mercados de capitais estão tentando solucionar, ainda que de forma imperfeita, problemas profundos do capitalismo — o problema do principal-agente, que surge quando donos não são mais gestores, e as informações assimétricas, que dificultam o monitoramento e a comunicação. Como resultado, fica claro que as finanças são muito mais que apenas dinheiro e caixa. No fim, trata-se de informações e incentivos.

Com esses dois problemas frescos na memória, é possível entender melhor a queda aguda do preço das ações da Netflix por causa de um pequeno deficit de assinantes. Qualquer desvio inesperado das expectativas pode custar caro, pois esse desvio pode aumentar as preocupações dos investidores em relação aos gestores. E é possível perceber que a batalha entre Nelson Peltz e a gestão da PepsiCo é uma tentativa de um acionista ativista garantir que a gestão busque o que é melhor para os interesses dos acionistas. No entanto, Peltz tem suas próprias intenções, que podem não se alinhar com perfeição às dos outros acionistas, criando mais um problema de incentivo.

Agora que analisamos o problema informacional no cerne dos mercados de capitais, podemos nos voltar para uma questão ainda maior: quanto vale uma empresa? A seguir, abordaremos como as empresas criam valor, como são avaliadas e como devem tomar decisões de investimento com base em seu custo de capital.

4

Fontes de Criação de Valor

Risco, despesa de capital e as origens do valor

No Capítulo 1, discutimos como criar valor para os acionistas é um objetivo importante para os gestores. Mas o que significa "criar" valor? E como fazer isso? Veremos dois exemplos extremos para entender melhor como o valor pode ser criado ou destruído. Em relação à criação de valor, analisaremos o desempenho do preço das ações da Apple nos últimos 30 anos (veja a Figura 4-1).

Como você pode ver no gráfico, a Apple não criou muito valor para seus acionistas durante a maior parte de sua vida como empresa pública. A empresa existia, mas poderia muito bem nem se dar ao trabalho; ao mesmo tempo em que se esforçava bastante para competir com a IBM e a Microsoft, em termos de criação de valor, ela estava basicamente secando gelo.

A partir do início dos anos 2000, as coisas mudaram da água para o vinho. A Apple começou a criar valor, e muito. As ações da empresa valiam mais de US$1 trilhão em meados de 2018. O que mudou? O que a Apple fez de diferente para mudar sua sorte? A resposta mais simples é que ela criou uma nova geração de produtos que vão do iPod ao iPad, passando pelo iPhone. Mas a melhor pergunta é: por que o lançamento do iPhone fez com que a Apple criasse valor quando anos de criação de computadores Macintosh não o fizeram?

E quanto ao oposto — a destruição de valor? Para esse aspecto, analisaremos o gráfico de preço das ações da Avon Products, uma empresa de cosméticos, de janeiro de 2009 a outubro de 2018 (veja a Figura 4-2).

FIGURA 4-1

Preço das ações da Apple, 1988–2018

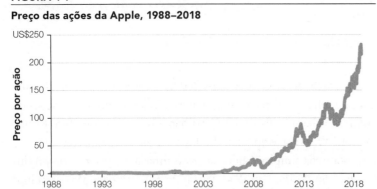

FIGURA 4-2

Preço das ações da Avon Products, janeiro de 2009–outubro de 2018

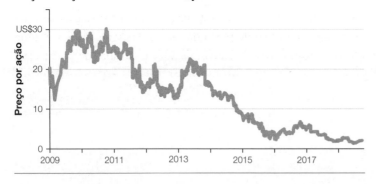

Ao longo desse período de nove anos, a Avon perdeu 90% de seu valor. Por quê? Claramente houve fracassos para inovar e criar um modelo de negócios sustentável. Mas como uma empresa consegue perder tanto valor tão rápido?

Esses dois exemplos extremos de criação e destruição de valor trazem duas lições. A primeira é que criar valor não é simples e nem descomplicado. A segunda — e esta é uma verdade dura — é que finanças são difíceis e, às vezes, até os melhores analistas patrimoniais e investidores erram. A Avon foi significativamente supervalorizada por muitos anos, e, conforme os investidores percebiam seus erros, o preço caiu para refletir um valor mais preciso.

Neste capítulo, analisaremos melhor como empresas podem criar e maximizar valor. Em particular, a receita para a criação de valor depende do conceito de despesa de capital. Como guardiães do capital confiado a eles por detentores de capital e dívidas, os gestores precisam considerar o custo desse capital, mesmo se esse custo não for explícito. Na verdade, os retornos exigidos pelos provedores de capital se tornam os custos do capital para os gestores. Por fim, precisamos estabelecer uma maneira de definir e medir o risco, pois os retornos exigidos pelos provedores de capital dependerão do risco que esses provedores suportam.

No fim deste capítulo, estaremos prontos para combinar os conceitos de fluxo de caixa livre do Capítulo 2 com os de custo do capital, retornos esperados e risco deste capítulo e, assim, entrar no processo de valuation. Em alguns aspectos, este capítulo é o mais difícil deste livro, mas você sairá dele com as principais intuições oferecidas pelos números, então será uma vitória.

Como o Valor é Criado?

Nossa primeira métrica de criação de valor compara os valores contábil e de mercado de uma empresa por meio do índice market-to-book (ME/BE), também conhecido como índice Price/Book (P/B). O valor contábil é, basicamente, uma contabilização do capital que os acionistas investiram em uma empresa, enquanto o valor de mercado mede quanto ela vale de acordo com os mercados financeiros — e, como vimos no Capítulo 2, valores de mercado são uma avaliação prospectiva do valor de uma empresa.

Como os valores contábeis são derivados de balanços patrimoniais contábeis e se concentram apenas no dinheiro investido em uma empresa, a imagem do valor que fornecem é incompleta. Por exemplo, observe a Tabela 4-1, que mostra o balanço patrimonial do Facebook no final de 2017 com base nos valores contábil e de mercado.

Enquanto o valor de mercado do patrimônio do Facebook é de US$512,8 bilhões, seu valor contábil é muito menor, US$74,3 bilhões. Isso gera um índice ME/BE de 6,9. Considerando que os valores de mercado enfatizam os fluxos de caixa futuros (veja o Capítulo 2), o mercado tem uma opinião favorável sobre as perspectivas do Facebook e sua capacidade de criar valor.

Faremos alguns exercícios para descobrir as fontes da criação de valor, como fizemos com a análise financeira no Capítulo 1. Essa atividade também pode ser difícil, mas a recompensa é considerável.

TABELA 4-1

Balanços patrimoniais do Facebook, 2017 (em bilhões de US$)

Balanço Patrimonial Contábil

Ativos		Passivos e patrimônio líquido	
Caixa	US$41,7	Passivos operacionais	US$10,2
Ativos operacionais	US$42,8	Patrimônio líquido	US$74,3
Total	**US$84,5**	**Total**	**US$84,5**

Balanço Patrimonial de Valor de Mercado

Ativos		Passivos e patrimônio líquido	
Caixa	US$41,7		
Valor de empresa	US$471,1	Patrimônio líquido	US$512,8
Total	**US$512,8**	**Total**	**US$512,8**

Consideremos uma empresa que depende somente de financiamento por capital próprio:

- A empresa tem um valor contábil de $100, pois acabou de ser capitalizada com $100.
- O retorno sobre o patrimônio projetado é de 20%.
- A empresa espera reinvestir 50% de seus lucros em si própria. Esses reinvestimentos representam oportunidades de crescimento e geram retornos similares ao retorno sobre o patrimônio (ROE) atual.
- A empresa encerrará suas operações após dez anos, e o que restar será distribuído aos acionistas. Ela venderá todos os seus ativos por um fluxo de caixa único (suponha que consiga fazê-lo pelo valor contábil desses ativos na época).

- Os fluxos de caixa futuros serão descontados a uma taxa de 15%, pois os acionistas esperam um retorno de 15%.

Logo, qual seria o índice ME/BE dessa empresa? Quer dizer, ela está criando valor? Para tornar as coisas mais simples e concretas, você acredita que esse índice seria maior, igual ou menor que 1?

Para determinar o índice ME/BE dessa empresa, precisamos descobrir seus valores contábil e de mercado. O valor contábil é $100, como vimos anteriormente. Seu valor de mercado, no entanto, exige prever e descontar os fluxos de caixa futuros, como vimos no Capítulo 2. Embora exista uma forma mais simples de descobrir essa informação, vamos tentar de uma maneira mais complexa primeiro.

Pegue esse valor contábil inicial de $100, aplique os 20% de ROE e, então, distribua metade para os acionistas e invista a outra metade na empresa. Depois, aplique a taxa de desconto de 15% a esses dividendos. Faça isso do primeiro ao décimo ano, quando tudo o que sobrar na empresa será liquidado e devolvido aos acionistas (veja a Tabela 4-2).

Nesse caso em particular, o valor de mercado atual, baseado nessas expectativas do que acontecerá no futuro, é maior que 100, o que leva a um índice ME/BE maior que 1,3.

Existe uma forma mais simples de chegar a essa conclusão sem criar uma planilha completa? Para descobrir, digamos que o ROE da empresa caia de 20% para 15% e todo o restante continue igual. O que aconteceria com o índice ME/BE? Seu instinto provavelmente diz que ele cairá, considerando que um ROE mais baixo não é bom para os acionistas. Mas quanto ele diminuirá?

Se você criar uma planilha, como no exemplo anterior, verá que o valor de mercado cairá para 100, que é um valor idêntico ao contábil. Para esclarecer, ele cai *exatamente* para 100, e isso não é coincidência. Talvez você ache que receber um ROE de 15% é muito bom, mas, na realidade, a empresa apenas cumpriu com as expectativas. Esta é a dura verdade das finanças. Se o ROE for o mesmo que o custo do capital, nada mais importa — a empresa não está criando valor. Você nem precisava ter se dado ao trabalho.

Essa comparação nos ensina que a essência da criação de valor é superar o custo do capital. No primeiro exemplo, o capital lucra 20%, e os acionistas descontam os fluxos de caixa futuros em apenas 15%. Essa comparação simples – retornos esperados sobre um investimento versus o custo do capital — é tudo o que você precisa saber para avaliar se uma empresa está ou não criando valor.

Criação ou destruição de valor?

Avon e Apple são exemplos bastante claros de destruição e criação de valor, respectivamente. Mas e se a distinção não for tão clara? Como podemos entender os dados para nos assegurar de que uma empresa está criando ou destruindo valor?

Vamos analisar um caso menos claro. Os gráficos mostram o preço das ações e o retorno sobre o capital da British Petroleum (BP) desde 2000.

A BP está criando valor? O preço das ações subiu de US$20 para US$46, o que é bom, certo? Deve estar criando valor. Analisando melhor, esse aumento de preço ocorreu inteiramente de 2003 a 2008, e o preço estagnou desde então. Logo, vamos examinar esses períodos em separado.

A BP criou valor entre 2003 e 2008? Aí a resposta é clara: esse valor criado apareceu onde esperávamos que aparecesse em suas operações — no retorno sobre o capital. Esse retorno ficou bem acima de 10% e superou significativamente seu custo de capital, logo, criando valor — e isso apareceu no aumento do preço das ações.

Após 2008, esse retorno caiu de forma significativa para níveis bem abaixo do seu custo de capital. Essa destruição de valor transparece no preço das ações. Você pode pensar que isso não foi ruim nem bom para os acionistas da BP (e talvez até bom, se considerar que a empresa gerou um dividendo de 4%), mas esta não é a análise correta. Os acionistas esperavam retornos mais altos quando compraram essas ações, considerando as oportunidades concorrentes. A BP não entregou os retornos esperados; então, seus acionistas sofreram durante esse período ao obter um retorno muito inferior às suas expectativas. Ao não superar o custo do capital e, portanto, não produzir o retorno esperado, a BP é um exemplo de destruição de valor.

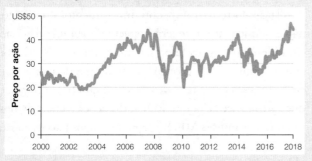

Preço das ações da BP, 2000–2018

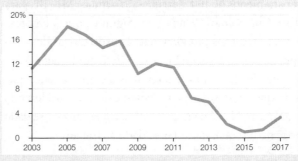

Retorno sobre o capital anual da BP, 2003–2017

TABELA 4-2

Fontes de criação de valor

Valor contábil inicial	$100,00	Taxa de desconto	15%
ROE	20%	Taxa de retenção de lucros	50%

Ano	Valor contábil do investimento do acionista	ROE atingido	Lucro após impostos	Taxa de retenção de lucros	Lucros retidos	Caixa devolvido ao acionista	Fator de valor presente	Valor presente
1	$100,00	20%	$20,00	50%	$10,00	$10,00	0,87	$8,70
2	110,00	20	22,00	50	11,00	11,00	0,76	8,30
3	121,00	20	24,20	50	12,10	12,10	0,66	8,00
4	133,00	20	26,60	50	13,30	13,30	0,57	7,60
5	146,40	20	29,30	50	14,60	14,60	0,50	7,30
6	161,10	20	32,20	50	16,10	16,10	0,43	7,00
7	177,20	20	35,40	50	17,70	17,70	0,38	6,70
8	194,90	20	39,00	50	19,50	19,50	0,33	6,40
9	214,40	20	42,90	50	21,40	21,40	0,28	6,10
10	235,80	20	47,20	50	23,60	23,60	0,25	5,80
						259,40	**0,25**	**64,10**

Valor de mercado / Presente	$135,89
Índice ME/BE	1,36

Se o ROE caísse ainda mais, de 15% para 10%, o mercado de valor recuaria para menos de 100, derrubando o índice ME/BE para menos de 1. Este é um cenário ainda pior. Significa que a empresa não está oferecendo retornos proporcionais às expectativas dos provedores de capital e, como consequência, está destruindo valor. Você pode achar que um ROE de 10% é bom, mas a empresa está retornando menos do que os provedores de capital exigem, considerando o risco que assumiram. Não é nem que você não *precisava* ter se dado ao trabalho; você nem sequer *devia* ter se dado ao trabalho.

O que mais importa na criação de valor?

A relação entre retornos sobre investimentos e os custos do capital não é o único fator que terá impacto no volume da criação de valor. Consideremos outros fatores. Vamos variar o ROE (como fizemos antes), a duração do projeto e o montante de lucros reinvestidos na empresa, mas não a taxa de desconto, que ficará fixada em 15%. De que forma você acha que ROEs, durações e taxas de reinvestimento mudarão os índices ME/BE, com os outros fatores constantes?

TABELA 4-3

Fontes de criação de valor

Retorno sobre o patrimônio contábil futuro

Duração	10%	15%	20%	25%	
5 anos 10 anos 20 anos 30 anos					} 30% dos lucros são reinvestidos
5 anos 10 anos 20 anos 30 anos					} 70% dos lucros são reinvestidos
5 anos 10 anos 20 anos 30 anos					} 100% dos lucros são reinvestidos

De cara, você pode supor que ROEs mais altos aumentarão esses índices. Mas o que aconteceria se a empresa hipotética existisse por 30 anos, em vez de 10? O que aconteceria se cada vez mais lucros fossem reinvestidos? E o efeito da duração e do reinvestimento nos índices ME/BE seria uma função do ROE?

A Tabela 4-3 é uma tabela em branco com diferentes variações de ROEs, horizontes e taxas de reinvestimento. Antes de seguir em frente, vamos nos concentrar no primeiro quadro — com uma taxa de reinvestimento de 30% — e responder a duas perguntas: onde estarão os índices ME/BE mais alto e mais baixo? Existem situações em que esse índice seja exatamente 1?

A Tabela 4-4 traz as respostas para o primeiro quadro. O maior índice ME/BE está no canto inferior direito. A empresa obteria o ROE mais alto, o que levaria a valores de mercado mais altos, situação que duraria o período de tempo mais longo. ROEs altos por um longo período de tempo: é isso que torna os índices ME/BE e a criação de valor significativos.

É tentador sugerir que o menor índice ME/BE estará no canto superior esquerdo, visto que é a circunstância oposta. Na verdade, ele está no canto inferior esquerdo. Nesse cenário, o ROE não supera seu custo do capital (sua taxa de desconto), mas, apesar disso, a empresa persiste por 30 anos, resultando em uma grande destruição de valor. Por fim, observe a coluna na qual os ROEs estão em 15%. Independentemente do horizonte temporal, o índice ME/BE será sempre 1. A empresa poderia continuar por 5, 30 ou 100 anos. Não importa. Como o ROE é igual ao custo do capital, ela não criará valor, não importa por quanto tempo opere. Agora, voltemos à parte em branco da Tabela 4-3 e consideremos os efeitos das taxas variáveis de reinvestimento de 30%, 70% e 100%. Vamos fazer as mesmas perguntas, mas para a tabela inteira: onde estarão os índices ME/BE mais alto e mais baixo? Existem mais situações em que esse índice seja exatamente 1?

122 Finanças... Simples Assim!

TABELA 4-4

Fontes de criação de valor

Retorno sobre o patrimônio contábil futuro

Duração	10%	15%	20%	25%	
5 anos	0,8	1,0	1,2	1,4	} 30% dos lucros são reinvestidos
10 anos	0,7	1,0	1,3	1,7	
20 anos	0,6	1,0	1,4	2,0	
30 anos	0,6	1,0	1,5	2,2	

Como a Tabela 4-5 revela, o maior índice ME/BE está no canto inferior direito da tabela completa e é muito alto. A empresa supera seu custo do capital por uma ampla margem durante 30 anos e reinveste todos esses lucros nessa taxa mais alta durante todo esse período.

O pior cenário está no canto inferior esquerdo. A empresa está destruindo valor porque não atinge o custo do capital. Isso ocorre por muito tempo, 30 anos, e ela só distribui dinheiro no fim. Logo, quando investe mais lucros a uma taxa de retorno relativamente baixa, a empresa destrói ainda mais valor.

Onde está o 1,0 restante? Como era de se esperar, os cenários de ROE a 15% sempre resultam em um índice ME/BE de 1,0, porque a empresa está apenas atingindo seu custo do capital. Ela pode manter o caixa ou distribuí-lo, e pode fazê-lo por muitos anos, ou poucos; isso não importa, pois nenhum valor está sendo criado ou destruído.

TABELA 4-5

Fontes da criação de valor

Retorno sobre o patrimônio contábil futuro

Duração	10%	15%	20%	25%	
5 anos	0,8	1,0	1,2	1,4	} 30% dos lucros são reinvestidos
10 anos	0,7	1,0	1,3	1,7	
20 anos	0,6	1,0	1,4	2,0	
30 anos	0,6	1,0	1,5	2,2	
5 anos	0,8	1,0	1,2	1,5	} 70% dos lucros são reinvestidos
10 anos	0,7	1,0	1,4	2,0	
20 anos	0,5	1,0	1,8	3,1	
30 anos	0,4	1,0	2,2	4,6	
5 anos	0,8	1,0	1,2	1,5	} 100% dos lucros são reinvestidos
10 anos	0,6	1,0	1,5	2,3	
20 anos	0,4	1,0	2,3	5,3	
30 anos	0,3	1,0	3,6	12,2	

Três maneiras de criar valor

Este exercício oferece a receita financeira básica para a criação de valor. Para criar valor, as empresas precisam fazer três coisas. A primeira, e mais importante, é que devem superar seu custo do capital. Se não superarem, nada feito. A segunda é que precisam superar esse custo do capital por muitos anos. E a terceira é que elas devem reinvestir lucros adicionais a taxas altas durante o crescimento. Essas

Perspectivas reais

Embora ver tudo isso em uma planilha seja diferente, essas métricas de criação de valor são exatamente o que analistas patrimoniais como Alberto Moel, ex-funcionário da Bernstein, veem no mundo real. Ele comentou:

Se uma empresa está gerando retornos excessivos sobre seu capital durante muito tempo, isso aparecerá no retorno aos acionistas. É claro, no curto prazo, tudo parece fora do lugar; mas no longo prazo esse é o segredo. Assim, se encontrar uma empresa que tenha retornos excessivos, o que significa que está gerando mais do que seu custo de capital de forma consistente, ou pelo menos durante muitos anos, você saberá que essa empresa gerará retornos excessivos para o acionista, e essa é a nossa abordagem.

indicações também correspondem à estratégia de negócio. Superar um custo do capital envolve criar uma vantagem competitiva por meio da inovação. Manter a brecha entre os retornos e o custo do capital por longos períodos envolve barreiras ao acesso, marcas e proteção de propriedade intelectual. Por fim, reinvestir mais lucro envolve fomentar uma oportunidade por meio de expansões, adjacências ou integração.

Aprofundando os Custos do Capital

Este exercício mostra que o custo do capital é imprescindível para a criação de valor. Os gestores aplicam taxas de desconto para penalizar fluxos de caixa futuros, como vimos no Capítulo 2, pois há um custo de oportunidade para qualquer investimento. Essas taxas de desconto geralmente são chamadas de custos do capital porque se referem às penalidades (custos) associadas ao uso desse capital. De onde vêm essas taxas de desconto e custos do capital?

Lembre-se de que empresas têm dois tipos de provedores de capital — credores que fornecem capital de dívida e proprietários que fornecem capital de patrimônio. O ponto básico é que os custos do capital são uma função dos retornos esperados pelos investidores. Em resumo, o retorno esperado por um investidor se torna o custo do capital para os gestores. Os custos da dívida e do patrimônio serão diferentes; o patrimônio líquido é uma reivindicação residual com um retorno variável, enquanto a dívida tem um retorno fixo prioritário no reembolso.

Logo, de onde vêm esses retornos esperados (que se tornam custos do capital)? Os provedores de capital medem o risco ao qual estão expostos e esperam retornos para compensar esse risco. A demanda por retornos adicionais para suportar riscos é uma ideia fundamental das finanças e está relacionada à aversão ao risco. Você prefere

Uma introdução ao risco e ao retorno

Os investidores exigem retornos mais altos das empresas que consideram ter maior risco, como vimos no Capítulo 2. Essa exigência resulta em custos do capital mais altos.

Os investidores, como a maioria de nós, são avessos ao risco. Faz parte da natureza humana. Como consequência, se forem forçados a assumir riscos, exigirão algo em troca. Pense nos mercados de trabalho. Quando aceitam empregos em setores mais arriscados, como na construção, as pessoas exigem salários mais altos. O mesmo se aplica às finanças.

Considere quatro tipos de ativos nos quais as pessoas podem investir:

obrigações do governo dos EUA com vencimento em 30 dias; obrigações do governo dos EUA com vencimento em 30 anos; ações comuns de pequenas empresas; e ações comuns de grandes empresas.

A tabela mostra os retornos médios anuais para essas quatro classes de ativos, de 1926 a 2010, compilados do SBBI Yearbook do Ibbotson. Além dos próprios retornos, um desvio-padrão dos retornos está listado. Esta é uma métrica da dispersão dos retornos ao redor desse retorno médio. Um desvio-padrão de zero indica que cada ano tem exatamente o retorno médio. Desvios-padrão mais altos correspondem a retornos mais variáveis.

Uma regra prática útil é que dois terços das observações caem em um desvio-padrão da média. Por exemplo, a altura média de um adulto em sua cidade pode ser de 1,68m, e o desvio-padrão pode ser de 10cm. Nesse exemplo, dois terços dos adultos teriam entre 1,68m e 1,78m.

A tabela indica que, em média, os investidores ganharão 9,9% em ações comuns de grandes empresas e, em dois ou três anos, seu retorno cairá entre -10,5% e 30,3% (9,9 ± 20,4%). Compare esse resultado com os títulos do governo, dos quais os investidores obterão um retorno médio de 5,5% e, em dois ou três anos, o retorno estará entre -4% e 15%.

$1 milhão garantido ou uma chance 50/50 de $0 ou $2 milhões? Embora seja tentador pensar o contrário, se esta fosse uma situação real, a maioria de nós escolheria $1 milhão, o que mostra uma preferência por um determinado montante em relação a outro ponderado pela probabilidade.

Mas como operacionalizar a ideia de custo do capital? Como mensuramos o montante adequado a cobrar pelo risco? Essas perguntas nos levam a alguns dos conceitos mais sofisticados das finanças.

Retornos para quatro classes de ativos, 1926–2010

Classe de ativo	Retorno médio anual	Desvio-padrão médio anual
Obrigações do governo de curto prazo (30 dias)	3,6%	3,1%
Obrigações do governo de longo prazo (30 anos)	5,5	9,5
Ações comuns (grandes empresas)	9,9	20,4
Ações comuns (pequenas empresas)	12,1	32,6

Fonte: SBBI Yearbook.

Como essa tabela mostra, os retornos estão relacionados ao risco que um determinado investidor assume. Em particular, as ações geram um retorno mais alto, mas também têm mais riscos, porque os retornos podem variar bastante: podem ser muito altos em um ano e muito baixos ou negativos em outro.

Em geral, para medir a recompensa por assumir riscos, os investidores dividem os retornos de uma classe de ativos pelo desvio-padrão associado. Em outras palavras, esse índice lhes permite determinar quanto retorno receberão por unidade de risco. Essa métrica é chamada de índice de Sharpe, uma das principais maneiras pelas quais os investidores medem o risco. Como a tabela mostra, os títulos de longo prazo do governo têm um índice de Sharpe de 0,58 (5,5%/9,5%), enquanto as ações comuns de pequenas empresas têm um índice de Sharpe de 0,37 (12,1%/32,6%).

Custo médio ponderado do capital

O custo médio ponderado do capital, ou WACC [na sigla em inglês], é a forma mais comum de descontar fluxos de caixa futuros, mas também é um daqueles termos misteriosos que o pessoal das finanças gosta de usar para intimidar outras pessoas. Mas ele fica bem claro se o dividirmos e usarmos imagens para analisá-lo. Esse termo sugere múltiplas fontes de capital, e sabemos que existem dois tipos de capital que devem ser associados a dois custos diferentes: o custo da dívida e o custo do capital. Não podemos simplesmente somá-los; devemos calcular sua média para justificar suas proporções relativas.

A fórmula para um WACC traz os dois custos do capital, dois pesos para justificar sua proporção relativa e um termo tributário.

Custo Médio Ponderado do Capital

$$\text{WACC} = \left(\frac{D}{D+E}\right)r_D\,(1-t) + \left(\frac{E}{D+E}\right)r_E$$

r_D = custo da dívida

r_E = custo do capital

D = valor de mercado da dívida da empresa

E = valor de mercado do patrimônio da empresa

$D + E$ = valor total de mercado do financiamento

    da empresa (patrimônio e dívida)

t = taxa de imposto corporativo

Os custos da dívida e do patrimônio são os retornos esperados. Por enquanto, basta pensar nos pesos como uma parte do total das necessidades de financiamento que vêm da dívida e do patrimônio.

O imposto requer um pouco mais de explicação. Pagamentos de juros normalmente são despesas dedutíveis que podem reduzir os pagamentos de impostos de uma empresa. Na verdade, esses pagamentos de juros evitam que uma empresa pague mais impostos e são conhecidos como "proteções fiscais". A vantagem proporcionada pelos pagamentos de juros devido à sua dedutibilidade depende da taxa de imposto. Se for alta, a capacidade de deduzir o pagamento de juros é muito significativa. Se essa taxa for de 40% e uma empresa precisa pagar $10 em juros, quanto custa realmente pagar esse valor? A empresa tem $10, mas sua receita antes dos impostos é menor que $10, e isso reduz seus impostos em $4. Logo, o custo real é de $6.

O cálculo real de um WACC é simples. Se 20% do financiamento de uma empresa for uma dívida que custa 10%, 80% for patrimônio que custa 20% e a taxa de imposto for de 10%, calcular o WACC de 17,8% é bem fácil.

As questões mais profundas são: de onde vêm esses pesos? De onde vêm esses custos de dívida e de patrimônio? Se o patrimônio é uma reivindicação residual, como capturar seu custo? O que é mais caro — dívida ou patrimônio? Construiremos um WACC porque ele cria intuições importantes sobre finanças, e sua ideia é mais bem desmistificada ao fazer de fato o cálculo.

O custo da dívida

Determinar o custo da dívida é o elemento mais fácil desse cálculo. Como a dívida tem um retorno fixo, o custo do capital é simplesmente a taxa de juros que um credor cobrará quando você estiver realizando um projeto.

Perspectivas reais

Mais uma vez, esses cálculos não são apenas teoria. Laurence Debroux, diretora financeira da Heineken, analisa seu custo do capital todos os dias:

Para explicar o custo de capital, é preciso voltar a um único conceito. Para construir seu negócio, usa-se dinheiro. Quem está emprestando ou investindo esse dinheiro com você? Você tem acionistas e bancos ou obrigacionistas, e precisa dar uma remuneração justa para todas essas pessoas. E, dependendo da estrutura de seu capital, de seu financiamento, você tem um custo médio de capital, que é basicamente quanto custa para estar no negócio; isso é muito importante. Ninguém investiria seu próprio dinheiro para receber um retorno irrisório. É muito importante dar a esses acionistas o retorno que esperam.

Para chegar a uma taxa de juros, um banco examinará o risco do negócio subjacente, a estabilidade dos seus fluxos de caixa e sua classificação de crédito. Depois, cobrará uma taxa de juros proporcional a esse risco. (Tecnicamente, essa taxa de juros é o retorno *prometido* e existe uma probabilidade de o emissor não pagar, o que significa que o retorno esperado é um pouco mais baixo.)

Essa taxa de juros tem dois componentes que correspondem às razões pelas quais penalizamos os fluxos de caixa por nos fazerem esperar:

$$r_D = r_{\text{sem risco}} + \text{spread de crédito}$$

em que r_D = custo da dívida e $r_{\text{sem risco}}$ = taxa livre de risco

A taxa livre de risco. Os investidores exigirão, no mínimo, a taxa de um investimento sem risco; esse conceito de investimento sem risco é similar à taxa de juros de títulos do governo, como títulos do tesouro dos EUA. No mínimo, segundo a lógica, qualquer projeto arriscado deve oferecer o que exigimos de um ativo livre de risco. Por que os investidores cobram um custo do capital na ausência de risco? Nós, como investidores, não apenas detestamos riscos; também gostamos das coisas agora e não depois, e precisamos ser compensados por adiar o usufruto de nossa riqueza. Mais especificamente, preferimos dinheiro agora e não depois, porque somos impacientes e queremos ser compensados por qualquer inflação esperada, pois essa inflação reduzirá nosso poder de compra.

Spreads de crédito. Um spread de crédito reflete o custo adicional associado ao risco da dívida. Como seria de se esperar, empresas mais arriscadas apresentam spreads de crédito mais altos. Em meados de 2018, os títulos do tesouro dos EUA [Treasuries] com prazo de dez anos estavam rendendo (ou seja, oferecendo um retorno de) 2,96%. Naquela época, o Walmart, uma empresa com classificação AA (o sistema clássico de classificação começa com AAA [quase sem risco] e diminui para A, para BBB, para B e depois para CCC e C), emitiu US$16 bilhões em dívida para financiar a aquisição da

Curvas de juros

Os custos da dívida compreendem a taxa livre de risco mais um prêmio de risco por risco de crédito. Essas taxas também são influenciadas pela quantidade de tempo até o pagamento do título, ou seja, sua data de vencimento. Podemos visualizar esses efeitos por meio das curvas de juros mostradas na figura.

As curvas traçam taxas de juros para vários vencimentos de títulos, desde dívidas de curtíssimo prazo a títulos que chegarão a décadas no futuro. O eixo horizontal mostra o tempo entre agora e a data de vencimento do título. A escala não é uniforme; o eixo vertical mostra a taxa de juros correspondente.

Primeiro, observe que a curva de juros normalmente se inclina para cima. Em geral, mas nem sempre, dívidas de prazo mais longo precisam oferecer uma taxa de juros mais alta do que os títulos de curto prazo. Por quê? Em parte, a inclinação da curva reflete as expectativas de taxas de juros futuras. Uma curva acentuada reflete que essas taxas devem ser mais altas e os títulos de prazo mais longo devem compensar os investidores pela fixação de suas taxas de juros por um período maior. Devido ao crescimento futuro ou às expectativas de inflação, pode-se esperar que taxas de juros futuras sejam mais altas. Segundo, observe a diferença entre as taxas do tesouro e os títulos de empresas AAA e CCC, cujas curvas de juros estão acima da curva do tesouro. Esse é o resultado do prêmio de risco, que aumenta o custo da dívida, conforme discutido anteriormente.

As curvas de juros dos títulos mudam muito em resposta às expectativas do mercado sobre o futuro. Negociadores costumam especular sobre essas mudanças, seja para cima ou para baixo, em sua inclinação ou convexidade (sua curvatura).

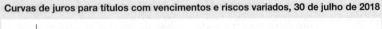

Curvas de juros para títulos com vencimentos e riscos variados, 30 de julho de 2018

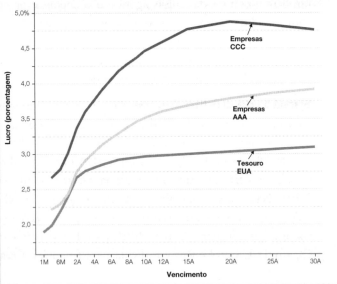

Dívida e dificuldades financeiras

A probabilidade e os custos associados a dificuldades financeiras são dois fatores que limitam a quantidade de dívida que uma empresa deve assumir. Empresas podem perder entre 10% e 23% de seu valor antes da falência como resultado de cortes inesperados nas despesas de capital, vendas indesejadas de ativos e onerosa miopia gerencial. Falências induzidas por dificuldades financeiras podem ser extremamente caras; por exemplo, as taxas associadas à falência do Lehman Brothers ultrapassaram US$2 bilhões.

Vamos analisar três empresas: NextEra Energy Resources, fornecedora atacadista de eletricidade com sede na Flórida; AbbVie, empresa farmacêutica madura; e TripAdvisor, jovem empresa de sites de viagens. Qual você acha que tem mais alavancagem, qual tem menos e qual delas está no meio?

Empresas de energia, como a NextEra, têm fluxos de caixa estáveis e previsíveis, e se preocupam menos com qualquer mudança repentina que cause problemas financeiros. Talvez você ache que a indústria farmacêutica seja arriscada — e é —, mas empresas mais maduras têm patentes e fluxos de caixa estáveis. Empresas de internet, como o TripAdvisor, operam em um ambiente com fluxos de caixa menos estáveis, logo, a probabilidade e os custos de dificuldades financeiras são muito maiores.

A AbbVie tem uma quantidade maior de dívida, mas é útil lembrar o que vimos sobre a Merck e a Pfizer no Capítulo 1: empresas da indústria farmacêutica, em geral, têm aumentado a quantidade de dívida em seus livros contábeis. Isso provavelmente significa que elas consideram que a probabilidade e os custos de dificuldades financeiras estão diminuindo, uma indicação de que talvez esse setor esteja assumindo menos riscos e produzindo fluxos de caixa mais estáveis.

Flipkart, na Índia, e pagou uma taxa de juros de 3,55%, implicando um spread de crédito de 0,59%. Ao mesmo tempo, a CVS, uma empresa BBB, emitiu dívida para financiar sua aquisição da Aetna com uma taxa de juros de 4,33%, implicando um spread de crédito de 1,37%. A Cequel Communications, uma empresa de TV a cabo, emitiu uma dívida CCC a 7,5%, implicando um spread de crédito de 4,54%. Essa é uma relação bastante direta entre risco e retorno.

Estrutura ótima de capital

O uso relativo de dívida e patrimônio em uma empresa chama-se estrutura de capital. A estrutura de capital correta varia em relação ao setor e ao risco nesses setores (como vimos no Capítulo 1 com a Caroline Power & Light comparada à Intel). Monopólios regulados, como empresas de energia elétrica, muitas vezes têm estruturas de capital que pendem pesadamente para o lado da dívida, por causa de seus fluxos de caixa estáveis; empresas com risco elevado e futuros imprevisíveis pendem para o lado do patrimônio.

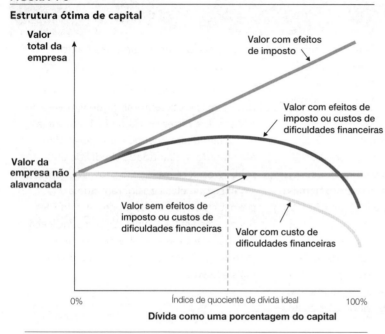

FIGURA 4-3
Estrutura ótima de capital

Essa figura mostra a relação entre estrutura de capital e o valor geral da empresa. Conforme o uso relativo de dívida cresce, o que acontece com esse valor? A primeira hipótese que a linha azul levanta é que, ao ignorar os efeitos da taxação e os custos do fracasso, todo o valor vem das operações reais de uma empresa, então não deve variar com a estrutura de capital. Essa avaliação é um importante ponto de partida, pois é um lembrete de que a fonte de toda a criação real de valor é a mobilização de ativos — e não a engenharia financeira. Mas também sugere que a estrutura de capital não tem importância.

Como vimos anteriormente, por serem dedutíveis, pagamentos de juros permitem evitar a taxação da receita. Conforme você assume mais dívida em relação ao patrimônio, mais receita é blindada do governo, e o valor aumenta, como mostrado pela linha alaranjada. De fato, faria sentido usar toda a dívida e nenhum capital, pois a cada centavo adicional de dívida você está economizando mais dinheiro com impostos.

Agora, consideremos os efeitos da alavancagem excessiva nas operações empresariais. Se já esteve em uma empresa que foi à falência ou que chegou bem perto, sabe que isso incorre em custos operacionais significativos. Os clientes e os funcionários vão embora, e o financiamento se torna um esforço. Assim, conforme a alavancagem sobe, é mais provável que as empresas sintam esses custos operacionais e o valor caírem, em geral, bem rápido, dado o seu estado precário. E a forma como esses custos começam a destruir valor varia de acordo com a natureza do negócio, como mostrado pela linha verde. Empresas muito estáveis só incorrerão nesses custos quando

Uma maneira de visualizar a decisão sobre a estrutura de capital é considerar os incentivos de compensação para o uso de dívida com base na taxação e nos custos, e nas probabilidades de fracasso. A teoria da estrutura ótima de capital, como mostrada na Figura 4-3, tenta fazer isso primeiro ignorando de forma contraintuitiva esses efeitos e depois acrescentando-os em camadas.

Estrutura de capital entre países

Se analisarmos três empresas em diferentes partes do mundo — digamos, a NextEra, uma empresa de energia dos EUA; a ENGIE Energia, uma das maiores empresas de eletricidade do Brasil; e a Electric Ireland, uma empresa de eletricidade da Irlanda —, não encontraremos a mesma estrutura de capital em todos os países.

Países diferentes têm taxas tributárias diferentes, o que influencia a atratividade de sua dívida. Além disso, a estabilidade dos fluxos de caixa nas empresas nesses países pode ser diferente, o que afetará os custos e a probabilidade de dificuldades financeiras. Para determinar sua estrutura ótima de capital, as empresas precisam considerar as condições locais do país onde estão e equilibrar as vantagens fiscais da dívida com os riscos de problemas financeiros.

tiverem altos níveis de alavancagem. Por outro lado, empresas muito arriscadas podem incorrer nesses custos de dificuldades financeiras logo de início.

Quando os efeitos dos impostos são combinados aos custos das dificuldades financeiras na linha vermelha, fica claro que ponderar as vantagens tributárias em relação aos custos das dificuldades financeiras oferecerá a estrutura de capital maximizadora de valor. Por implicação, empresas de setores diferentes terão estruturas de capital diferentes, que refletem o trade-off entre os benefícios tributários e os custos dos problemas financeiros associados àquele setor subjacente. Essa estrutura ótima de capital para um determinado setor oferecerá os pesos para os custos de capital e dívida que usaremos no cálculo do WACC.

O custo do capital

Isolar o custo do capital é um pouco mais complicado. Não dá para só perguntar aos acionistas quanto retorno eles desejam, como fizemos com a dívida — a maioria deles responderia apenas "muito". Se não é possível perguntar aos acionistas de quanto é seu retorno esperado, como descobrimos esse valor? Felizmente, existe uma seleta teoria vencedora do Prêmio Nobel que traz intuições importantes para nos ajudar a analisar o custo do capital — o modelo de precificação de ativos financeiros (CAPM, na sigla em inglês). Esse modelo segue a mesma lógica que o custo da dívida: uma taxa livre de risco mais um prêmio de risco. A quantia que investidores de capital cobram pelo risco tem dois componentes: a quantidade de risco de uma determinada ação e o preço desse risco. Mas como ponderamos o risco nesse cenário? Na verdade, o que é risco?

Mitos sobre os custos do capital

Dois mitos importantes são repetidos com frequência quando as pessoas falam sobre custos do capital. Um deles é que o capital é relativamente barato em comparação à dívida. Esse mito é o seguinte: "Bem, se eu não pagar aos meus devedores, vou à falência. Isso é caro. Se eu não pagar aos meus acionistas, nada acontece. Então, o capital é barato." O segundo mito relacionado diz que o capital é de graça: "Não preciso dar nada aos acionistas, portanto o custo do capital é zero."

Esses dois mitos, embora muito difundidos, estão errados porque não manifestam algumas intuições centrais sobre a relação entre risco e retorno. Qual é mais arriscado, capital ou dívida? Quando uma empresa vai à falência, os devedores são pagos primeiro e os acionistas podem não receber nada. Logo, eles estão em uma posição consideravelmente mais arriscada. Como consequência, exigirão um retorno mais alto, e com certeza não será zero. Essa é a intuição por trás da relação entre risco e retorno.

O que é risco? Se você tivesse que encontrar uma maneira de medir o risco de possuir uma determinada ação, qual seria? Se tivesse todos os dados imagináveis, quais tentaria isolar para descobrir a quanto risco uma determinada empresa o expõe? Você pode pensar que a quantidade de ações de uma empresa — sua variabilidade — seria uma ótima métrica. Como visto no box "Criação ou Destruição de Valor?", o desempenho do preço das ações da BP se move bastante e é possível medir o quanto — sua volatilidade. Se uma ação for altamente volátil e, portanto, criar muita incerteza, você exigiria uma taxa de retorno mais alta. Essa intuição parece correta, mas ignora um insight importante que leva a uma resposta completamente diferente.

Como vimos no Capítulo 2, a diversificação oferece uma forma poderosa de gerenciar riscos, pois, à medida que você diversifica, pode manter os retornos esperados e reduzir os riscos — o único almoço grátis nas finanças. Se os investidores possuem carteiras diversificadas, a volatilidade de uma determinada ação não importa muito, porque grande parte dela é diluída pelo portfólio. Como mostra a Figura 4-4, à medida que mais títulos são adicionados a um portfólio, sua volatilidade geral diminui. Mas há um nível acima do qual os ganhos da diversificação caem. Mais importante, existe alguma volatilidade que nunca é possível diversificar completamente: chama-se risco sistemático ou risco de manter o mercado.

Como grande parte da variabilidade de uma determinada ação desaparece no contexto de um portfólio, precisamos apenas pensar no risco que não desaparece — o risco sistemático. Então, o risco de

FIGURA 4-4
O poder da diversificação

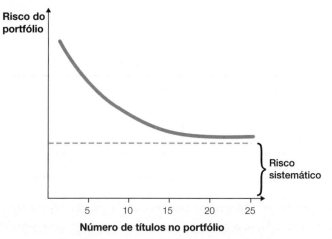

FIGURA 4-5
Exemplo de gráfico de beta

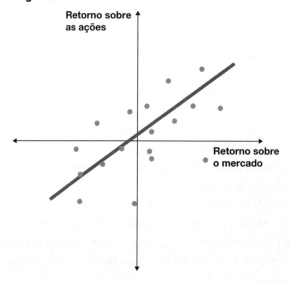

cada título não é medido pelo quanto ele se move em geral, mas pelo quanto cada ação se move com o mercado, o que representa o risco que nunca será diversificado.

A métrica de como uma ação se move com o mercado chama-se beta. Mais precisamente, se uma empresa tem um beta de 1, ela geralmente se move em sincronia com o mercado; se o mercado subir 10%, é provável que as ações da empresa subam 10%. Se a empresa tem um beta de 2 e o mercado sobe 10%, suas ações sobem 20%. Se uma empresa tiver um beta negativo de 1 e o mercado subir 10%,

suas ações cairão 10%. É isso que um beta deve capturar: se o mercado sobe ou desce, como se sairão as ações?

Cálculo de betas. Um beta é surpreendentemente simples de calcular. Veja a Figura 4-5, que representa os retornos mensais de uma determinada empresa em relação aos retornos mensais do mercado.

Cada ponto na figura corresponde a um mês e aos retornos associados para o mercado e a empresa durante esse mês. Observando o gráfico, onde você encontra o beta? Lembre-se de que um beta mede a correlação entre os retornos de uma determinada empresa e os do mercado. Se você apenas desenhar uma linha que melhor se ajuste aos dados — também conhecida como regressão —, a inclinação dessa linha capturará o que é um beta: literalmente como a empresa se move junto ao mercado.

Vamos considerar duas empresas bem conhecidas — a seguradora AIG e a varejista de alimentos Yum! Brands, discutidas no Capítulo 1 — e tentar encontrar betas para elas. Os dados nas Figuras 4-6 e 4-7 usam retornos mensais para as duas empresas de janeiro de 2010 a julho de 2018, em comparação aos retornos mensais do S&P 500 durante o mesmo período.

O beta de capital da AIG é de cerca de 1,65, enquanto o da Yum! é de cerca de 0,67. Por que são tão diferentes? Essa diferença ajuda a lembrar o que o beta mede: a correlação com o mercado em geral. Os restaurantes da Yum! — KFC e Taco Bell — vendem comida rela-

FIGURA 4-6

Beta da AIG, dezembro de 2009–junho de 2018

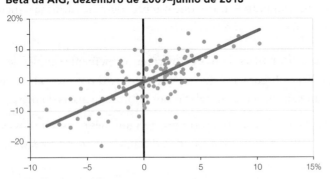

FIGURA 4-7

Beta da Yum! Brands, dezembro de 2009–junho de 2018

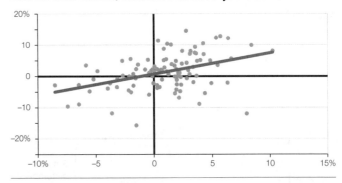

tivamente barata. Mesmo na pior recessão, é provável que as pessoas ainda comam lá, mas podem ser mais econômicas e mais conscientes em relação aos custos. Quando as coisas melhoram e as pessoas têm mais dinheiro, elas podem aumentar a quantidade de pedidos, mas também podem subir de nível, de fast food a jantares ocasionais. Dessa forma, a Yum! fica bastante isolada da variabilidade da economia.

A AIG, por outro lado, oferece seguro a empresas para ajudá-las a gerenciar seus riscos financeiros. Em tempos difíceis, geralmente há muitos sinistros que ela precisa pagar, reduzindo seus lucros. Em épocas boas, ela recebe prêmios, combinados a menos sinistros, e se sai muito melhor. O investimento da AIG em prêmios pagos tem melhor desempenho. Como resultado, a empresa está mais fortemente ligada ao desempenho do mercado.

Agora que você tem uma ideia do que é um beta e de onde ele vem, vejamos alguns betas no nível de setores (veja a Tabela 4-6). Fazer essa análise no nível do setor nos permite abstrair algumas das variações de cada empresa.

Alguns desses setores têm betas relativamente altos — maiores que 1,0 —, o que significa que eles se movem mais que o mercado. Em geral, os setores cíclicos são assim.

A intuição por trás dos betas. A intuição central por trás dos betas está relacionada ao seguro. Empresas com betas altos expõem os acionistas a maiores riscos sistemáticos, que não podem ser diversificados. Por esse motivo, os investidores cobram um custo do capital mais alto. Como consequência, essas empresas têm um custo médio ponderado de capital mais alto; logo, seus valores serão mais baixos. Esse último passo é o mais complicado — se você aplicar taxas de desconto altas, o que acontece com os valores presentes? Como eles se tornam mais baixos, um beta alto leva a um alto custo do capital, que resulta em um WACC alto, que acarreta valores mais baixos.

Para uma empresa com beta negativo, os custos do capital serão baixos. Eles podem até ser negativos, o que significa que seu WACC será mais baixo e que seus valores serão mais altos. Quando o mercado subir, esse ativo terá um desempenho ruim. Quando cair, esse ativo se sairá muito bem. Os ativos beta negativos são especiais porque, quando tudo dá errado, eles são muito úteis. Assim, como você não exige muito retorno deles, isso leva a valores altos.

TABELA 4-6

Betas para vários setores

Setor	Beta do setor
Varejo de alimentos e itens básicos	0,6
Serviços básicos (eletricidade, água, gás)	0,6
Produtos pessoais e domésticos	0,7
Itens básicos de consumo	0,8
Alimentos, bebidas e tabaco	0,8
Saúde	0,8
Serviços e equipamentos de saúde	0,8
Transporte	0,9
Serviços ao consumidor	0,9
Ciências farmacêuticas, biotecnológicas e da vida	0,9
Bancos	0,9
Seguros	0,9
Serviços de telecomunicação	0,9
Indústria	1,0
Serviços comerciais e profissionais	1,0
Bens de consumo não essenciais	1,0
Mídia	1,0
Financiamentos	1,0
Imobiliário	1,0
Tecnologia da informação	1,0
Software e serviços	1,0
Materiais	1,1
Bens de investimento	1,1
Automóveis e componentes	1,1
Bens de consumo duráveis e vestuário	1,1
Hardware de tecnologia e equipamento	1,1
Semicondutores e equipamentos semicondutores	1,1
Financiamentos diversificados	1,2
Energia	1,4

Fonte: Duff & Phelps, *2015 International Valuation Handbook: Industry Cost of Capital* (Hoboken, NJ: Wiley Business, 2015).

Nesse sentido, grande parte do modelo de precificação de ativos financeiros (CAPM) está relacionada ao seguro. Você adora os ativos que não se movem de acordo com o mercado porque eles lhe oferecem garantia. E, se você é avesso ao risco, isso é algo valioso. A Figura 4-8 mostra os retornos anuais do ouro em comparação aos do índice de ações S&P 500, de 1988 a 2015. Lembre-se, o beta é a inclinação da linha. Observe como essa inclinação é negativa, diferentemente da inclinação da linha para a AIG e a Yum!. Parte da atratividade de investir em ouro é que, quando tudo dá errado, ele (esperamos) estará lá para segurá-lo, e essa garantia é valiosa e o levaria a pedir retornos baixos ou negativos.

O preço do risco. Agora que podemos medir a quantidade de risco associada a uma empresa usando um beta, precisamos combinar essa quantidade a um preço de risco para descobrir o custo do capital. Esse preço de risco também é conhecido como prêmio de risco de mercado.

As pessoas fazem esse cálculo de maneiras diferentes, mas veremos um cálculo que mostra como podemos analisar o preço do risco. Consideremos o desempenho histórico de ações em relação a um instrumento sem risco, como títulos do tesouro. Como demonstra a tabela no box "Uma Introdução ao Risco e ao Retorno", as ações superam os títulos seguros, como os do governo, por uma margem atraente.

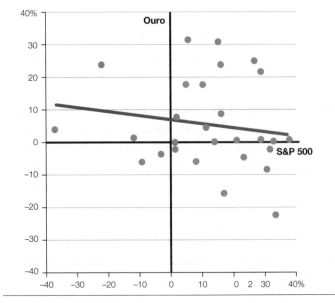

FIGURA 4-8

Comparação dos retornos anuais do ouro em relação ao S&P 500, 1988–2015

Se as ações superam os instrumentos sem risco em 6%, em média, essa deve ser a compensação aos investidores pela exposição a esse risco do mercado. De fato, esse bom desempenho é o preço do risco — a compensação que as pessoas exigem por suportar o risco de capital — também conhecido como prêmio de risco de mercado.

CAPM e o custo do capital

Quando juntamos as ideias do preço e da quantidade de risco, o resultado é uma equação para o custo do capital.

Modelo de Precificação de Ativos Financeiros

$$r_e = r_{sem\ risco} + beta \times prêmio\ de\ risco\ de\ mercado$$

em que r_e = custo de capital e $r_{sem\ risco}$ = taxa livre de risco

O que podemos identificar na equação do custo do capital? Primeiro, no mínimo, os investidores exigirão pelo menos a taxa livre de risco, ou a quantia que você cobra quando empresta dinheiro ao governo. Segundo, deve haver alguma noção de um ajuste de risco, que será composto de sua quantidade e seu preço. Para medir a quantidade de risco, não se usa a volatilidade, como pode pensar. Devido ao poder da diversificação e ao almoço grátis que ela oferece, a preocupação principal é com correlações, ou betas. Isso, combinado ao preço de risco, resulta no retorno esperado para um determinado setor ou empresa e, como consequência, o custo do capital para essas empresas.

Vamos gerar o custo do capital para as duas empresas em discussão: AIG e Yum!. Faremos algumas suposições gerais sobre a taxa livre de risco e o prêmio de risco de mercado: especificamente, presumiremos que a taxa livre de risco é de 4% e o prêmio de risco de mercado é de 7%. Nesse caso, a AIG tem um custo do capital de 4% + 1,65 × 7% = 15,55%, enquanto a Yum!, de 4% + 0,67 × 7% = 8,69%.

É importante lembrar que esses custos do capital também são os retornos esperados para os investidores, o que nos permite analisar a essência da gestão de investimentos. A Figura 4-9 representa graficamente a equação para os retornos de capital esperados. Conforme os betas aumentam, os retornos esperados também aumentam. Observe que zero ativos beta tem um retorno esperado igual à taxa livre de risco. A gestão ativa de investimentos tem como objetivo buscar ativos que se desviem da linha e proporcionem mais do que o retorno esperado. Essa lacuna chama-se *alfa*. Alfa é a fonte de criação de valor, pois isolá-lo significa que você está obtendo retornos acima do esperado, como no exercício do início do Capítulo 1.

Embora o CAPM seja uma teoria bastante poderosa, também se baseia em várias suposições que nem sempre são válidas. Por exemplo, ele não considera custos de transação e investidores capazes de contrair empréstimos e emprestar a taxas relativamente baixas, e muitas dessas suposições não são coerentes com a realidade. Mais importante, a teoria baseia-se na ideia de que os investidores são altamente racionais — uma suposição que se mostrou frágil. Mais preocupante, nem sempre parece que os retornos realizados se alinham aos betas, conforme sugerido na Figura 4-9. Embora seja muito debatido, o modelo de precificação de ativos financeiros continua sendo o alicerce do custo do capital, e é uma estrutura dominante para o mundo da gestão de investimentos.

FIGURA 4-9

A linha do mercado de títulos

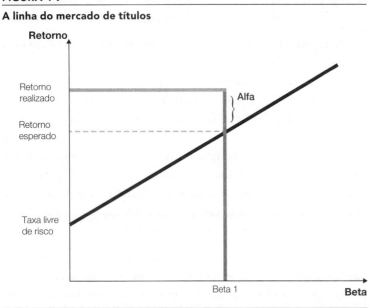

Erros comuns com o WACC

Agora que refletimos sobre as intuições por trás dos pesos, da tributação e dos custos da dívida e de capital, podemos usar o WACC para avaliar investimentos. De fato, a taxa de desconto enfatizada no Capítulo 2 será o WACC à medida que avançamos. A intuição para ele é inconsistente, por isso é útil analisar três equívocos comuns sobre os custos do capital, a fim de desenvolver ainda mais nossa intuição.

Usando o mesmo custo do capital para todos os investimentos

O primeiro grande erro que os gestores cometem é usar o mesmo custo do capital para todos os projetos nos quais investem. A lógica geralmente é mais ou menos assim: "Bem, meus provedores de capital têm retornos esperados, então o custo do capital, *não importa em que eu invista*, tem que ser o mesmo para todos os meus projetos de investimento."

Essa lógica é poderosa, mas está errada. Imagine um conglomerado que investe em diferentes setores. Ele deveria usar o mesmo custo do capital nesses setores diferentes? Todos esses vários setores e investimentos expõem seus provedores de capital a riscos distintos, de modo que cada um exige um custo do capital diferente. Para entender por que, considere o que aconteceria se uma empresa usasse o mesmo custo do capital para todas as suas divisões.

Imagine que um conglomerado invista em três setores diferentes, aeroespacial, saúde e mídia, com três betas diferentes. Se você usar um custo do capital — digamos, o custo médio do capital — em várias divisões com betas diferentes, que erros cometerá? Em quais divisões investirá demais e em quais investirá pouco? (Veja a Figura 4-10.)

FIGURA 4-10

O custo do capital e os betas em três setores

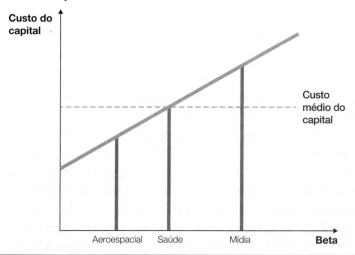

Que erros você cometerá ao investir no setor de mídia? Nessa situação, o custo do capital correto é, na verdade, mais alto do que o utilizado, se usar o mesmo para todos os investimentos. Como consequência, você dá muito crédito aos projetos desse setor e acaba investindo demais nessas empresas. Da mesma forma, para o setor aeroespacial, o custo do capital que deve usar é mais baixo do que o utilizado, se usar o mesmo para todos os setores. Consequentemente, você está penalizando demais essas oportunidades de investimento e acaba investindo pouco.

Uma forma definitiva de entender essa intuição: "não é sobre você" — a lição mais difícil da vida. O custo apropriado do capital não depende de *quem* está investindo, mas *no quê* se está investindo. O risco está incorporado no ativo, não no investidor.

Reduzindo seu WACC usando mais dívida

Outra intuição atraente, mas incorreta, é que uma empresa pode reduzir seu WACC usando mais dívida, uma vez que a dívida tem um custo menor que o capital. O raciocínio costuma ser assim: "A dívida é tipicamente mais barata, e com uma vantagem tributária fica ainda mais. Então, se usar mais dívida, reduzirei meu WACC e, como resultado, acabarei tendo um valor mais alto."

Não é verdade. Não existe almoço grátis aqui. Se uma empresa está na estrutura ótima de capital descrita anteriormente, não pode apenas assumir mais dívidas porque é mais barato e por achar que é uma decisão inteligente. Os acionistas exigirão um retorno mais alto por esse risco e isso, na verdade, amortizará qualquer vantagem no uso de mais dívida.

A Figura 4-11 — a mais difícil deste livro — o ajudará a ver que não é possível reduzir os WACCs simplesmente assumindo mais dívida. Ela mostra o que acontece com os betas no eixo vertical conforme a quantidade de dívida utilizada aumenta no eixo horizontal. Uma diferença significativa do que vimos anteriormente é que existem três tipos de betas no gráfico: betas de capital, de dívida e de ativos.

FIGURA 4-11

Betas de ativos, de dívida e de capital como função da alavancagem

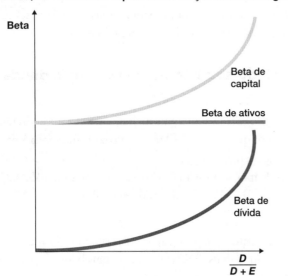

Lembre-se de que um beta é uma métrica da correlação entre os retornos de um instrumento e os do mercado. Primeiro, vamos pensar no beta de ativos, que mede como os ativos operacionais se movem com os retornos do mercado. Como o beta de um ativo muda à medida que você usa mais dívidas? A resposta é que ele não muda. O comportamento dos ativos em relação ao mercado não muda conforme o financiamento muda. Isso é semelhante à intuição para a linha reta na Figura 4-3. O que você acha que acontece com os betas de dívida e de capital conforme uma empresa aumenta sua dependência de dívida? Para refletir sobre isso, considere os extremos: o que acontece quando a empresa é totalmente financiada por capital? E quando usa muito pouco capital? Para fazer uma análise ainda mais profunda, fixe seu pensamento no beta da empresa — e também no beta de ativos.

A curva alaranjada representa o que consideramos betas de dívida. Quando uma empresa assume esse primeiro real de dívida, é relativamente livre de riscos, portanto os betas de dívida ficam próximos de 0. À medida que ela se aproxima de um financiamento inteiramente por dívidas, os betas de dívida se aproximam do nível dos betas de ativos, pois a empresa é totalmente financiada por dívidas. A parte final é: como estão os betas de capital? Quando há muito pouca ou nenhuma dívida, os betas de capital ficam bem próximos daqueles de ativos. E o que acontece quando a alavancagem aumenta? Os betas de capital disparam conforme as ações se tornam mais arriscadas e, portanto, mais caras.

Essa é a ideia central da Figura 4-11. Uma empresa em sua estrutura ótima de capital não pode simplesmente mudar de capital para dívida e esperar que seu custo do capital diminua. Por quê? Os acionistas penalizarão a empresa ao aumentar seu retorno esperado, desfazendo, assim, as vantagens do uso de mais dívida.

Exportando WACC

O último erro que os gestores cometem é pensar que podem agregar valor comprando outra empresa e aplicando o WACC dessa nova empresa em seus fluxos de caixa. Eis como o raciocínio deles funcio-

Perspectivas reais

Diretores financeiros corporativos tentam ser muito claros sobre o que consideram sua estrutura ótima de capital e tentam voltar a ela de forma crível quando as circunstâncias mudam. Laurence Debroux, diretora financeira da Heineken, comenta:

Na Heineken, prometemos publicamente a nós mesmos e às agências de classificação que nosso índice de dívida líquida/ EBITDA tem que ser de 2,5 e, não importa o que façamos, precisamos conseguir trazê-lo de volta a 2,5 em curto prazo. Essa atitude tem o mérito de ser clara, então, quando as pessoas investem na Heineken, sabem onde estão entrando. Elas não terão enormes recompras de ações e grandes dívidas. Sabem também que há alguma margem e espaço de manobra em termos de aquisições se algo parecer realmente uma boa compra para aumentar o portfólio.

na: "Estou competindo por um ativo. Outra empresa também está competindo por um ativo. Tenho um custo do capital menor do que eles por causa dos meus negócios. Vou conseguir concluir esse negócio e ganhar a oferta porque usarei meu custo do capital, que é menor que o deles."

O custo do capital certo não tem nada a ver com a empresa ou com o licitante alternativo; ele tem tudo a ver com o ativo que os gestores estão comprando e que deve ser o mesmo para os dois com-

pradores. Não há como a empresa exportar seu custo do capital para esse ativo. Não se trata de quem você é, mas no que está investindo.

Como consequência, não importa se você planeja usar o caixa do seu balanço patrimonial para fazer uma aquisição ou se tem um balanço patrimonial altamente alavancado ou totalmente em capital. O que importa é usar o custo do capital certo para aquele investimento, e esse custo do capital deve refletir a estrutura de capital certa para o investimento.

IDEIAS EM AÇÃO

Corning Glass e o retorno sobre o capital (ROC)

A Corning era a líder em fabricação de vidro para telas de eletrônicos e, depois de examinar as finanças da empresa e o que o futuro lhe reservava, o analista patrimonial Alberto Moel indicou que ela estava negociando abaixo do valor contábil. Como vimos no Capítulo 2, o mercado em geral achava que a empresa não excederia seu custo do capital com seus retornos.

Alguns podem argumentar que uma empresa que negocia abaixo de seu valor contábil, como a Corning, deve encerrar seus negócios e vender seus ativos, especialmente se puder vendê-los por um valor próximo ao contábil.

Por que você acha que a Corning continuou com suas operações, apesar de um ROC menor que seu custo do capital?

É provável que a empresa acreditasse, assim como Moel, que o mercado estava precificando mal seu desempenho futuro e que ele seria consideravelmente melhor. O valor de mercado da Corning estava abaixo de seu valor contábil, por conta da pressão crescente que ela enfrentava no mercado, o que reduziu seu ROC. Portanto, a pergunta é: essas pressões nos preços foram permanentes ou temporárias?

Essa pergunta nos leva às principais preocupações estratégicas das empresas. Se a Corning acredita que seu trabalho agrega valor ao seu produto e que pode proteger suas operações em um ambiente competitivo, ela deve ter certeza de que as pressões nos preços serão temporárias. Se as condições subjacentes forem alteradas, é preciso analisar se encerrar o negócio é a decisão certa para seus acionistas.

Moel concordou que havia pressão nos preços. No entanto, quando analisou a estrutura de custos da Corning, viu que essa pressão poderia ser compensada, ou até melhorada, por sua estrutura de custos. Em outras palavras, suas margens poderiam permanecer estáveis ou se expandir. O mercado não viu isso, então as expectativas de que as margens da empresa continuariam a se comprimir estavam afetando negativamente o preço das ações.

Portanto, Moel acreditou que o ROC da Corning seria melhor do que o mercado achava e que, no futuro, a empresa negociaria acima do valor contábil. No final, ele recomendou a seus investidores "comprar".

Parte da razão pela qual o valor de mercado da Corning estava abaixo do valor contábil foi o fato de os investidores acreditarem que suas margens continuariam a se comprimir, algo de que Moel discordou. Por que você acha que nas previsões há uma tendência de assumir que as mudanças atuais (margens reduzidas) continuarão indefinidamente no futuro?

Prever o futuro é inerentemente difícil, e todas as decisões tomadas por um analista correm o risco de estar erradas. Diante dessa dificuldade, muitos deles escolhem hipóteses que extrapolam as tendências existentes para determinar os fluxos de caixa futuros. Tal raciocínio pode parecer conservador, mas, de fato, é bastante radical em relação à análise do produto ou do ciclo econômico.

Valuation é difícil porque é necessário considerar tudo sobre uma empresa — sua propriedade intelectual, sua estratégia, seu cenário competitivo e assim por diante —, traduzir isso em números e depois prever esses números no futuro. É um processo criterioso e complicado que pode levar semanas. Em seguida, é preciso escrever um relatório convincente e, por fim, acertar a maior parte do tempo.

Estrutura de capital da Biogen

Em 2015, em parte devido às baixas taxas de juros, a Biogen assumiu uma dívida de US$6 bilhões para recomprar US$5 bilhões de suas próprias ações. Isso mudou a estrutura de capital da empresa; o efeito líquido seria semelhante a não ter emitido essas ações e assumir dívidas em vez de comprar ativos. Essa recompra foi um modo de devolver dinheiro aos acionistas e lhes proporcionar mais propriedade após o crescimento significativo da Biogen nos últimos anos.

Mas e a dívida? De acordo com Paul Clancy, diretor financeiro da Biogen naquele período, assumir tantas dívidas era raro para a empresa farmacêutica. Na época, ela tinha apenas US$500 milhões em dívidas no balanço patrimonial. Porém, como muitas outras empresas de biotecnologia, a Biogen tinha dinheiro bloqueado fora dos Estados Unidos que era inacessível. Por isso, teve de se endividar para executar a recompra de ações. Mas também ganhou mais do que o necessário, porque as taxas de juros estavam muito favoráveis na época. Como as recompras ou aquisições de ações estavam em andamento, a empresa queria manter uma boa taxa de juros antes que essas taxas subissem.

Por que taxas de juros baixas incentivam empresas a assumir mais dívidas?

O passado recente apresentou taxas de juros historicamente baixas. Assim, as empresas podem decidir alavancar de forma oportuna em resposta a essas condições. A decisão de cronometrar a emissão de ações ou dívidas em relação às condições de mercado é conhecida como "timing do mercado": as empresas apostam que têm a capacidade de determinar quando a emissão de títulos ou recompras de ações é mais vantajosa.

Para que a aposta valesse a pena, os fluxos de caixa e os produtos do pipeline da Biogen tiveram que superar as expectativas. Obviamente, preocupar-se com apostas é trabalho do diretor financeiro. Clancy comenta: "Se você não se preocupa com esse tipo de aposta, não está sendo responsável nem pelos acionistas e nem pela criação de valor para eles."

Quando os investidores compram uma cota de ações de uma empresa, estão apostando que ela terá um desempenho melhor que seu custo do capital e que as ações aumentarão em valor mais do que apenas o retorno esperado. Aqui, Clancy sugere que uma empresa que recompra suas próprias ações está fazendo uma aposta semelhante. Por quê?

Ao gastar dinheiro para recomprar suas próprias ações, a empresa está fazendo um investimento. Como em qualquer investimento, essa decisão precisa ter um valor presente líquido (VPL) positivo. Caso contrário, a Biogen deveria considerar usos alternativos de seu capital, incluindo apenas distribuí-lo como dividendos. Discutiremos essa questão mais ampla de alocação de capital no Capítulo 6.

Um dos trabalhos do diretor financeiro é investir em despesas operacionais que impulsionam os negócios. Isso nem sempre é fácil, especialmente em uma grande empresa em que as pessoas têm opiniões diferentes e interesses conflitantes. O trabalho do diretor financeiro é colocar todos em sintonia. Clancy argumenta: "Quando a estratégia ganha foco, é realmente mais fácil para toda a empresa discernir a diferença entre o que é realmente um bom investimento e o que não é."

Após o programa de recompra e de ter assumido mais dívidas, a Biogen teve que executar uma reestruturação para garantir que estava investindo seus recursos da maneira correta. Foi uma mensagem difícil de levar aos funcionários, em especial porque a empresa havia acabado de recomprar US$5 bilhões em ações.

Você acha que é conveniente para a Biogen reestruturar a empresa por meio de demissões e, ao mesmo tempo, anunciar uma recompra de ações de US$5 bilhões? Por quê?

Por um lado, essas decisões são independentes — uma se trata de garantir que você esteja operando da maneira mais eficiente possível e deve ser tomada independentemente das decisões de financiamento. Por outro lado, a coincidência dessas ocorrências levantará questões sobre por que mais despesas de capital (e os empregos associados) não eram um objetivo principal. As finanças estão na mira dessas decisões, tornando crucial a habilidade de Clancy de falar com o mercado de capitais e com os funcionários. Os diretores financeiros desempenham cada vez mais um papel central devido à importância das decisões e à sua própria habilidade de abordar a eficiência e a alocação de capital — o assunto do Capítulo 6.

Heineken: Construindo uma cervejaria mexicana

Em 2015, a Heineken decidiu investir US$470 milhões em uma nova cervejaria na região de Chihuahua, no México, um movimento estratégico importante, projetado com uma visão de longo prazo para criação de valor. Vamos analisar os fatores que a Heineken considerou ao tomar essa decisão.

Segundo Laurence Debroux, diretora financeira da Heineken, a gigante das bebidas entrou no México pela primeira vez em 2012, quando adquiriu as operações de fabricação de cerveja da Femsa, um grande conglomerado mexicano. À primeira vista, mudar para o país pode parecer uma escolha estranha para a Heineken, sediada na Holanda, mas a empresa tinha muitas razões estratégicas convincentes para fazê-lo. O México é um mercado grande, com o dobro do tamanho do mercado número dois da Heineken, e o crescimento do PIB do país, em comparação aos países desenvolvidos, era mais promissor.

A demografia também era promissora. Como muitos jovens no país atingiram a idade legal para beber, tornaram-se consumidores. A cerveja mexicana e artesanal nos Estados Unidos também estava crescendo, enquanto o mercado tradicional de cerveja estava estagnado. Com a aquisição da Femsa e de sua operação mexicana, a Tecate, a Heineken controlava a Tecate Light e a Dos Equis, duas marcas que estavam crescendo rapidamente nos EUA e que talvez crescessem na Europa no futuro. Por esses motivos, Debroux e seus colegas investiram em uma nova fábrica, que acabou sendo um dos maiores investimentos na história da Heineken.

Por que você acha que diretores financeiros como Debroux tendem a analisar preocupações estratégicas antes de analisarem o VPL de um projeto? Se criação de valor significa escolher projetos com um VPL positivo, o que a análise estratégica cumpre?

A análise estratégica pode ajudar diretores financeiros a focar sua atenção em projetos com maior probabilidade de produzir VPLs positivos. Criar uma previsão para projetos requer entender sua importância estratégica geral e sua interação com o restante da empresa.

Debroux teve que determinar a capacidade correta. Quão grande deveria ser a fábrica? Você não quer investir pouco e perder em faturamento e vendas. Como Debroux descreve: "Evidentemente, é um bom problema — é um problema que queremos ter, porque se em cinco anos nos perguntarmos: 'Devemos construir outra fábri-

ca?', significa que estamos vendendo cada vez mais naquele país." Mas subestimar a capacidade pode ter um grande custo.

Ao projetar uma nova cervejaria, Debroux precisava equilibrar a capacidade futura com o custo atual da construção. Pensando nos custos do capital e no valor temporal do dinheiro, quais são as preocupações dela em sua opinião?

A Heineken assumiria os custos da construção agora, mas só veria as vantagens do aumento da capacidade no futuro. Os fluxos de caixa no futuro distante, quando descontados, podem não valer a pena hoje. Por esse motivo, Debroux precisa constantemente equilibrar os fluxos de caixa aumentados da capacidade futura com seus custos atuais. Como ela comenta: "Quando você analisa uma nova cervejaria, tem os funcionários da cadeia de suprimentos no controle, e eles têm tanta experiência em uma empresa como a Heineken que lhe dirão com exatidão quanto custará o projeto e quão complicado será."

Como os funcionários da cadeia de suprimentos da Heineken tinham uma ampla experiência, eles geralmente eram precisos quanto aos custos estimados e a quanto tempo um projeto levaria para ser construído. A partir daí, Debroux pegou esses números, junto com suas suposições sobre vendas e produtividade, e construiu um modelo financeiro clássico, prestando atenção em especial ao VPL e à taxa interna de retorno. Ao realizar cálculos como esse, as empresas têm regras e referências. Por exemplo, dependendo do projeto, se uma empresa não se recuperar do investimento inicial em, digamos, cinco a sete anos, poderá considerá-lo arriscado demais. Os projetos geralmente parecem bons isoladamente, mas, se os números parecerem bons demais para serem verdade e não coincidirem com projetos semelhantes, é possível que a empresa esteja desconsiderando alguma coisa. "Mas ainda é uma boa pergunta a se fazer", afirma Lebroux. "Se o projeto depende de atingir um nível de rentabilidade ou um faturamento EBITDA que não é visto em nenhum outro lugar da sua empresa, você deve se perguntar: por que eu o alcançaria aqui? Não o alcancei em nenhum outro lugar?" É importante ter essa conversa.

E se seus fluxos de caixa previstos estiverem errados? E se a cervejaria não atender às expectativas? Pense nas lições sobre sunk costs e a fábrica de Sakai que a Sharp construiu. Quais são as opções?

Se a cervejaria apresentar desempenho insuficiente, ainda poderá ter um valor presente positivo. Os custos para construí-la são sunk costs, ou seja, irrecuperáveis, portanto não devem ter relevância para a decisão sobre o que fazer com a cervejaria depois de construída. Todas as decisões — vender a cervejaria, modificar suas operações etc. — são novas decisões para as quais a empresa deve construir um novo VPL.

Quiz

Algumas perguntas podem ter mais de uma resposta.

1. **Qual das opções a seguir pode ser uma fonte de criação de valor? (Escolha todas que se aplicam.)**

    A. Retornos de capital que excedam os custos do capital.

    B. Reinvestir lucros para crescer.

    C. Lucros brutos.

    D. Lucros por ação.

2. **O que é um beta?**

    A. Um retorno sobre o patrimônio (ROE).

    B. Uma métrica de quanto uma ação se move com o mercado mais amplo.

    C. Uma métrica de quanto os impostos afetam o custo médio ponderado (WACC) de uma empresa.

    D. Uma métrica de quanto o ROE é mais alto que o custo do capital.

3. **Imagine um conglomerado com três divisões. Os ativos da divisão A têm um beta de 0,5; os da divisão B, de 1,0; e os da divisão C, de 1,5. Se, ao avaliar projetos para todas as suas divisões, a empresa usar a média, 1,0, em qual delas investirá demais?**

   A. Divisão A.

   B. Divisão B.

   C. Divisão C.

   D. A empresa não investirá demais.

4. **Como você determina seu custo de dívida?**

   A. Seu credor pode lhe dizer quais são seus custos atuais de empréstimos.

   B. Multiplique sua taxa atual por sua classificação de crédito e adicione a taxa sem risco.

   C. Multiplique seu custo do capital por 1 menos a taxa de imposto.

   D. Subtraia seu custo do capital do seu WACC.

5. **Para uma empresa com retorno de capital de 5% e custo do capital de 10%, seu índice ME/BE será:**

   A. Superior a 1.

   B. Inferior a 1.

   C. Igual a 1.

   D. Não tenho informações suficientes.

6. **Verdadeiro ou falso: sempre é possível aumentar o valor da empresa adicionando alavancagem.**

   A. Verdadeiro.

   B. Falso.

7. **Como você determina o custo do capital?**

   A. Perguntando aos acionistas ou aos representantes deles no conselho de administração.

   B. Pegando a taxa livre de risco e adicionando o produto do seu capital beta e o prêmio de risco de mercado.

   C. Multiplicando seu custo da dívida por 1 menos a taxa de imposto.

   D. Subtraindo seu custo de dívida do seu WACC.

8. **Empresas com betas mais altos têm:**

   A. Custos do capital mais altos.

   B. Custos do capital mais baixos.

   C. O beta é irrelevante para o custo do capital.

   D. Depende do seu nível de liquidez.

9. **Por que as empresas devem investir em projetos com VPL positivo?**

A. Para mudar suas estruturas de capital para mais patrimônio e menos dívida.

B. Porque todos os projetos têm VPLs positivos.

C. Por serem mais arriscados, têm retornos mais altos.

D. Porque eles criam valor tendo retornos maiores que o custo do capital.

10. **Como uma empresa com retornos de capital sustentáveis de 15% e custo do capital de 12% pode maximizar seu valor?**

A. Reinvestindo o máximo possível de seus lucros.

B. Distribuindo o máximo possível de seus lucros em dividendos.

C. Liquidando a empresa o mais rápido possível.

D. Oferecendo dividendos exatamente iguais ao seu custo do capital.

Resumo do Capítulo

Neste capítulo, desenvolvemos uma série de conceitos difíceis, mas fundamentais. Primeiro, identificamos de onde vem o valor e a receita específica para sua criação. As empresas precisam superar seu custo do capital. Elas precisam continuar superando e precisam crescer. A condição essencial da criação de valor é superar o custo do capital.

O que significa falar sobre custo do capital? O primeiro grande conceito é que os custos do capital estão associados aos retornos esperados dos provedores de capital. E esses retornos esperados são ditados pelo risco que os investidores suportam. Portanto, um WACC diz que, para um determinado investimento, você precisa descobrir o que os provedores de dívida e capital exigem e calcular a média desses custos de dívida e capital por seus pesos. Quais são esses pesos? Depende do setor. Você os ajusta aos impostos, porque pagamentos de juros são dedutíveis.

Depois, vimos o conceito do modelo de precificação de ativos financeiros. Os custos do capital não são explícitos. Você precisa confiar em algo para pensar rigorosamente sobre esses custos. Como vivemos em um mundo com oportunidades de diversificação, são os betas, e não as volatilidades, dos investimentos que medem melhor o risco apresentado por um ativo.

A ideia final é que você precisa usar o WACC com cuidado. Não é algo passível de exportar para outros investimentos. E não é possível usar o mesmo WACC para todos os investimentos. Por fim, também não é possível apenas aumentar o valor da empresa assumindo mais dívidas do que a estrutura ótima de capital.

No próximo capítulo, primeiro combinaremos o WACC e o conceito de fluxos de caixa livres para criar a base do valuation, e depois desenvolveremos essa base para considerar como avaliar os ativos em geral.

5

A Arte e a Ciência do Valuation

Como avaliar uma casa, um financiamento estudantil, um projeto ou uma empresa

Seja para comprar ações, uma casa, adquirir uma empresa ou investir em educação, você precisa passar por um processo de valuation [ou avaliação]. O investimento proposto é justificado? Quanto você deve pagar? Todas essas são questões fundamentais de valuation, e as finanças têm um conjunto preciso de ferramentas para ponderar essas decisões. Considere os seguintes exemplos:

No final de 2012, o Facebook supostamente fez uma oferta de US$3 bilhões para comprar o Snapchat. Em 2016, o Google avaliou a empresa em US$30 bilhões. Em meados de 2018, os mercados acionários avaliaram o Snap em US$17 bilhões. O que teria levado a números tão diferentes?

Em meados de 2018, a Disney e a Comcast travaram uma batalha para adquirir a 21st Century Fox, com preços crescentes. Como elas sabiam o que oferecer? Por que seus lances eram muito mais altos do que o valuation incorporado no preço das ações?

Investir em educação vale a pena? Devo comprar uma casa ou alugar? Meu amigo ganhou uma fortuna com Bitcoin, devo investir também?

Nos capítulos anteriores, discutimos a criação de valor e a relação entre risco e retorno. Também falamos sobre a importância do caixa. Neste capítulo, reuniremos todas essas informações para criar um método de valuation.

Embora os métodos sejam rigorosos, é essencial lembrar que valuation é uma arte, não uma ciência. Mais precisamente, é uma arte *influenciada* pela ciência. Valuation é subjetivo, propenso a erros e leva a respostas ambíguas. Embora você talvez ache isso insatisfatório, simplesmente não há outra maneira de tomar essas decisões importantes com sabedoria. Ainda que ambíguo, o processo de valuation é tão importante quanto o ponto de chegada. Somente avaliando diferentes cenários, probabilidades e modelos é que conseguimos entender completamente uma empresa. Portanto, mesmo que seja falho e problemático, o valuation é fundamental para uma tomada de decisão gerencial consistente.

Na primeira metade do capítulo, focaremos mais a ciência e esclareceremos os métodos subjacentes. Na segunda metade, abordaremos a arte — os elementos mais subjetivos e as áreas em que a maioria das disputas acontece.

Dois Métodos Alternativos de Valuation

Considerando a imprecisão do valuation, é útil recorrer a métodos alternativos para garantir um resultado preciso. Não existe maneira mágica de descobrir o valor; existem apenas vários métodos que auxiliam a triangulação acerca da realidade. Os dois métodos de valuation mais importantes são múltiplos e fluxos de caixa descontados. Vamos começar com múltiplos. Embora não tenha se dado conta, você provavelmente já os usou em sua vida. Depois de entender seus pontos fracos, passaremos à joia da coroa — os fluxos de caixa descontados.

Múltiplos

Um múltiplo é um índice que compara o valor de um ativo a uma métrica operacional associada a esse ativo. Não há outra regra para a criação de múltiplos além dessa estrutura fundamental, e, consequentemente, existem inúmeras variantes. Um múltiplo comum usado em valuation é o índice preço/lucro, ou P/L, que divide o preço das ações de uma empresa pelos lucros por ação. Como alternativa, é o valor do patrimônio de uma empresa dividido por seu lucro líquido. Esse índice, por exemplo, pode ser de 15 vezes, ou "15X". Isso significa que você está disposto a pagar $15 a cada $1 de lucro que uma empresa gera. Esse cálculo rápido e simples é fácil de transmitir e oferece um método descomplicado para comparar empresas.

Um múltiplo P/L de 15X pode parecer confuso. Por que você estaria disposto a pagar $15 por $1 de lucro? Em resumo, essas 15X, como tudo em finanças, refletem as expectativas do futuro. Portanto, você não está apenas pagando por $1 de lucro, mas por um fluxo de lucros futuros que deve aumentar. Isso implica que todos os múltiplos devem ser iguais dentro de um setor? Como as empresas podem aumentar os lucros a taxas muito diferentes e esses lucros podem ser considerados variáveis em relação à qualidade, o índice P/L pode variar entre as empresas de um setor. As diferenças nesses índices devem levantar uma pergunta: por que $1 de lucro de uma empresa valeria muito mais que o de outra? Ela é tão melhor assim do ponto de vista operacional ou está supervalorizada?

Como vimos no Capítulo 2, lucros são uma métrica problemática, e podemos usar também outras métricas de caixa — lucros antes de juros, impostos, dívida e amortização (EBITDA); fluxo de caixa operacional; ou fluxo de caixa livre — para construir múltiplos. Como vimos no Capítulo 4, há outro importante provedor de capital — o credor que fornece dívida —, portanto os múltiplos devem refletir o fato de que as empresas também podem usar esse tipo de capital. Essas duas lições se refletem no uso do valor da empresa (EV) em múltiplos EBITDA (EV/EBITDA), em que EV é a soma do valor de mercado da dívida e do patrimônio, ou o valor da empresa. O múltiplo EV/EBITDA nos ajuda a comparar empresas de estruturas de capital variadas.

Como podemos usar os múltiplos? A Tabela 5-1 mostra três grandes empresas do setor de cosméticos e seus múltiplos EV/EBITDA do final de 2016.

Usando essas informações, como você avaliaria a Procter & Gamble (P&G), uma quarta empresa do mesmo setor que gerou um EBITDA de US$17,4 bilhões no ano fiscal de 2016? Usando a média dos múltiplos da tabela — 12,5 —, você multiplicaria o EBITDA da P&G por 12,5 para chegar a uma estimativa do valor da empresa, que seria de US$217,67 bilhões.

TABELA 5-1

Múltiplos EBITDA para três empresas de cosméticos, 2016

Empresa	Índice de EV/EBITDA
Avon Products	8,91
L'Oreal	17,42
Shiseido	11,20

O que achou do exercício? Ele levanta as seguintes perguntas: (1) a P&G é apenas uma empresa de cosméticos? (2) Todas essas empresas atendem aos mesmos mercados geográficos e aos mesmos segmentos de clientes? (3) Essas empresas distribuem seus produtos da mesma maneira? O valor de empresa da P&G no final de 2016 era de US$242,1 bilhões. Em outras palavras, ela negocia com um múltiplo EV/EBITDA de 13,9X.

Como muitos aspectos nas finanças, o uso de múltiplos é um método que parece estranho de início, mas é algo que você talvez já entenda. Você pode ter usado um múltiplo na decisão financeira mais importante que já tomou: comprar uma casa. Especificamente, quando queremos descobrir se uma casa é um bom investimento, costumamos observar o "preço por metro quadrado", que nada mais é do que um múltiplo. Os preços por metro quadrado são obtidos ao dividir os preços das casas pelo total de metragem quadrada — uma métrica de valor dividido por uma métrica operacional. Pode

Twitter versus Facebook

Os múltiplos são um método flexível e podem usar qualquer métrica operacional. Considere a oferta pública inicial (IPO) do Twitter. Como você avaliaria a empresa quando ela abriu seu capital? Ela não tinha lucros ou EBITDA, nem muita receita. Mas certamente valia alguma coisa. Na época, os participantes do mercado enfatizaram sua valiosa base de usuários e procuraram empresas com modelos de receita comparáveis nas mídias sociais.

Eles recorreram ao Facebook e calcularam quanto cada usuário da plataforma valia, e esse múltiplo foi usado para avaliar o Twitter.

Por exemplo, cada usuário do Facebook valia pouco mais de US$98 (considerando a capitalização total do mercado de ações da rede dividida por seu número de usuários ativos [US$117 bilhões divididos por 1,19 bilhão de usuários ativos]); os usuários do LinkedIn valiam cerca de US$93 cada (US$24 bilhões divididos por 259 milhões de usuários ativos). Poucas horas após o lançamento da IPO, o Twitter foi negociado a um valuation que indicava que o mercado avaliava cada um de seus 232 milhões de usuários ativos em cerca de US$110. O gráfico mostra o desempenho relativo das ações do Twitter e do Facebook de novembro de 2013 ao final de 2018.

Claramente, comparar o valor dos usuários do Facebook e Twitter não estava dando certo. Por quê? Existem várias razões, incluindo:

- Níveis variados de envolvimento com a plataforma
- Informações demográficas diferentes da base de usuários
- Diferentes possibilidades de monetizar usuários para as duas plataformas

Esse exemplo demonstra a plasticidade do método de múltiplos e também seus grandes perigos. Comparações e suposições falhas podem levar a valuations significativamente errôneos.

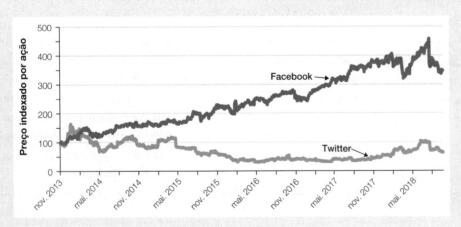

ser uma maneira útil de falar sobre transações em seu bairro (por exemplo: "Amor, você viu que aquela casa ali da rua foi vendida por $6 mil o metro quadrado? Somos ricos!") e se você deve ou não pagar muito por uma casa (por exemplo: "Aquela casa na ali na rua foi vendida por apenas $3 mil o metro quadrado. Por que deveríamos pagar $4 mil?"). Essas alegações não são mais nem menos sofisticadas do que um experiente investidor em private equity dizendo: "Compramos a empresa a um múltiplo EBITDA de 8X."

Os prós e contras dos múltiplos

Essa discussão sobre múltiplos destaca seus muitos pontos fortes: eles são simples de calcular e transmitir. Múltiplos também podem ser poderosos porque se baseiam em preços atuais do mercado, e isso significa que *alguém* realmente avaliou uma empresa e investiu no que acreditava — não é um valor imaginário conjurado por uma planilha. Por fim, sua facilidade de uso torna comparações entre empresas (e casas) aparentemente rápidas e diretas. A palavra-chave é "aparentemente".

Embora múltiplos forneçam maneiras rápidas e fáceis de comparar empresas, eles têm muitas falhas. Os atributos que os popularizam — a facilidade de comparabilidade, sua lógica baseada no mercado — também foram os que trouxeram problemas às pessoas. Primeiro, e mais importante, a comparabilidade nem sempre é tão

direta. Pense naquele exemplo da casa. O preço por metro quadrado ignora muitos fatores: uma casa tem uma vista melhor, enquanto a outra tem vista para um estacionamento; uma tem piso de porcelanato, enquanto a outra tem piso de madeira original do século XIX. Existem muitos fatores que fazem um metro quadrado em uma casa diferente de um metro quadrado em outra.

Mas tem certeza de que um real de lucro é apenas um real de lucro? Digamos que você tivesse intenção de investir no eBay e iniciasse seu processo de valuation comparando-o com a Apple. Para o ano encerrado em 31 de dezembro de 2015, o eBay gerou um lucro por ação (LPA) de US$1,60. Na mesma data, o preço das ações da Apple era 12,7 vezes seu LPA. Usar os 12,7 da Apple × seu índice P/L para avaliar a outra empresa resultaria no valor de US$20,32 por ação do eBay.

O eBay terminou aquele dia com suas ações negociadas a US$27,48 — US$7 a mais do que o esperado. Essa comparação (e discrepância) simples levaria a acreditar que o eBay estava supervalorizado ou fazendo algo muito excepcional, ou que a Apple estava subvalorizada. Mas faz sentido comparar a Apple com o eBay? Provavelmente não. A Apple vende produtos e o eBay é um mercado online que conecta vendedores a compradores. E a Amazon? E o Facebook? Também não. É difícil pensar em uma empresa que seja realmente comparável aos modelos de negócio e de faturamento do eBay. No entanto, usar um múltiplo pode induzi-lo a pensar que é possível.

Valuation da Shake Shack

Depois que a Shake Shack, uma rede de fast food em rápido crescimento, abriu seu capital em 2014, suas ações subiram do preço original de US$21 para algo entre US$47 e US$90. Mas como ela se compara a outras redes do setor? Ao usar um múltiplo — nesse caso, dividir o valuation de uma rede pelo número de lojas que ela opera (uma métrica operacional importante no varejo) —, é possível comparar a Shake Shack mais precisamente com outras redes bem estabelecidas e que têm mais lojas (veja o gráfico de barras).

O valuation por loja da Shake Shack foi muito mais alto do que de suas concorrentes. Nesse caso, o uso de um múltiplo pode florear nossa visão desse valuation, porque ele reflete uma trajetória de crescimento muito diferente — ou talvez nos faça pensar que está supervalorizada: o que exatamente essa rede está fazendo de tão diferente do McDonald's? O gráfico de linhas mostra o desempenho subsequente do preço das ações.

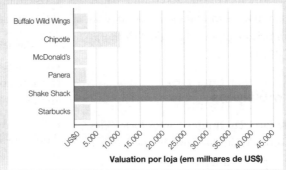

Comparação do valuation das principais redes de restaurantes (EUA), 2014

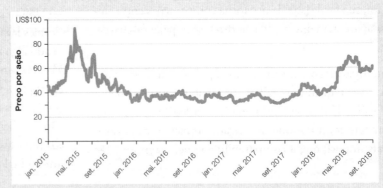

Desempenho das ações da Shake Shack, janeiro de 2015 – julho de 2018

Fonte: Whitney Filloon, "How Does Shake Shack's Valuation Compare to Other Publicly-Traded Chains?", Eater.com, 5 de maio de 2015.

Mesmo que uma comparação no mesmo setor seja mais direta, não fica claro se um real é um real fazendo análises de múltiplos. O fluxo de lucros em uma empresa pode crescer substancialmente mais rápido que em outra, tornando falhas as suposições implícitas de uma análise de múltiplos. E, como muitas decisões associadas ao cálculo de lucros podem diferir entre as empresas, elas podem ser incomparáveis para os propósitos dos múltiplos. Investidores às vezes falam sobre a "qualidade" dos lucros, o que implica que algumas empresas têm lucros mais sustentáveis do que outras. Ao pegar um múltiplo de uma empresa e colocá-lo em outra, você está assumindo que as trajetórias de crescimento e a qualidade dos lucros são essencialmente semelhantes, e isso pode ser um erro.

Embora a lógica baseada no mercado possa ser uma virtude, também pode ser um vício. Só porque seu vizinho pagou exorbitantes $5 mil por metro quadrado, isso não é motivo para você cometer o mesmo erro. Foi exatamente o que aconteceu na bolha imobiliária. Se as multidões não forem sábias, você terá um problema sério. Como consequência, precisamos de uma maneira melhor de pensar o valuation.

Métodos problemáticos para avaliar o valor

Vamos ver mais dois métodos problemáticos de valuation antes de explorar o método que é a joia da coroa.

Períodos de payback

O primeiro método avalia os projetos com base no período de tempo que os investidores levariam para recuperar seu dinheiro — o período de payback [ou de retorno do investimento]. Basta comparar a saída inicial de fundos com as entradas subsequentes e perguntar: em que ano recebo meu dinheiro de volta? Esta é uma maneira muito interessante de considerar se um investimento é atraente ou não. Inerentemente, é bom receber o pagamento logo.

Para ver esse método e seus problemas em ação, escolha entre dois projetos, ambos exigindo um investimento de $900 mil. Você pode escolher apenas um usando o período de payback como critério. A Tabela 5-2 mostra os fluxos de caixa projetados para cada um deles.

Qual você escolheria? O Projeto A tem um período de payback de menos de dois anos e o Projeto B, de três anos. Se o período de retorno do investimento for o critério de decisão, sua escolha deve ser o Projeto A.

TABELA 5-2

Os problemas do payback e da análise da taxa interna de retorno (TIR)

	Projeto A	Projeto B
Ano 0	–$900.000	–$900.000
Ano 1	500.000	0
Ano 2	500.000	0
Ano 3	300.000	1.670.000

Preços mundiais da habitação por metro quadrado

A tabela mostra o preço médio por metro quadrado da habitação em 25 cidades do mundo. Como é possível ver, há uma tremenda variação — de US$772 o metro quadrado no Cairo a US$26.542 em Hong Kong. O que explica essa disparidade? Em alguns casos, os preços refletem a demanda — estão correlacionados aos níveis médios de renda. Mas cidades como Hong Kong, Londres e Nova York desfrutam efetivamente da demanda mundial porque são centros comerciais globais. A oferta também pode desempenhar um papel importante — Hong Kong é uma pequena área que só consegue acomodar uma determinada quantidade de unidades imobiliárias. Como alternativa, as políticas do governo local podem reduzir a quantidade de edifícios permitidos e, portanto, a disponibilidade de moradias (uma razão pela qual a cidade de São Francisco é tão cara).

Preço médio da habitação por metro quadrado em cidades selecionadas

Classificação	Cidade	Preço por metro quadrado (US$)
1	Cairo, Egito	772,00
2	Cidade do México, México	1.720,50
3	Bruxelas, Bélgica	3.482,90
4	Bangkok, Tailândia	3.671,50
5	São Paulo, Brasil	4.059,80
6	Copenhague, Dinamarca	4.929,40
7	Madri, Espanha	5.048,30
8	Istambul, Turquia	5.276,80
9	Dubai, EAU	5.598,00
10	Berlim, Alemanha	6.805,10
11	Amsterdã, Holanda	7.950,60
12	Estocolmo, Suécia	8.053,70
13	Roma, Itália	9.721,30
14	Toronto, Canadá	9.900,60
15	Sydney, Austrália	9.950,80
16	Xangai, China	10.989,40
17	Singapura	12.772,20
18	Genebra, Suíça	13.200,00
19	Viena, Áustria	13.315,70
20	Moscou, Rússia	13.669,60
21	Paris, França	14.740,80
22	Tóquio, Japão	15.163,50
23	Nova York, EUA	15.970,80
24	Londres, RU	23.259,00
25	Hong Kong	26.542,20

Fonte: Global Property Guide, globalpropertyguide.com.

Como esse exemplo ilustra, o método do período de payback tem alguns problemas significativos. Ao comparar esses fluxos dessa maneira ao longo do tempo, o valor temporal do dinheiro é ignorado. O segundo problema — e ainda pior — é que a resposta para uma análise do período de payback é apenas um número de anos. Mas, na verdade, não é nisso que estamos interessados ao criar valor. Esse método pode levá-lo a escolher um investimento porque você recupera seu dinheiro mais rapidamente, mas o afasta de outro que cria muito mais valor.

Usando uma taxa de desconto de 10%, o Projeto A tem um valor presente líquido de $193.160 e o Projeto B, de $354.700. Ao considerar o período de payback, você escolheu o projeto com um valor presente líquido consideravelmente mais baixo, o que leva a muito menos criação de valor. Essa comparação reflete por que a análise de payback é tão problemática.

Taxas internas de retorno

O uso de taxas internas de retorno (TIR) para avaliar projetos é outro método de valuation muito comum. Ele não é tão problemático quanto a análise de payback, em parte porque está intimamente ligado aos fluxos de caixa descontados. Mas ainda tem problemas. Quando introduzimos a ideia de desconto, usamos os fluxos de caixa previstos e uma taxa de desconto para encontrar um valor presente.

A TIR faz o caminho inverso. A análise da TIR leva em conta os fluxos de caixa futuros previstos e encontra a taxa de desconto que torna o valor presente zero. Esta é a fórmula para calcular uma TIR:

$$0 = \text{Fluxo de caixa}_0 + \frac{\text{fluxo de caixa}_1}{(1 + \text{TIR})} + \frac{\text{fluxo de caixa}_2}{(1 + \text{TIR})^2}$$

$$+ \frac{\text{fluxo de caixa}_3}{(1 + \text{TIR})^3} \ldots$$

Em outras palavras, a análise da TIR captura a taxa de retorno que ocorrerá se a previsão para um projeto for realizada. O que poderia estar errado nisso? Por que não analisar investimentos apenas examinando sua TIR? A ideia de uma taxa de retorno é muito poderosa e explica a onipresença das TIRs. Depois de descobrir uma TIR, você pode compará-la ao custo médio ponderado do capital ou à taxa de desconto. É mais ou menos como o exercício de criação de valor do Capítulo 4.

Embora essa seja uma maneira sedutora de pensar o mundo, as TIRs são problemáticas por dois motivos. Primeiro, elas podem oferecer a resposta errada, pois são focadas em retornos, e não na criação de valor. Podemos comparar dois projetos, e aquele com a TIR mais alta pode, na verdade, levar a menos criação de valor. Novamente, estamos interessados na criação de valor, não na maximização da taxa de retorno.

Segundo, se os fluxos de caixa forem caracterizados por saídas e entradas, e depois mais saídas e novas entradas (em oposição a uma versão mais simples, com apenas saídas e entradas), as TIRs também podem oferecer respostas erradas. Além disso, elas incorrem nesses riscos e não economizam nenhum esforço. As TIRs calculadas devem ser comparadas a um custo médio ponderado do capital usando os fluxos de caixa previstos. Portanto, precisamos das mesmas informações que usamos para fazer o cálculo do desconto no Capítulo 2.

Vamos voltar ao exemplo anterior para observar o primeiro problema (veja a Tabela 5-2). O valor presente líquido (VPL) do Projeto A foi de $193.160, e o do Projeto B, de $354.700. Agora que você entende a TIR, pode calcular essa taxa para os dois projetos. A TIR do projeto A é de 22,9% e a do projeto B, também. Ignorar o VPL e focar a TIR tornaria os dois projetos indiferentes para você. Existe uma opção claramente dominante que é ocultada pela análise da TIR. Essa dificuldade ocorre, em parte, porque, como gestores, não estamos interessados em aumentar os retornos; em vez disso, devemos priorizar a criação de valor.

Fluxos de caixa descontados

O método do fluxo de caixa descontado é a joia da coroa do valuation. Felizmente, nada mais é do que combinar as principais lições dos Capítulos 2, 3 e 4. No Capítulo 2, aprendemos que os ativos derivam seu valor de sua capacidade de gerar fluxos de caixa futuros, e nem todos esses fluxos de caixa são criados da mesma forma — eles exigem descontos para convertê-los em números atuais. No Capítulo 4, vimos que a taxa de desconto adequada é uma função dos retornos esperados de um investidor, uma vez que se traduzem no custo de capital de um gestor. Por fim, no Capítulo 3, descobrimos que determinar as informações para fazer esse valuation será um processo complicado.

Vamos começar com uma versão ligeiramente modificada da fórmula básica do valor presente do Capítulo 2:

$$\text{Valor presente}_0 = \frac{\text{fluxo de caixa}_1}{(1+r)} + \frac{\text{fluxo de caixa}_2}{(1+r)^2}$$

$$+ \frac{\text{fluxo de caixa}_3}{(1+r)^3} + \frac{\text{fluxo de caixa}_4}{(1+r)^4} \cdots$$

$$+ \text{valor terminal}$$

Há um novo termo (ou seja, o valor terminal) no final da fórmula — retornaremos a ele em breve. Mas a lógica básica ainda é a mesma. Todo o valor atual é derivado da expectativa de fluxos de caixa futuros. Precisamos descobrir como prever esses fluxos de caixa e decidir qual definição de caixa e qual taxa de desconto usar.

Usando a análise de fluxos de caixa descontados para comprar uma casa

Um modo de compreender a importância da análise de fluxos de caixa descontados em relação aos múltiplos é revisitar as decisões de compra de imóveis. Em vez de usar múltiplos na compra de uma casa, como poderíamos usar a análise de fluxo de caixa descontado?

Com os múltiplos, sua análise se limita a avaliar casas vizinhas e descobrir o preço médio por metro quadrado pago por elas. Para fazer uma análise do fluxo de caixa descontado, pergunte: quais são os fluxos de caixa de ter uma casa? Alguns são óbvios. Em uma base contínua, talvez seja preciso investir em um novo telhado.

Estas seriam as despesas de capital da sua análise de fluxo de caixa livre. Da mesma forma, pode haver alguns efeitos fiscais. Mas o fluxo de caixa primário associado à compra de uma casa é você *não* gastar em aluguel. Os fluxos de caixa de qualquer projeto são os fluxos de caixa incrementais gerados por esse projeto, e comprar uma casa significa que você não tem saídas de caixa para pagar o aluguel. Portanto, o valor de uma casa está associado principalmente aos pagamentos de aluguel que você não precisa fazer ao comprá-la.

Essa forma de pensar a compra de imóveis pode ajudar a evitar que você pague um preço excessivo. A principal métrica que revelou a criação de uma bolha imobiliária em meados dos anos 2000 foi a taxa de rendimento do aluguel — uma comparação entre aluguel e compra. Ao fazer uma análise do fluxo de caixa descontado, talvez você descubra que realmente não faz sentido comprar uma casa e, em vez disso, deve alugar. O uso de múltiplos mascara muitas suposições ocultas sobre o que está acontecendo; a análise do fluxo de caixa descontado torna as coisas explícitas. Nesse caso em particular, a análise explicita o trade-off entre alugar e possuir, que é exatamente o que foi ignorado durante a bolha imobiliária.

Fluxos de caixa livres

Como você deve lembrar, fluxos de caixa livres são fluxos gerados por ativos que são realmente livres e estão realmente em caixa. Eles estão disponíveis para os provedores de capital após os custos e as despesas serem contabilizados. Fluxos de caixa livres podem ser empregados em novos investimentos ou distribuídos aos provedores de capital.

Apenas para lembrar a fórmula básica: (1) comece com o EBIT, ou lucro antes de juros e impostos, projetado, que é gerado pelos ativos operacionais; (2) subtraia os impostos para obter o EBIAT, ou lucros antes de juros e após impostos; (3) adicione de volta as despesas não monetárias, como depreciação e amortização (que nunca deveriam ter sido retiradas); e (4) acomode a intensidade de capital do negócio, penalizando-o por investimentos em capital de giro e ativos fixos.

Etapa 1: Preveja fluxos de caixa futuros. Imagine que sua empresa está considerando investir em um novo laboratório.

- O laboratório exigirá um investimento inicial de $2,5 milhões no ano 0.
- O EBIT esperado no ano 1 (o primeiro ano de operações) será de $1 milhão.
- Espera-se que esse EBIT de $1 milhão aumente 5% a cada ano a partir de então. No final do ano 5, as operações serão encerradas e os ativos serão vendidos pelo seu valor residual de $1 milhão.
- Durante a vida do projeto, os ativos serão depreciados e as despesas de capital em andamento serão feitas para manter os ativos. Os efeitos líquidos serão uma despesa de depreciação de $300 mil e $300 mil em despesas de capital nos anos 1 a 5 para manutenção do equipamento.
- É necessário capital de giro para o projeto, e supõe-se que seja equivalente a 10% do EBIT. Em outras palavras, no ano 1, quando o EBIT passar de $0 a $1 milhão, a empresa precisará investir $100 mil em capital de giro. No ano 2, quando passar de $1 milhão para $1,05 milhão, a empresa precisará investir $5 mil a mais em capital de giro. Para simplificar, vamos supor que todo o capital de giro associado ao projeto expire sem valor no final dos cinco anos.

- A taxa de imposto da empresa é de 30% e não há consequências fiscais para a venda do ativo no ano 5.

Criar sua própria planilha com essas informações é um ótimo exercício. A planilha da Tabela 5-3 traz os fluxos de caixa livres para esse projeto. Você pode tentar adequá-la. Para criar uma planilha como essa, é sempre útil começar por uma seção no topo que lista as suposições relevantes. Depois de reunir essas suposições, começamos a preencher a planilha pegando o EBIT inicial, aumentando-o na taxa de crescimento definida e ajustando os pagamentos de impostos, o que nos leva ao EBIAT. Então, podemos seguir a fórmula dos fluxos de caixa livres.

Existem alguns passos complicados aqui. Primeiro, seguir o cronograma do projeto é fundamental. Segundo, o cálculo do capital de giro não é o *nível* de capital de giro, mas, sim, a *mudança* nesse nível. Terceiro, as despesas de capital com a alienação de ativos no último ano foram reunidas, o que cria um fluxo de caixa positivo nesse ano. E, por fim, é importante estabelecer um sistema de controle do que são entradas e do que são saídas. Nessa planilha, todas as saídas são negativas. Então, os totais para os fluxos de caixa livres são apenas as somas dos números.

TABELA 5-3

Avaliando o investimento no laboratório

Suposições para o projeto do laboratório

Taxa de crescimento EBIT	5%
Taxa de impostos	30%
Capital de giro como porcentagem do EBIT	10%

Ano	0	1	2	3	4	5
EBIT		$1.000,00	$1.050,00	$1.102,50	$1.157,63	$1.215,51
– impostos		–300,00	–315,00	–330,75	–347,29	–364,65
= EBIAT		700,00	735,00	771,75	810,34	850,85
+ depreciação e amortização		300,00	300,00	300,00	300,00	300,00
– mudança no capital de giro		–100,00	–5,00	–5,25	–5,51	–5,79
– despesas de capital	–$2.500,00	–300,00	–300,00	–300,00	–300,00	700,00
= fluxo de caixa livre	**–$2.500,00**	**$600,00**	**$730,00**	**$766,50**	**$804,83**	**$1.845,07**

Etapa 2: Aplique o WACC.

Os fluxos de caixa livres que essa empresa gera são livres para os provedores de capital, portanto os retornos esperados se traduzem no custo de capital usado para descontar os fluxos de caixa futuros — por meio do custo médio ponderado do capital (WACC). Para resumir brevemente, o WACC calcula os custos da dívida e do patrimônio, avalia esses custos por sua importância relativa no financiamento do investimento e inclui um efeito fiscal que captura a dedutibilidade dos juros. O modelo de precificação de ativos financeiros nos ajuda a entender de onde vêm os custos de capital, e os betas capturam a medida de risco considerando a perspectiva de um investidor diversificado.

Para descobrir o WACC relevante para o investimento nesse laboratório, considere os seguintes fatos:

- A estrutura ótima de capital para esses investimentos é de 35% de dívida e 65% de patrimônio.
- A taxa livre de risco é de 4%.
- O credor cobrará 7% de juros sobre o novo projeto.
- O prêmio de risco de mercado é de 6%.

Agora você tem tudo o que precisa para gerar um custo de capital e descobrir o WACC — com exceção do beta. Para descobri-lo, trace os retornos mensais das empresas que capturam o risco do pro-

Perspectivas reais

Embora tenham suas falhas, os múltiplos muitas vezes ajudam na dupla verificação de suposições sobre caixas descontados, logo, muitas empresas os usam como parte de um processo de valuation com várias frentes. Alan Jones, diretor global de private equity no Morgan Stanley, comenta:

O múltiplo do EBITDA deve ser uma aproximação rápida e de curto prazo, pois ele está vinculado a uma métrica de fluxo de caixa. As métricas heurísticas evoluíram para um ponto em que as pessoas falam sobre valuation em termos de múltiplos de EBITDA. Também tendemos a prestar muita atenção nos múltiplos dos fluxos de caixa livres, porque queremos saber quais são nossas despesas de capital e quais são nossos investimentos em capital de giro, mas é muito frequente observarmos o múltiplo do EBITDA.

Portanto, quando analisamos o valuation do negócio, normalmente triangulamos várias métricas diferentes. Primeiro, fazemos uma análise do fluxo de caixa descontado; este é realmente o ponto focal de uma abordagem de valuation. Ela tem importância particular, pois conseguimos determinar as possíveis mudanças na empresa que afetarão o fluxo de caixa descontado. Mas também analisamos onde empresas comparáveis negociam no mercado público; isso é tipicamente, mais uma vez, um múltiplo do EBITDA ou do lucro líquido da empresa. Observamos os múltiplos do EBITDA e, depois, os múltiplos de aquisições comparáveis, onde as pessoas compraram empresas recentemente e quanto estão pagando por empresas como a nossa.

Quando consideramos uma oportunidade de valuation, perguntamos: o que a análise do fluxo de caixa descontado, as empresas de capital comparável e os múltiplos de aquisições comparáveis estão nos dizendo? Depois, avaliamos o que é mais importante na empresa que estamos analisando. É um ponto fora da curva por um motivo específico? Tomamos um verdadeiro cuidado ao triangular essas três métricas de valor. Mas, no final das contas, tudo se trata de gerar caixa e de nossa capacidade de comprar empresas que tenham, em última análise, um fluxo de caixa ao longo do tempo.

jeto, calcule-os em relação ao retorno do mercado e, depois, trace a linha de regressão (veja a Figura 5-1).

A inclinação da linha na figura é 1,1; portanto, o beta é 1,1. Agora, use o modelo de precificação de ativos financeiros para determinar o custo do patrimônio e, em seguida, o WACC, usando as fórmulas do Capítulo 4 (veja a Tabela 5-4).

A etapa final é voltar aos fluxos de caixa livres previstos e determinar os valores presentes líquidos. Os fatores de desconto são apenas 1 dividido por 1 mais o WACC. Por fim, multiplique todos

FIGURA 5-1

Gráfico de beta

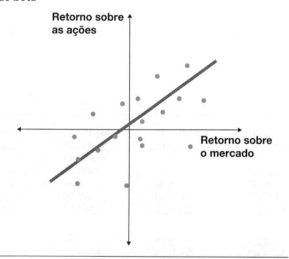

TABELA 5-4

Cálculo do custo médio ponderado do capital

Porcentagem de dívida	35%
Porcentagem de patrimônio	65%
Taxa de impostos	30%
Custo da dívida	7%
Taxa livre de risco	4%
Prêmio de risco de mercado	6%
Beta	1,1
Custo do capital	10,6% ← Custo do capital = taxa livre de risco + beta × prêmio de risco de mercado
WACC	8,61% ← WACC = impostos ajustados ao custo da dívida × parcela de dívida do capital + custo do capital × parcela de patrimônio do capital

os fluxos de caixa livres pelos fatores de desconto e some-os para determinar o valor presente líquido (veja a Tabela 5-5).

O valor presente líquido desse investimento é de $1,069 milhão. Como o VPL é positivo, o projeto do laboratório criará valor para a empresa e você deve prosseguir. Por outro lado, se mensurasse o valor presente dos fluxos de caixa, ele seria de $3,569 milhões.

Etapa 3: Calcule os valores terminais. Espera-se que a maioria das empresas e muitos investimentos continuem indefinidamente. Nessas situações, é normal determinar um ano em que você espera que o crescimento da empresa se estabilize e depois resumir o valor em todos os fluxos de caixa futuros por meio de um conjunto simples de cálculos. Isso se chama "valor terminal": um resumo do valor do investimento no final dos fluxos de caixa previstos.

Existem duas formas de chegar aos valores terminais. A primeira é por meio de múltiplos. Quando você atinge um ponto de chegada, digamos, cinco anos em um investimento, pode-se dizer que a empresa atingiu um valuation de, por exemplo, dez vezes o fluxo de caixa livre.

A outra forma, e a preferida, de pensar valores terminais é usar uma "fórmula de perpetuidade" — um bom truque que calcula efetivamente o valor atual de um conjunto estável de fluxos de caixa. Se você deseja obter o valor presente de uma série de fluxos de caixa que não cresce ao longo do tempo, basta dividir esse fluxo de caixa pela taxa de desconto.

166   Finanças... Simples Assim!

TABELA 5-5

Avaliando o investimento no laboratório

Suposições para o projeto do laboratório

Taxa de crescimento EBIT	5%					
Taxa de impostos	30%					
Capital de giro como porcentagem do EBIT	10%					
Ano	**0**	**1**	**2**	**3**	**4**	**5**
EBIT		$1.000,00	$1.050,00	$1.102,50	$1.157,63	$1.215,51
– impostos		–300,00	–315,00	–330,75	–347,29	–364,65
= EBIAT		700,00	735,00	771,75	810,34	850,85
+ depreciação e amortização		300,00	300,00	300,00	300,00	300,00
– mudança no capital de giro		–100,00	–5,00	–5,25	–5,51	–5,79
– despesas de capital	–2.500,00	–300,00	–300,00	–300,00	–300,00	700,00
= fluxo de caixa livre	–$2.500,00	$600,00	$730,00	$766,50	$804,83	$1.845,07
WACC	8,61%					
Fator de desconto	1,00	0,92	0,85	0,78	0,72	0,66
Valor presente	–$2.500,00	$552,46	$618,90	$598,36	$578,50	$1.221,13
Valor presente líquido	**$1.069,35**					

Fórmula de Perpetuidade

$$\frac{\text{fluxo de caixa}_1}{\text{taxa de desconto}}$$

Obviamente, muitas perpetuidades, incluindo empresas, continuam crescendo. Em particular, se alguém lhe promete uma perpetuidade crescente — por exemplo, $100 anuais, eternos e que crescem a 3% —, isso também resulta em uma fórmula muito conveniente.

O valor presente dessa crescente perpetuidade nada mais é do que o fluxo de caixa inicial dividido pela taxa de desconto menos a taxa de crescimento. Até parece mágica.

Fórmula de Perpetuidade de Crescimento

$$\frac{\text{Fluxo de caixa}_1}{\text{taxa de desconto} - \text{taxa de crescimento}}$$

Quando você usa isso como parte de uma análise de fluxo de caixa descontado, os valores presentes que essas fórmulas fornecem são o valor presente no ano anterior ao fluxo de caixa inicial. Por exemplo, se o numerador da equação for o fluxo de caixa no ano 6, a fórmula produzirá o valor presente no ano 5. Isso significa que você precisará descontar esse valor novamente para obter o valor presente atual.

Se essas fórmulas são tão convenientes, por que não as usamos, em vez daquelas planilhas complicadas que discutimos? Em resumo, existem várias dinâmicas de curto prazo que podem ser muito importantes de modelar explicitamente — novas fábricas, trajetórias de vendas, reduções de custos etc. —, e essas dinâmicas podem ter um grande impacto no valor. Você só pode usar essas fórmulas quando as coisas se estabilizarem.

É claro, existe um perigo nessa etapa do processo de valuation, em especial na suposição da taxa de crescimento. Por exemplo, se a empresa está em uma economia que cresce a 3% e usa uma taxa de crescimento terminal de 7%, é uma suposição insustentável. Isso significa que, em última análise, a empresa dominará o mundo, o que realmente não acreditamos que acontecerá. Como consequência, em longo prazo, as taxas gerais de crescimento econômico são uma maneira útil de pensar sobre quais devem ser as taxas de crescimento em um cálculo de valor terminal.

Etapa 4: Compare valores de empresas e valores de mercado.
Agora que você tem o valor de uma determinada empresa (o projeto de laboratório), basta dividir esse número pelo número de ações e compará-lo ao preço das ações existentes, certo?

Não exatamente. Por meio do valuation, você determinou o *valor* do negócio, não seu patrimônio. O valor do negócio é muitas vezes chamado de valor da empresa. Lembre-se do diagrama de fluxos de caixa livres do Capítulo 2; nele, avaliamos os fluxos de caixa para os provedores de capital — dívida e patrimônio — que a empresa gera.

Às vezes, o valor da empresa é muito mais do que o valor de mercado do patrimônio. Por exemplo, se o valor da empresa for $100 e ela tiver $40 em dívida, o valor do patrimônio será de apenas $60. O inverso pode se aplicar, especialmente se a empresa tiver uma grande quantidade de caixa; nesse caso, o valor de mercado da empresa pode ser maior que o valor da empresa.

Se observarmos a Apple em 2013 ou 2014, veremos que seu valor de mercado era de US$500 bilhões, mas ela tinha mais de US$100 bilhões em excesso de caixa desnecessários para suas operações. Como consequência, o valor implícito real da empresa era mais baixo que o valor de mercado. A lição importante aqui é que, para obter o valor do patrimônio de uma empresa a partir do valor da empresa, você precisa pensar em quanta dívida e caixa ela tem.

A Figura 5-2 mostra o valor de empresa e o caixa da Apple em comparação ao valor de mercado de sua dívida e de seu patrimônio entre 2012 e 2016. Na figura, os valores de mercado são usados juntamente com os níveis de caixa e dívida para chegar aos valores *implícitos* da empresa. Ao realizar um valuation dos negócios da Apple, devemos comparar esse valuation ao valor implícito da empresa, e não ao valor de mercado, porque esses valores podem diferir em mais de 30%.

Múltiplos e perpetuidades

Uma oportunidade que a fórmula de perpetuidade crescente oferece é que ela nos permite retroceder em valuations existentes para determinar as suposições por trás deles.

Vamos analisar três grandes varejistas e ver o que o mercado pensa sobre suas taxas de desconto implícitas e de crescimento. As três varejistas são Walmart (uma rede de varejo com desconto), Costco (uma varejista de atacado) e Amazon (uma varejista online). Vamos comparar o valor da empresa (EV), uma métrica do valor total de mercado de suas dívidas e patrimônio, com o EBITDA usando os dados na tabela.

Supondo que as três empresas estejam crescendo a taxas estáveis, o que esses múltiplos insinuam para a percepção do mercado em relação às taxas de desconto implícitas e às taxas de crescimento dessas empresas?

Observe com mais atenção o Walmart. Podemos usar álgebra para converter o múltiplo do valor da empresa/EBITDA em uma fórmula de perpetuidade crescente. Em resumo, um múltiplo de 10X deve corresponder a uma diferença de dez pontos percentuais entre taxas de desconto e taxas de crescimento. Por exemplo, pode indicar uma taxa de desconto (r) de 15% e uma taxa de crescimento (g) de 5% ($r - g = 10\%$).

Comparação dos múltiplos de EBITDA das varejistas

Varejista	Índice valor da empresa/EBITDA
Walmart	7,97
Costco Wholesale	13,57
Amazon	46,42

Um múltiplo de 7,97X pode representar uma fórmula de perpetuidade crescente na qual o denominador ($r - g$) é igual a 1/7,97, ou 12,5%. Isso pode representar uma taxa de desconto de 18% e uma taxa de crescimento de 5,5%, ou uma taxa de desconto de 15% e uma taxa de crescimento de 2,5%.

Etapa 5: Analise cenários, valores esperados e estratégias de oferta. Depois de criar o aparato e chegar a um valor para um cenário, você pode pensar que é o fim. Na realidade, é agora que a diversão começa. Para entender de verdade o investimento e chegar a um valor do ativo, é preciso pensar no "valor esperado" desse ativo. Você acabou de avaliá-lo sob um determinado conjunto de suposições. E se estiver errado? De certa forma, você com certeza estará errado — a probabilidade de o mundo alinhar-se às suas suposições é quase nula.

A maneira adequada de chegar ao valor esperado correto é considerar cenários alternativos — o pior cenário, o melhor cenário e um cenário de base — e associar probabilidades a eles. Esse processo é uma das etapas mais importantes para um analista, pois exige uma verdadeira reflexão sobre a natureza da empresa e seus possíveis re-

Para a Costco, esse mesmo cálculo renderia uma $r - g$ no denominador de 1/13,57, ou 7,4%. Isso pode refletir uma taxa de desconto de 12,9% e uma taxa de crescimento de 5,5%, ou pode significar uma taxa de desconto de 15% e uma taxa de crescimento de 7,6%.

A Amazon possui um índice EV/EBITDA de 46,42. Isso gera um $r - g$ de 1/46,42, ou 2,1% no denominador. Isso pode refletir uma taxa de desconto de 7,6% e uma taxa de crescimento de 5,5%, ou uma taxa de desconto de 15% e uma taxa de crescimento de 12,9%.

Podemos comparar os valores dessas empresas e as taxas de crescimento implícitas. O mercado pode acreditar que a Amazon tem uma taxa de crescimento maior que a Costco, que tem uma taxa de crescimento maior que o Walmart. Como alternativa, pode acreditar que a Amazon é um negócio menos arriscado e tem uma taxa de desconto mais baixa que a Costco, que tem uma taxa de desconto mais baixa que o Walmart. Ou poderia ser uma combinação dos dois. Considerando a semelhança das empresas, é provável que as taxas de desconto sejam as mesmas e que toda a variação reflita as diferentes taxas de crescimento esperadas.

Uma diferença importante a ser observada nesse exemplo, e em geral, é que o mapeamento de múltiplos para análise de fluxo de caixa descontado (FCD) funciona melhor quando os múltiplos são de fluxo de caixa livre (FCL) em vez de lucros ou EBITDA. Em resumo, o valor corresponde aos FCLs descontados, logo, o uso de EBITDAs é impreciso. Em particular, se houver grandes investimentos futuros em capital, os futuros EBITDAs poderão ser consideravelmente maiores que os futuros FCLs.

sultados. Por exemplo, se houver 10% de chance de o valor ser $120 (melhor cenário), 70% de chance de ser $100 (cenário de base) e 20% de chance de $10 (pior cenário ou cenário de fraude), qual é o valor esperado? $120, $100 ou $10? Na verdade, não é nenhum deles. O valor esperado deve ser calculado por cenários de ponderação de probabilidade.

A fórmula do valor esperado é bem simples:

$$\text{Valor esperado} = 10\% \text{ VP (melhor cenário)} \\ + 70\% \text{ VP (cenário de base)} \\ + 20\% \text{ (pior cenário)}$$

Logo, nesse caso, o valor esperado é $84.

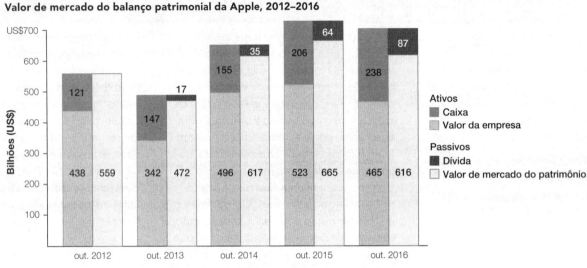

FIGURA 5-2
Valor de mercado do balanço patrimonial da Apple, 2012–2016

Após descobrir o valor presente esperado e saber que ele está associado a um valor de empresa, como isso justificaria sua estratégia de oferta se estivesse comprando uma empresa? Digamos que você chegue ao valor esperado subjacente de $84. Essa é a sua oferta inicial? Ou é o máximo que está disposto a pagar? Você está disposto a chegar ao melhor cenário, de $120? Ou talvez o lance máximo deva ser o valor associado ao pior cenário?

O valor esperado deve ser a oferta final. Se pagar esse preço, seu investimento terá um valor presente líquido de 0. Por si só, não há nada de errado nisso, mas você também não criou nenhum valor para si mesmo. Essa deve ser sua oferta final. Sua oferta inicial deve ser consideravelmente mais baixa. Se acabar pagando $75 por esse ativo, na verdade, criou $9 em valor e sua compra não está criando nenhum valor em expectativa, a não ser que pague menos do que o valor esperado. Nesses dois cenários, você terá transferido valor para o vendedor. E se, por exemplo, pagar $120, o melhor cenário, não terá criado nenhum valor. Na expectativa, você está destruindo valor para seus provedores de capital.

Fazendo valuation de um financiamento estudantil

O valuation está em todos os lugares, inclusive no investimento mais importante de todos: o modo como você deve investir em si mesmo. Pagar por uma educação vale o dinheiro? Em um memorando de 2016 produzido pelo Conselho de Assessores Econômicos dos EUA para a administração Obama sobre educação superior, foi concluído que trabalhadores com diploma de bacharel ganham quase US$1 milhão a mais, e pessoas com diplomas tecnológicos, quase US$300 mil a mais ao longo de suas carreiras, em comparação àqueles que têm apenas ensino médio.

Como sabemos, valores de fluxo de caixa puros não podem ser somados. Em vez disso, precisamos descontá-los e encontrar o valor presente. O valor presente desses fluxos de caixa é de US$510 mil para bacharelado e US$160 mil para ensino tecnológico. Se estudantes em potencial pegarem esse valuation, subtraírem o custo da educação e aplicarem a regra do VPL (investir sempre que esse valor for positivo), devem fazer um bacharelado sempre que os custos desses estudos forem menores que US$510 mil. Considerando que esse cálculo muitas vezes será positivo, isso significa que toda educação superior valerá a pena em termos de aumentos na remuneração? Não — significa apenas que, *em média*, o investimento em educação vale a pena, e não que *toda* educação vale o custo.

Erros de Valuation

Agora, vejamos os erros que geralmente são cometidos ao fazer um valuation. Como é uma arte, e não uma ciência, há uma variedade de juízos envolvidos. Após o anúncio de uma aquisição, é bastante comum que as ações do adquirente caiam, indicando que é provável que ele tenha pago demais e transferido valor de si para o alvo.

Isso levanta a questão: por que as empresas andam sistematicamente pagando demais? A resposta é que devem estar fazendo algo de errado durante o processo de valuation. Aqui, destacaremos três grandes erros, e veremos mais alguns no próximo capítulo.

Ignorar incentivos

O primeiro erro, e o mais dominante, é que é fácil ignorar os incentivos das pessoas envolvidas em uma aquisição. Com certeza os vendedores de ativos querem que os adquirentes paguem demais. E eles controlam fontes importantes de informação, incluindo informações financeiras históricas. Esse problema lembra aquele das informações assimétricas do Capítulo 3. O que você acha que os vendedores têm feito enquanto se preparam para uma venda? Um vendedor pode parecer particularmente bom acelerando vendas, adiando custos e investindo menos. Essa circunstância torna a devida diligência uma parte crucial de qualquer processo de aquisição.

O problema não acaba no vendedor. Em geral, os banqueiros de investimento são pagos apenas após a conclusão da transação, portanto eles querem que você faça o negócio. Até as pessoas da sua empresa que analisaram a transação têm incentivos perversos. Elas podem antever uma promoção para liderar a nova divisão recém-adquirida. Todos os envolvidos na transação desejam que ela aconteça, e eles podem sutilmente mudar suposições ou previsões para ajudar a tornar esse resultado realidade. Como consequência, todo esse desequilíbrio de informações leva a excessos de pagamento e de confiança.

Exagerar sinergias e ignorar custos de integração

Sinergia é a ideia de que, uma vez agrupadas, o valor de duas empresas será maior que a soma dos valores de cada uma delas. Aparentemente, essa ideia não é insensata. Por exemplo, se você reunir duas equipes de vendas e torná-las mais eficientes, o resultado será uma economia de custos. Se reunir duas empresas, poderá controlar mais capacidade dentro de um setor e ganhar mais poder de precificação.

Imagine que a Amazon queira se fundir com o eBay. A capacidade de usar os dois conjuntos de listas de clientes ou os dois conjuntos de fornecedores na entidade combinada pode ser poderosa. Como alternativa, talvez haja várias despesas administrativas e de computação que podem ser reduzidas ao combinar as duas empresas. Ambos os casos são exemplos de sinergia. A empresa combinada poderia acessar clientes aos quais as duas empresas não poderiam ter acesso de outra maneira, ou cortar custos de uma forma que não seria capaz de fazer separadamente. O problema das sinergias é que as pessoas tendem a superestimar a rapidez com que funcionam e superestimam a magnitude de seus efeitos. Ignoram o fato de que fusões são complicadas e que mudar culturas e mudar a força de trabalho leva tempo. O segundo problema relacionado é que, mesmo que sejam legítimas, as pessoas geralmente incorporam todas essas sinergias ao preço que pagam por uma empresa. Isso também pode levar ao pagamento excessivo, uma vez que as recompensas da criação de valor das sinergias são transferidas para os acionistas da empresa adquirida, em vez de fazer parte da criação de valor que a fusão traz para a empresa adquirente.

Subestimar a intensidade do capital

Um último erro que licitantes ansiosos cometem é subestimar a intensidade do capital dos negócios. O crescimento contínuo do EBIT ou do fluxo de caixa livre normalmente exige o aumento da base de ativos por meio de despesas de capital. Mas essas despesas de capital reduzem os fluxos de caixa livres centavo a centavo — e são convenientemente ignoradas por pessoas ansiosas para fazer negócios. Por exemplo, os valores terminais supõem taxas de crescimento perpétuas, mas no último ano que você está modelando (que serve

Perspectivas reais

Alan Jones, diretor global de private equity do Morgan Stanley, comenta que muitas vezes tenta considerar o índice entre os valores terminais e os valores totais para entender melhor uma transação:

Um dos principais problemas com a análise do fluxo de caixa descontado é que muito depende do valor terminal, o valor pelo qual você vende o negócio; nós nos concentramos muito nisso. Então, sempre que geramos uma análise de fluxo de caixa descontado, literalmente imprimimos qual é a porcentagem do valuation geral como resultado da venda da empresa, pois não estamos pensando na geração de fluxo de caixa nos negócios — estamos apostando em onde poderemos, por fim, vender esse negócio.

como base do valor terminal) as despesas de capital serão iguais à depreciação, indicando que não há crescimento de ativos. De fato, demonstrar a intensidade do capital aumenta os valores.

Lembre-se do exemplo da Netflix do Capítulo 2. A principal questão para a empresa é como os custos de aquisição de conteúdo aumentarão ao longo do tempo para sustentar seu crescimento. Se você supôs um enorme crescimento nos assinantes da Netflix, também seria bom projetar com cuidado a intensidade do capital dos negócios subjacentes. Da mesma forma, o valuation de uma empresa

como a Tesla não depende apenas do crescimento da base de clientes — a empresa deve construir fábricas para atender a essa demanda —; assim, subestimar a intensidade do capital pode levar a valuations incorretos.

IDEIAS EM AÇÃO

Investindo na Spirit AeroSystems

Em 2012, o Scopia Capital investiu na Spirit AeroSystems, uma fabricante de peças para aviões, que considerava mal precificada pelo mercado. Anteriormente, a Boeing possuía a Spirit e compunha uma parcela enorme (mais de 80%) de seus negócios. Em vez de se concentrar exclusivamente no 737 da Boeing, a Spirit começou a trabalhar em aviões para a Airbus e a Gulfstream, além de em um novo projeto da Boeing — a construção de um novo 787 de baixo consumo de combustível chamado Dreamliner.

A Spirit estava cercada de muita empolgação, mas, conforme avançava nos ciclos de investimento para as plataformas Airbus e Gulfstream, seus lucros por ação caíram de US$2 para menos de US$1. Um problema era que as suposições operacionais da empresa sobre a lucratividade desses investimentos estavam incorretas, e, como seus projetos tinham horizontes temporais extremamente longos (10 a 20 anos), ela teve que contabilizar esses encargos de imediato, o que impactou sua demonstração de resultados. Como consequência, suas ações caíram.

Os investidores estavam avaliando a Spirit com base em seu múltiplo de preço/lucro, e seus lucros haviam caído de forma significativa. Quais são os problemas com o uso de um valuation baseado no múltiplo de P/L que podem ser relevantes aqui?

Existem dois grandes problemas com o uso de um múltiplo de preço/lucro para avaliar a Spirit. Primeiro, os lucros, representados pelo lucro líquido, são uma métrica problemática do desempenho econômico, conforme discutido no Capítulo 2. Segundo, os lucros da Spirit foram temporariamente diminuídos devido a investimentos iniciais e à natureza única de seu sistema contábil — um múltiplo de preço/lucro pressupõe que essas oscilações temporárias continuem para sempre.

O Scopia estava em uma posição privilegiada para avaliar a Spirit, pois entendia o nicho de negócio que a empresa liderava — a criação de fuselagens de aviões e a montagem de asas. Por causa dessa familiaridade, o Scopia pôde examinar mais profundamente os negócios da Spirit e determinar se os problemas que o mercado detectava eram de fato sinais de alerta. Por exemplo, quando a Spirit construiu seu negócio do 787 com a Boeing, os fluxos de caixa da empresa despencaram porque a Boeing ainda estava na fase de projeto e, portanto, o processo de fabricação atrasou. Enquanto isso, a Spirit aguardava com um enorme estoque de peças. Para os investidores,

essas circunstâncias eram preocupantes. Na maioria dos casos, esse cenário teria sido uma grande oportunidade de venda a descoberto.

Olhando mais de perto, o Scopia não via essa situação como um problema. Embora os fluxos de caixa da Spirit estivessem negativos, isso era apenas temporário. Uma vez que seus projetos entrassem em produção, a situação mudaria, e esses encargos únicos no seu balanço patrimonial desapareceriam. Seus contratos com a Boeing, a Airbus e a Gulfstream eram de longo prazo e cobriam a vida útil da plataforma; em outras palavras, desde que essas empresas estivessem trabalhando nessas plataformas, a Spirit seria a fabricante.

Quais são alguns dos riscos associados a acumular estoque para um projeto futuro? Pense no desconto e no valor temporal do dinheiro, e também na natureza do risco.

Existem duas questões principais aqui. Primeiro, a Spirit está pagando agora por fluxos de caixa futuros incertos que podem ou não se realizar. Segundo, ela está apostando que seus estoques acumulados não se tornarão obsoletos e sem valor. A primeira preocupação é genérica para todos os investimentos, enquanto a segunda é particularmente crítica para o estoque.

Nem tudo foi flores com o investimento do Scopia na Spirit. Ele estava confiante de que o preço por lucro da empresa poderia subir para US\$3,50 por ação e que o preço das ações poderia subir para mais de US\$40. Mas, no início do investimento, a Spirit teve que assumir outro grande encargo, e as ações, que giravam em torno de US$20 e poucos, caíram para menos que isso. Nesse ponto, o Scopia teve que decidir se deveria adicionar mais ações ou sair do investimento. Alguns investidores veem quedas de ações como oportunidades para comprar mais ações. Acredita-se que o mercado está mal informado; então, por que não duplicar a um preço mais baixo?

A equipe do Scopia deu um passo atrás, analisou seu valuation inicial e examinou a nova situação. Por fim, a empresa decidiu investir mais na Spirit — esses encargos, mais uma vez, foram pontuais. Depois que os problemas em seus negócios desapareceram, e quando seus projetos de aviões entraram em produção, a Spirit começou a seguir a trajetória que o Scopia havia antecipado. A Figura 5-3 mostra os movimentos dos preços das ações da Spirit de 2010 a 2017.

Lições da Dell

Em 13 de setembro de 2013, uma das empresas de tecnologia mais emblemáticas, a Dell Computer, virou uma empresa de capital privado por meio de uma compra realizada pela gestão atual. Seu fundador e CEO, Michael Dell, estava trabalhando com a firma de capital privado Silver Lake para comprá-la.

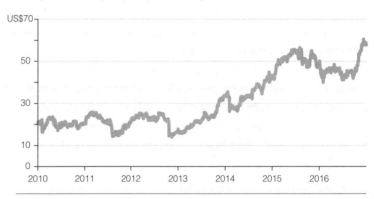

FIGURA 5-3

Desempenho das ações da Spirit AeroSystems, 2010–2017

Desde o anúncio da transação proposta, em fevereiro de 2013, os acionistas lutaram contra a compra. Michael Dell foi acusado por seu papel no processo e, por fim, o caso foi levado ao tribunal para ser resolvido. Percorrer as condições que levaram à compra pela gestão, ao processo de oferta e ao processo judicial subsequente que tentou determinar um valuation preciso da Dell pode reforçar uma série de lições que vimos nos últimos capítulos.

Em 1983, Michael Dell fundou a empresa em seu dormitório para calouros na Universidade do Texas. Em 2012, a Dell tornou-se uma empresa global de tecnologia que vendia PCs, servidores e dispositivos de armazenamento. Mais recentemente, Michael se convenceu de que, para transformar a empresa, ele teria que ramificá-la em software e serviços, como muitos de seus concorrentes haviam feito. Muitos analistas discordaram da abordagem; o faturamento estagnou-se e os lucros estavam em queda. De muitas formas, Michael sentiu que o mercado simplesmente não entendia o que ele estava tentando fazer. Durante o primeiro semestre de 2012, as ações caíram de US$18 para US$12, enquanto o mercado subiu quase 25%. Sentindo-se bastante incompreendido, Michael começou a explorar a possibilidade de tornar a empresa privada por meio de uma compra pela gerência. Assim, ele seria capaz de reconstruí-la, transformá-la em sua visão e fazê-lo sem o escrutínio dos mercados de capitais públicos.

Considerando que Michael Dell era um dos possíveis compradores, o conselho formou um comitê para revisar a proposta de compra da gerência. Vários valuations foram feitos para o conselho e para diferentes compradores, incluindo as empresas de capital privado Silver Lake e KKR. Quando as ofertas foram avaliadas, o mercado havia reduzido o preço das ações para quase US$9,35, e, no final de 2012, a Dell informou que a receita havia caído 11% e os lucros, 28% (veja a Figura 5-4).

Para analisar a compra e definir os preços de oferta, o conselho da Dell precisava de duas coisas — uma noção do valor das métricas de economia que Michael Dell estava propondo e uma ideia de como as firmas de capital privado avaliariam a empresa.

A gerência da Dell identificou US$3,3 bilhões em economia potencial de custos. A pedido do conselho da Dell, em 3 de janeiro

FIGURA 5-4

Desempenho das ações da Dell, janeiro de 2011–janeiro de 2013

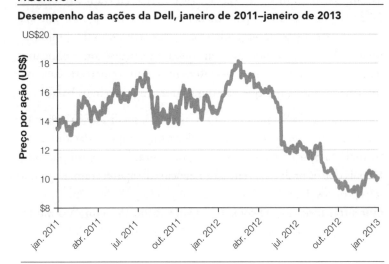

de 2013, a Silver Lake, que havia contratado o Boston Consulting Group (BCG) para ajudar no valuation, criou três cenários para a economia potencial de custos:

- Um cenário de base, em que não houve economia.
- O cenário de 25% do BCG, em que houve 25% de economia.
- O cenário de 75% do BCG, em que houve 75% de economia.

O BCG acreditava que o cenário de 25% era possível, mas duvidava do de 75%, pois este exigiria que a Dell atingisse margens mais altas do que qualquer outra concorrente já havia alcançado. Isso deu à diretoria da Dell uma noção dos fluxos de caixa. Depois, era preciso ter uma ideia de como as empresas de capital privado avaliariam a Dell.

A suposição era de que a Dell seria mantida com capital privado por quatro anos e meio antes que uma oferta pública devolvesse as ações ao mercado público. Usando os cenários para determinar a quantidade de economia de custos, junto com outras suposições previstas, foram determinados preços futuros das ações em quatro anos e meio, dependendo do cenário de economia de custos: US$32,49, US$35,24 e US$40,65, respectivamente.

Com esses cenários e preços futuros em mãos, o JP Morgan, em nome do conselho da Dell, tentou calcular um preço que um adquirente pagaria pela empresa. Para o patrimônio privado, não é incomum trabalhar em retrospecto — determine o preço futuro pelo qual espera vender a empresa, a taxa de retorno que gostaria de obter e depois desconte o preço a essa taxa de retorno para determinar quanto pagaria hoje. A Tabela 5-6 resume os preços das ações que um adquirente pagaria para obter um retorno de 20%, 25% ou 30%, presumindo cenários específicos e preços futuros das ações.

Em que esse método se assemelha ou se diferencia do método de fluxo de caixa descontado?

Nessa situação, o investidor está determinando a taxa de retorno exigida — não como uma função do risco do ativo, mas em função do

TABELA 5-6

Preços das ações do Boston Consulting Group para cenários variados

Taxa de retorno interno	Cenário de base, sem economia	25% de economia	75% de economia
20%	US$13,23	US$14,52	US$17,08
25	12,67	13,75	15,88
30	12,23	13,13	14,92

que gostaria de ganhar — e um valor atual que pagaria para alcançá-la, descontando os futuros fluxos de caixa esperados. Uma análise do fluxo de caixa descontado tenta encontrar uma taxa de desconto adequada e determinar o valor atual de um ativo. Por outro lado, o método descrito determina o retorno desejado em um vácuo e o preço que produziria esse retorno. Pode parecer muito semelhante a uma análise DCF (fluxo de caixa descontado); ela ainda pega os fluxos de caixa e os desconta para encontrar um valor, mas esse método não busca chegar a uma avaliação de valor; procura encontrar um preço pelo qual um retorno será alcançado.

Em 15 de janeiro de 2013, a Silver Lake e Michael Dell fizeram uma oferta pela empresa de US$12,90 por ação. Três dias depois, o conselho de administração da Dell rejeitou a oferta e decidiu estabelecer um preço mínimo de venda antes de concordar com qualquer negócio.

178 Finanças... Simples Assim!

Qual você acha que é um bom preço mínimo para a diretoria definir e por quê? Lembre-se de que a diretoria da Dell quer atrair investidores para fazer ofertas por sua empresa, mas também não quer abrir mão de muito valor. Considere também a probabilidade da ocorrência de vários cenários (crie porcentagens que julga razoáveis). Não há resposta certa ou errada, pois qualquer resposta será baseada em suas próprias suposições e crenças.

Com base nessas projeções, o conselho da Dell decidiu um preço mínimo de US$13,60 por ação antes de iniciar o processo de ofertas. Esse preço mínimo foi distribuído a todos os possíveis ofertantes.

A maldição do vencedor

A diretoria começou a aceitar ofertas. Por fim, Michael e a Silver Lake apresentaram a oferta vencedora e a empresa foi vendida por quase US$14 por ação. Embora essa oferta tenha sido 40% superior ao baixo preço das ações, US$9,35, muitos acionistas suspeitaram da transação. Eles achavam que o valor era realmente maior. Estavam particularmente preocupados com o fato de a natureza dessa transação comprometer o processo de oferta e enfatizaram dois problemas. Primeiro, de várias formas, Michael Dell estava fazendo papel de vendedor em nome da empresa e de seus acionistas e de comprador em conjunto com a Silver Lake, a empresa de capital privado. Por ser comprador e vendedor, os acionistas argumentaram que havia um conflito de interesses inerente. Mais importante, como Michael

Dell era um potencial comprador e tinha todas as informações sendo CEO da empresa, isso criou um problema informacional. Ele tinha mais informações sobre a empresa e conhecia o melhor valor. Após a conclusão do leilão, qualquer um que tivesse vencido com uma oferta mais alta que a de Michael se arrependeria, já que a pessoa com mais informações tinha feito uma oferta menor. Essa é uma versão da maldição do vencedor que pode ajudar a minar um processo competitivo.

O processo

Vamos analisar como o negócio realmente se desenrolou. Primeiro, em 3 de fevereiro de 2013, Michael Dell e a Silver Lake propuseram um preço de compra de US$13,65 por ação. Os acionistas ficaram irritados de imediato. Em 5 de março, Carl Icahn e a Icahn Enterprises propuseram que a Dell realizasse uma recapitalização alavancada no valor de US$22,81 por ação (por meio de um dividendo de US$9 e um preço de compra de US$13,81; para mais informações sobre recapitalizações alavancadas, veja o Capítulo 6). Em 22 de março, a empresa de investimentos Blackstone negociou uma transação a US$14,25 por ação, mas decidiu não realizá-la sem "igualdade de condições". Em 19 de junho, Icahn enviou uma proposta aos acionistas da Dell para eleger uma lista alternativa de membros da diretoria que impediriam a fusão.

Em resposta, em 31 de julho, Michael Dell e a Silver Lake aumentaram sua oferta para US$13,96 por ação e propuseram um processo de votação modificado, em que menos acionistas precisariam aprovar o acordo. O conselho aceitou essas condições em 2 de agosto e, em uma reunião extraordinária em 12 de setembro de 2013, os acionistas detentores de 57% das ações da empresa votaram a favor da fusão.

No entanto, muitos acionistas permaneceram irritados. Alguns investidores discordaram das explicações do CEO para o recente desempenho ruim das ações da Dell, alegando que ele havia reduzido o preço dessas ações para reduzir a quantia que teria que pagar para assumir o controle da empresa. Às vezes, a gerência pode manipular operações ou valores contábeis para fazer a empresa parecer melhor (veja o Capítulo 3); neste caso, os acionistas alegaram que Michael havia usado seu poder como gestor para fazer com que a empresa parecesse pior e ganhasse um preço de barganha durante a compra.

O maior acionista da Dell, a Southeastern Asset Management, caracterizou suas preocupações ao dizer que o acordo atual "fica muito aquém", acrescentando que "parece ser um esforço para adquirir a Dell com um desconto substancial em relação ao valor intrínseco às custas dos acionistas públicos".[1]

Confira novamente o desempenho da Dell entre 2011 e 2012 (veja a Figura 5-4). O preço da Dell sofreu após maus resultados ao longo de 2012, mas caiu ainda mais após uma mudança nas orientações divulgadas em 16 de agosto. Naquele dia, a Dell informou que suas estimativas de crescimento de faturamento haviam sido revisadas de 5% a 9% para 1% a 5%. Michael Dell era o CEO naquele momento e, em 14 de agosto, decidiu que queria tornar a empresa privada.

Os acionistas ainda discordaram da maneira como sentiram que a diretoria havia lidado com a compra. Em um momento de frustração, Icahn caracterizou a diretoria da Dell da seguinte maneira: "Perguntamos brincando: 'Qual é a diferença entre a Dell e uma ditadura?' A resposta: a maioria das ditaduras eficazes precisa adiar a votação apenas uma vez para vencer [...] A diretoria da Dell, como muitas neste país, me lembra das últimas palavras de Clark Gable em *E o Vento Levou* — eles simplesmente 'não se importam'."[2]

Por fim, os acionistas se opuseram à maneira como o processo de oferta havia sido conduzido; como Michael tinha pleno conhecimento das previsões internas da empresa, quem faria uma oferta contra seu valuation declarado? No processo judicial que se seguiu, o juiz caracterizou o problema da maldição do vencedor da seguinte forma: "Você não faz ofertas sobre o conteúdo da carteira de outra pessoa quando ela sabe quanto dinheiro há nela."[3]

Com todas essas questões, pode parecer impossível conduzir um processo de oferta justo. Se você fosse Michael Dell, o que poderia ter feito para criar igualdade de condições?

Embora ser totalmente transparente em relação a todos os documentos pareça uma solução adequada, é provável que isso não deixasse Michael Dell em uma boa posição de negociação para fazer uma oferta competitiva. Talvez a melhor solução fosse ele se retirar totalmente do processo, tanto como ofertante quanto como CEO da Dell. Da forma como foi, era impossível ignorar as preocupações com as informações. Leon Cooperman, analista de Wall Street, caracterizou o acordo como "um caso gigante de informações privilegiadas da gerência contra acionistas".[4] O resultado dessas preocupações foi o litígio. Os acionistas solicitaram ao tribunal uma avaliação para ver se o valor de US$14 por ação era justo.

Nesses tipos de litígios, ambas as partes geralmente nomeiam testemunhas especializadas que tentam fazer o valuation da empresa e ajudar o juiz a descobrir o valor correto. Os dois especialistas chegaram a números bastante diferentes, que reforçavam a perspectiva da parte que representavam. Em particular, o especialista de Michael e da Silver Lake apresentou um valor da empresa inferior a US$13 por ação, sugerindo que o preço de US$14 era mais do que justo. Por outro lado, o especialista dos acionistas que se sentiram enganados avaliou a empresa pelo dobro do valor da oferta de US$14, por quase US$29.

Assim, no final das contas, os dois especialistas fizeram valuations que variaram de US$13 a US$29 — uma diferença de quase US$28 bilhões! Como dois especialistas poderiam propor valuations tão diferentes? Os processos de valuation que eles empregaram integram os autos desse julgamento e oferecem uma grande oportunidade de reforçar uma série de lições sobre valuation.

Por que e como os especialistas apresentaram valuations tão diferentes?

Primeiro, e talvez mais importante, eles usaram a análise de cenário do BCG de formas muito diferentes. O especialista dos acionistas utilizou cenários que incluíam situações bastante otimistas para as economias de custo subjacentes, enquanto o especialista de Michael e da Silver Lake utilizou suposições relativamente pessimistas sobre o que aconteceria com essas economias.

Além dessa diferença na análise de cenário, eles usaram uma variedade de outras informações diferentes para seus modelos. Em particular, os dois usaram taxas de crescimento diferentes, de 1% e 2%, para seus valores terminais. Para completar, o especialista dos acionistas usou uma taxa de imposto de 21%, enquanto o de Michael e da Silver Lake usou uma taxa de 18%, mas depois a elevou para 36% no período terminal. Eles discordaram a respeito da estrutura de capital correta, o beta correto, e, curiosamente, do prêmio de risco de mercado apropriado para a empresa. O especialista dos acionistas utilizou um prêmio de risco de mercado menor, de 5,5%, enquanto o de Michael e da Silver Lake utilizou um de quase um ponto mais alto, 6,4%. Por fim, os dois especialistas diferiram quanto ao montante de caixa que a empresa realmente precisava e a quanto caixa líquido havia na Dell.

No final, o tribunal decidiu que o valor justo da Dell não eram os US$14 por ação acordados no momento da venda, mas US$18 por ação. O tribunal concluiu que a empresa foi vendida por 25% a menos do que deveria. A conclusão do caso resultou em Michael e na Silver Lake pagando os US$4 adicionais aos acionistas.

O futuro

Essa decisão foi controversa. Os defensores dos acionistas aplaudiram, mas outros se perguntaram sobre o precedente criado por essa decisão. O *New York Times* expressou preocupação de que isso "poderia levar a uma série de ações judiciais e questionamentos acerca do preço da próxima grande fusão".[5]

Curiosamente, no processo, o juiz declarou de maneira explícita que acreditava que Michael Dell e a gerência da empresa haviam agido de forma ética; no entanto, o preço não era justo. Ele declarou: "É importante enfatizar que, diferentemente de outras situações que esse tribunal enfrentou, não há evidências de que o Sr. Dell ou sua equipe de gestão tenha procurado criar um valuation desconectado da realidade. Pelo contrário, eles tentaram convencer o mercado de

que a companhia valia mais", ainda assim, "a evidência anterior, juntamente com outras evidências registradas, estabelecem a existência de uma lacuna significativa de valuation entre o preço de mercado das ações comuns e o valor intrínseco da companhia."[6]

Por fim, o que esse caso sugere sobre valuation em geral? Depois de concluir um valuation, o que você deve fazer com ele?

Essa história reflete várias lições do Capítulo 3 sobre a importância de incentivos e informações, que estão claramente presentes na aquisição feita pela gestão da Dell. Primeiro, os incentivos de Michael Dell como vendedor e comprador não estavam exatamente claros; o conflito de interesses é a base desse caso. Segundo, a empresa (o vendedor) também era o comprador (na pessoa de Michael). Foi isso que levou ao cenário de maldição do vencedor, em que ninguém queria fazer ofertas mais altas que Michael e a Silver Lake.

O exemplo também destaca várias lições sobre valuation. Primeiro, destaca a importância de analisar cenários e considerar os fluxos de caixa esperados. Segundo, mostra como todas as diferentes suposições em um valuation são importantes para determinar o valor atual. Finalmente, e talvez o mais importante, a história reflete a ideia de que o valuation é uma arte, e não uma ciência. Dois especialistas respeitados chegaram a valores extremamente diferentes com base em diferentes suposições.

Quiz

Algumas perguntas podem ter mais de uma resposta.

1. Você trabalha para um conglomerado industrial interessado na aquisição de uma empresa siderúrgica. Depois de testar seu modelo de valuation em vários cenários, você obtém três resultados. Primeiro, o pior cenário tem uma probabilidade de 25% de acontecer e a empresa vale $50 bilhões. O cenário de base tem 50% de chance de acontecer e a empresa vale $100 bilhões. Por fim, o melhor cenário tem 25% de chance de acontecer e a empresa vale $200 bilhões. Qual é o valor mais alto que você ofereceria pela empresa?

   A. $50 bilhões.

   B. $100 bilhões.

   C. $112,5 bilhões.

   D. $200 bilhões.

2. Você trabalha para uma fábrica de papel que deseja adquirir uma empresa madeireira para reduzir custos. Estima que o valor atual da madeireira atualmente em operação é de $500 milhões, com base na análise do fluxo de caixa descontado. Comprando a empresa madeireira, você acredita que poderá criar sinergias com um valor presente de $50 milhões, na forma de custos reduzidos e integração vertical. A madeireira é negociada publicamente, então é possível ver que o mercado está avaliando a empresa em $400 milhões (considerando o número de ações e seu preço e contabilizando dívidas e caixa). Se deseja manter toda a criação de valor de sinergia para a fábrica de papel, qual é sua oferta mais alta pela empresa?

   A. $50 milhões.

   B. $400 milhões.

   C. $500 milhões.

   D. $550 milhões.

3. A Tabela 5-7 traz amostras de índices P/L de três empresas de fast food em 1º de agosto de 2016: McDonald's, The Wendy's Company e Yum! Brands. Qual das alternativas a seguir é uma explicação possível para as diferenças nesses índices?

TABELA 5-7

Índices de preço/lucro para três empresas de fast food

Empresa	Índice Preço/Lucro
McDonald's	22,0
Wendy's	20,7
Yum!	27,4

A. O mercado acredita que a Yum! Brands tem mais oportunidades de crescimento do que a Wendy's ou o McDonald's.

B. O McDonald's tem uma taxa de desconto mais alta que a da Wendy's.

C. A Wendy's tem uma taxa de desconto mais baixa que a Yum! Brands.

D. O McDonald's tem lucros mais altos que a Yum! Brands ou a Wendy's.

4. A empresa em que você trabalha acaba de adquirir uma de suas concorrentes. Imediatamente após o anúncio, as ações da sua empresa caíram 10%, resultando na perda de $50 milhões em capitalização de mercado. As ações da empresa-alvo aumentaram 15%, resultando em um ganho de $25 milhões em capitalização de mercado. Qual das alternativas a seguir ocorreu como parte da aquisição?

A. Criação e transferência de valor do adquirente para o alvo.

B. Criação e transferência de valor do alvo para o adquirente.

C. Destruição de valor e transferência de riqueza do adquirente para o alvo.

D. Destruição de valor e transferência de riqueza do alvo para o adquirente.

5. Qual das alternativas a seguir *não* é um exemplo de múltiplo de valuation?

A. Preço/lucro.

B. Valor da empresa/EBITDA.

C. Ativos circulantes/passivos circulantes.

D. Capitalização de mercado/EBITDA.

6. Em 31 de dezembro de 2016, a Goodyear Tire and Rubber Company tinha um múltiplo do valor da empresa/fluxo de caixa livre de 16,1. Quais das suposições implícitas a seguir provavelmente eram verdadeiras?

A. Uma taxa de desconto de 5% e 4% de crescimento.

B. Uma taxa de desconto de 12% e nenhum crescimento.

C. Uma taxa de desconto de 9% e 3% de crescimento.

D. Uma taxa de desconto de 20% e 5% de crescimento.

184 Finanças... Simples Assim!

7. Na tentativa de descobrir quanto deve pagar por um financiamento estudantil, você faz um valuation. Estima que o curso aumentará seus ganhos anuais em $1.000 a cada ano, o que aumentará juntamente com o seu salário a 3% ao ano. Considerando outros investimentos igualmente arriscados, você calcula uma taxa de desconto de 13%. Por uma questão de conveniência, suponha que viverá para sempre (normalmente não há muita diferença entre isso e 20 a 30 anos de fluxos de caixa). Qual é o valor máximo que está disposto a pagar por esse curso?

   A. $1 mil.
   B. $3 mil.
   C. $5 mil.
   D. $10 mil.

8. Você está considerando dois projetos e só pode escolher um: o primeiro tem uma **TIR** de 15% e o outro, de 25%. O **WACC** é de 12%. Qual deles você deve escolher?

   A. O projeto com a TIR de 15%.
   B. O projeto com a TIR de 25%.
   C. Nenhum — ambos os projetos destroem valor.
   D. O projeto com uma TIR de 25% é provavelmente preferível, mas você deve realizar uma análise do fluxo de caixa descontado.

9. Você está na equipe de aquisição que avalia uma fábrica de doces, tentando encontrar oportunidades melhores do que a taxa de crescimento de 2% a 4% na economia geral. Seu assistente preparou o valuation preliminar que você está revisando. É possível ver que ele supôs uma taxa de crescimento de 6% nos dois primeiros anos, com base na taxa média de crescimento da indústria e, em seguida, usou essa taxa de crescimento de 6% como parte da perpetuidade crescente no valor terminal, cujo valor presente, você percebe, representa 80% do valuation total do negócio. Com base nesses números, ele estimou o valor da empresa em $100 milhões. Além disso, estimou que o valor presente das sinergias é de $20 milhões. Atualmente, a empresa tem $50 milhões em dívidas e $10 milhões de caixa em mãos. Seu assistente recomenda pagar $120 milhões pelo patrimônio da empresa, que, ele explica, é a soma do valuation da empresa mais suas sinergias. Qual das alternativas a seguir é um erro que seu assistente pode ter cometido? (Marque todas as alternativas que se aplicam.)

   A. Uma taxa de crescimento muito alta no valor terminal.
   B. Basear sua taxa de crescimento no setor.
   C. Basear o preço de compra no valor da empresa, e não no valor do patrimônio.
   D. Pagar pelas sinergias.

10. Qual dos seguintes projetos certamente criará valor para o seu negócio?

- **A.** Um projeto com um VPL de $100 milhões.
- **B.** Um projeto com um período de payback de dois anos.
- **C.** Um projeto com uma TIR de 15%.
- **D.** Um projeto com um valor presente (VP) de $200 milhões.

Resumo do Capítulo

O valuation é central para finanças e gestão. Alguns métodos discutidos, como múltiplos, são apenas métodos de atalho. Outros, como a TIR, podem ser úteis, mas dar errado. Felizmente, existe a joia da coroa: a análise do fluxo de caixa descontado, que oferece uma maneira de entender o valor de uma empresa como o valor presente de todos os fluxos de caixa futuros.

O exercício de previsão, no entanto, nos leva a uma das lições mais importantes deste capítulo — valuation é uma arte justificada pela ciência. Há alguma ciência envolvida, mas, em essência, o valuation é subjetivo e carregado de julgamento. Temos que garantir que não cometamos erros sistematicamente, como superestimar sinergias ou subestimar a intensidade de capital de uma empresa. A lição final sobre valuation é que, se você realmente deseja entender uma empresa, faça um valuation dela. Somente pensando no futuro, nos fluxos de caixa, na intensidade de capital de uma empresa e em seu risco é que você pode realmente entendê-la.

Agora que discutimos o valor como função dos fluxos de caixa livres e das taxas de desconto, há uma questão final a ser abordada. O que as empresas devem fazer com todos esses fluxos de caixa livres? Como devem devolvê-lo aos provedores de capital? Ou devem investir em coisas novas? Como devem alocar todos esses fluxos de caixa livres entre as empresas e os provedores de capital? Essas perguntas são os assuntos do próximo capítulo.

6

Alocação de Capital

Como tomar as decisões mais importantes frente a CEOs e diretores financeiros

Em 2013, os acionistas da Apple se revoltaram contra Tim Cook porque não aprovavam as crescentes pilhas de dinheiro da empresa e queriam que ele as distribuísse aos acionistas. Qual seria a diferença se o dinheiro estivesse no balanço patrimonial da Apple ou nos bolsos dos acionistas? Desde então, a empresa distribuiu mais de US$280 bilhões aos acionistas, em grande parte comprando ações de volta. Isso foi sensato?

Na época da revolta, a Alphabet (também conhecida como Google) mudou sua estrutura acionária para garantir que nunca enfrentasse tal situação, aumentando os direitos de voto dos principais acionistas. Desde então, a empresa gerou montanhas de dinheiro, mas distribuiu muito pouco, optando por reinvesti-lo em seus vários negócios. Isso foi sensato?

Nos capítulos anteriores, vimos como a geração de fluxo de caixa livre é fundamental para analisar de que forma, e se, as empresas criam valor. Mas isso leva a outra pergunta: uma vez que uma empresa esteja gerando fluxos de caixa livres, o que a gestão deve fazer com esse dinheiro? Os gerentes devem investi-lo em novos projetos? Adquirir empresas? Distribuí-lo a seus acionistas? Nos últimos anos, vimos um grande aumento das recompras de ações. Por que as empresas estão adotando essa prática?

Todo CEO e diretor financeiro deve responder a essas perguntas centrais. Juntas, elas determinam o processo de alocação de capital. Com os lucros corporativos e os níveis de caixa em patamares históricos, a questão de como alocar capital é cada vez mais proeminente, e os acionistas são cada vez menos tolerantes a erros. O problema da alocação de capital é outra maneira de estruturar a questão que introduzimos no Capítulo 3: os provedores confiam seu capital aos gerentes e consideram o cumprimento da obrigação relacionada um indicador central de quão bem a gestão está fazendo o seu trabalho.

Uma Árvore de Decisão para Alocação de Capital

O problema de alocação de capital é mais bem entendido como uma série encadeada de decisões, como pode ser visto na Figura 6-1. A primeira pergunta que um gerente deve abordar envolve a disponibilidade de projetos de valor presente líquido (VPL) positivo nos quais despender dinheiro. A criação de valor é fundamental para o trabalho de um gerente, e esse processo envolve superar o custo do capital ano após ano e crescer, como vimos no Capítulo 4.

Se projetos com VPL positivo estiverem disponíveis, o gerente deve executá-los. Esses projetos podem envolver crescimento orgânico — digamos, a introdução de novos produtos ou compra de novos ativos fixos — ou crescimento inorgânico, por meio de fusões e aquisições. Se não houver oportunidades de criação de valor — ou seja, projetos com VPL positivo —, o gerente deve distribuir o dinheiro aos acionistas por meio de dividendos ou recompras de ações. Se escolher dividendos, será preciso decidir se haverá a criação de um dividendo regular ou a emissão de um dividendo especial e único.

FIGURA 6-1

A árvore de decisão da alocação de capital

Embora essa árvore de decisão na Figura 6-1 pareça simples, existem inúmeros perigos e enganos que podem confundir a gestão quando ela escolhe que caminhos seguir. Neste capítulo, trabalharemos toda a árvore de decisão e descobriremos como executar cada trade-off e quais erros evitar.

Alocação de capital na indústria farmacêutica

A figura mostra pesquisa e desenvolvimento (P&D) e distribuições de caixa (dividendos e recompras de ações) como um percentual das vendas da Amgen, uma das maiores empresas farmacêuticas e de biotecnologia.

O que a figura diz sobre como a Amgen e a indústria farmacêutica estão abordando a alocação de capital? Por que você acha que essa abordagem está mudando? O nível de P&D permaneceu o mesmo ou diminuiu durante esse período, enquanto as distribuições — que antes não existiam — se tornaram um elemento importante do processo de alocação de capital. Isso sugere que a Amgen simplesmente não consegue encontrar oportunidades de investimento suficientes, considerando os fluxos de caixa que está gerando. Se a empresa estiver alocando bem o capital, os acionistas ficam em uma situação melhor do que se os gerentes tivessem investido em produtos ou pesquisas que não produziriam retornos suficientes. Se não estiver, pode estar investindo menos em P&D para satisfazer acionistas impacientes.

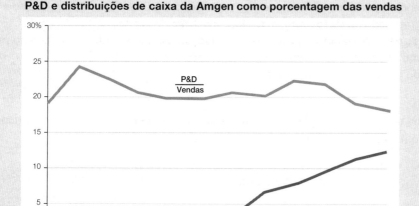

P&D e distribuições de caixa da Amgen como porcentagem das vendas

Retenção de Caixa

Se estiver em condições de fazer investimentos, existem alguns critérios básicos para tomar essa decisão. Primeiro, você precisa calcular os valores presentes líquidos de várias opções para identificar as melhores oportunidades de criação de valor. Elas podem ser orgânicas ou inorgânicas, e, embora a regra simples seja buscar a opção com os maiores valores presentes líquidos, existem vários trade-offs a considerar.

Perspectivas reais

Paul Clancy, ex-diretor financeiro da Biogen, comenta:

Defino alocação de capital como o que fazer com o excesso de geração de fluxo de caixa da empresa. Se faz tempo que uma empresa gasta muito dinheiro em P&D, isso também deve ser incluído na definição. Existem aplicações estratégicas de capital e existem aplicações de capital sob a forma de devolução de dinheiro aos acionistas. Aplicar esse capital de forma estratégica é investir em fábricas e em despesas que não atingem o resultado no curto prazo, mas são projetadas para melhorar os negócios por muito tempo. Aquisições com certeza são uma grande parte disso para uma empresa que tem uma enorme geração de fluxo de caixa e P&D. A maioria das despesas anuais de P&D também são decisões de alocação de capital; é a aplicação de capital que, do contrário, poderia ser liberado para os acionistas.

Por exemplo, como aprendemos no capítulo anterior, há muitos problemas a serem considerados ao passar por fusões ou aquisições, o que pode complicar as avaliações do valor presente.

Os perigos do crescimento inorgânico

Em contraste ao investimento orgânico, a grande tentação das fusões e aquisições (M&As) é a aparente rapidez de compra de ativos existentes em vez de dedicar tempo a construí-los. Além disso, a lógica das M&As também implica que essa compra de ativos, em oposição à sua construção, também é mais segura, pois o risco de execução foi resolvido. Embora muitas pessoas pensem que as fusões são a forma mais rápida e segura de alcançar crescimento, existem muitas complicações com as quais as empresas devem lidar antes e depois de uma transação ser concluída.

Antes da fusão

Na compra de ativos preexistentes, o vendedor tem muito mais informações sobre o ativo do que o comprador, e o comprador pode apenas fazer suposições fundamentadas (como discutimos no Capítulo 3). É por isso que a devida diligência é uma parte tão importante do processo de M&A. Os compradores precisam entender os ativos que estão adquirindo. Mas, no final, precisam se lembrar de que o vendedor tem uma grande vantagem informacional.

O que os vendedores podem fazer ao abordar uma venda? Eles podem investir menos em ativos para subestimar a intensidade de capital do negócio. Podem acelerar os faturamentos e atrasar os custos. E podem enterrar os problemas, como clientes falidos que lhes devem, declarando esses recebíveis como ainda em aberto. Intermediários, como consultores e bancos de investimento, podem ajudar os compradores com essas questões, e as próprias equipes de negociação do comprador podem descobrir os esqueletos no armário.

Infelizmente, todos os envolvidos — o vendedor, os intermediários e até as pessoas da organização do comprador que estão nessas equipes de negociação — são incentivadas a concluir a transação.

A aquisição da Autonomy pela Hewlett-Packard

Em 18 de agosto de 2011, a Hewlett-Packard, fabricante de hardware de computadores, anunciou que compraria a Autonomy, uma empresa de pesquisa e análise de dados. A HP pagou US$11,1 bilhões pela aquisição, o que correspondia a um múltiplo de 12,6 vezes o EBITDA. Esse preço foi considerado bastante alto; a avaliação da Autonomy pela Oracle indicou que US$6 bilhões seriam o valor mais alto que ela estaria disposta a pagar. Até mesmo Cathie Lesjak, diretora financeira da HP, havia se manifestado contra o acordo.

A reação do mercado ao negócio foi severa. As ações da HP caíram de US$29,51 para US$23,60 no dia do anúncio (refletindo uma queda de US$5 bilhões em capitalização de mercado). Ray Lane, presidente da diretoria da HP, foi questionado sobre o modelo de fluxo de caixa descontado (FCD) usado para analisar o valuation e as suposições subjacentes. Em resposta, ele afirmou que não estava familiarizado com o modelo FCD e enfatizou a visão estratégica da HP. Menos de um mês após o anúncio, o executivo-chefe da empresa foi afastado.

Um ano depois, a HP definiu o valor da Autonomy em US$8,8 bilhões (em outras palavras, reduziu o ativo de patrimônio de marca em seu balanço patrimonial e registrou a perda como uma despesa única), incluindo US$5 bilhões no que alegou serem "irregularidades contábeis" que atribuiu à administração da Autonomy. A HP alegou que os gestores da empresa exacerbaram métricas financeiras para enganar potenciais compradores. Em agosto de 2012, a capitalização de mercado da HP havia caído 43% desde o momento do anúncio da aquisição.

Quais erros a HP cometeu na aquisição da Autonomy?

Os erros da HP não se limitam a estes, mas incluem:

- Diligência prévia ruim.
- Análise insuficiente de práticas contábeis.
- Falta de aderência aos modelos tradicionais de valuation.
- Avaliação inadequada de possibilidades orgânicas versus possibilidades inorgânicas.

Se você não tomar cuidado, é fácil ser influenciado pelo entusiasmo alheio e acabar pagando demais. Então, a ideia de que M&As são mais seguras do que investimentos orgânicos está longe de ser bem fundamentada, e os dados sobre as taxas de falha das fusões contradizem diretamente sua suposta segurança.

Após a fusão

Embora a lógica das sinergias possa ser tentadora ao avaliar uma fusão, *perceber* essas sinergias não é tarefa trivial. No momento de uma fusão, é comum superestimar sinergias e subestimar o tempo e os custos únicos para realizá-las. Pior ainda, o adquirente pode manter duas capacidades separadas para várias funções por muito tempo, resultando em custos significativamente mais altos do que o previsto. O tempo necessário para perceber as sinergias pode ter um enorme impacto na criação de valor da fusão.

Por fim, e talvez o mais importante, as questões culturais de reunir duas organizações devem ser consideradas. Embora a dificuldade de integração cultural seja fácil de ignorar em uma planilha, as questões levantadas por essas diferenças são fundamentais e têm consequências financeiras significativas. É muito fácil esquecer que essas suposições nas células das planilhas dependem de ações humanas, logo, ignorá-las pode ser fatal. Essas questões também indicam por que a velocidade e a segurança aparentes de fusões e aquisições, em contraste ao crescimento orgânico, podem ser ilusórias.

Conglomerados

Estratégias agressivas de M&A também podem levar a conglomerados ou a empresas multidivisionais com holdings amplamente diversificadas, mas com pouco compartilhado entre si. Por exemplo, nos EUA, na década de 1960, a ITT Corporation (uma empresa de telecomunicações) tentou comprar a ABC Television, até que vários órgãos reguladores antitruste detiveram o acordo. Procurando evitar leis antitruste e ainda expandir, a ITT adquiriu empresas diferentes, como Sheraton Hotels, Avis Rent a Car e a panificadora que produz o Wonder Bread. Por fim, ela comprou mais de 300 empresas. Os conglomerados, ainda populares em algumas partes do mundo, são uma oportunidade para revisitar algumas intuições importantes sobre finanças.

Existem duas justificativas financeiras para se tornar um conglomerado. A primeira é o argumento do custo do capital. O raciocínio é o seguinte: "Ao fazer a aquisição diversificada, levarei meu custo do capital para esse alvo. Por exemplo, temos uma taxa de desconto ou custo do capital de 10% e identificamos essa empresa com um custo do capital próximo a 15%. Bem, se eu puder comprar esse alvo e colocá-lo dentro da minha empresa, ele será reavaliado por causa do meu custo do capital de 10% — e isso pode ser poderoso e criar valor." Esse pensamento é falho, pois o custo do capital correto a ser usado depende daquele negócio. Você não pode exportar seu custo de capital.

Fusão da AOL e da Time Warner

No final de 2000, a AOL e a Time Warner anunciaram uma das maiores fusões da era pontocom — um acordo avaliado em US$350 bilhões. Antes da fusão, havia grandes expectativas sobre como as duas empresas se encaixariam. Na época, a AOL tinha um serviço de internet discada dominante e a Time Warner possuía conteúdo, mas não entendia a internet. As sinergias pareciam claras e fáceis de acessar. O acordo foi apresentado como uma "fusão de iguais", mas a AOL era dominante no momento da fusão.

Logo em seguida surgiram problemas. A cultura da AOL era agressiva e direcionada às vendas, enquanto a Time Warner era uma empresa mais tradicional. Esta também descobriu irregularidades contábeis na AOL, que minavam seu suposto desempenho. À medida que os atritos aumentavam, a Time Warner começou a recuar em relação às iniciativas da AOL e encontrou outros parceiros para distribuir seu conteúdo online. Quando a internet surgiu, no início de 2001, o equilíbrio de poder mudou da AOL para a Time Warner.

A fusão entrou em colapso e o valor combinado das duas empresas hoje é uma fração do que era antes da fusão. Em março de 2009, a Time Warner separou a Time Warner Cable e, em dezembro do mesmo ano, a AOL e a Time Warner foram completamente desassociadas. A AOL foi comprada pela Verizon em 2015 e a AT&T chegou a um acordo para comprar a Time Warner em 22 de outubro de 2016. O CEO da AOL, Steve Case, concluiu: "'Visão sem execução é alucinação' resume bastante a AOL/TW."[1]

A segunda lógica financeira para diversificar é o gerenciamento de risco. Ao possuir diferentes tipos de empresas em setores distintos, acredita-se que os acionistas se beneficiem da diversificação. O pensamento equipara aquisições a portfólios de ações: se uma empresa quebrar, as outras empresas do seu portfólio o segurarão. Essa linha de raciocínio, no entanto, é falha e ignora o fato de os gestores estarem diversificando, enquanto os acionistas poderiam, sem dúvida, atingir esse gerenciamento de risco por si próprios. A lógica das finanças é que você não deve fazer algo pelos seus acionistas que eles possam fazer por si mesmos. E a diversificação no nível corporativo é exatamente isso.

De fato, os conglomerados parecem destruir valor, em vez de criá-lo. Eles costumam ser negociados com desconto, o que significa que seu valor combinado é menor do que se as empresas fossem negociadas separadamente. Por que isso acontece? Em parte, porque a alocação de capital dentro de um conglomerado é distorcida pela

A aquisição da Jaguar Land Rover

No final de março de 2008, a montadora indiana Tata Motors comprou a Jaguar Land Rover (JLR) da Ford Motor Company por US$2,3 bilhões (a Ford havia pagado US$5,4 bilhões pelas duas marcas: US$2,5 bilhões pela Jaguar em 1989 e US$2,9 bilhões pela Land Rover em 2000). O mercado não se impressionou e, como resultado, as ações da Tata Motors caíram naquele ano (de uma capitalização de mercado de US$6,93 bilhões no dia anterior ao anúncio para US$1,72 bilhão no final do ano, uma queda de 75% em um período em que o mercado em geral caiu 33%).

Após a fusão, a Tata optou por não integrar a JLR. Em vez disso, deixou-a operar como uma empresa independente. Estabeleceu metas e ofereceu suporte em mercados emergentes, mas não controlou de forma direta as operações da JLR. Como mostra a figura, essa estratégia de evitar uma integração cultural potencialmente difícil parece ter valido a pena.

Alguns analistas estimam que a JLR agora representa 90% do valuation total da Tata Motors. Em retrospecto, a decisão de não integrar a JLR funcionou extremamente bem. Mas vale a pena considerar os riscos, que incluem despesas indiretas duplicadas, bem como concorrência e confusão nos mercados de produtos e trabalho, quando uma nova aquisição opera em grande parte de forma independente.

Desempenho das ações da Tata Motors, 2004–2018

---

pressão de tratar todas as divisões da mesma forma. Nesse processo, o capital é distribuído igualmente, e não alocado para as melhores oportunidades — divisões fracas se expandem e divisões promissoras ficam desprovidas. Como consequência, elas valeriam mais separadas do que juntas.

Mas nem sempre os conglomerados são problemáticos. Em alguns mercados emergentes, eles podem ser poderosos, porque superam as imperfeições dos mercados de capitais e de trabalho, internalizando a atividade nesse conglomerado. Mas eles não são uma solução para tudo, e seus gestores devem estar atentos à possibilidade de "socializar" o capital.

Distribuindo Caixa aos Acionistas

Supondo que uma empresa não tenha projetos nos quais valha a pena investir, ela deve distribuir o caixa aos acionistas. Caso decida distribuí-lo, como isso deve ser feito? Existem duas opções principais: dividendos e recompra de ações. A maneira mais intuitiva de distribuir dinheiro é pagar um dividendo: a empresa simplesmente paga dinheiro aos seus acionistas de forma proporcional. Os dividendos podem fazer parte de um fluxo previsível ou podem ser eventos únicos e maiores — os chamados dividendos especiais.

O segundo método de distribuição de caixa — a recompra de ações — é menos intuitivo. Uma empresa compra de volta suas próprias ações no mercado aberto e depois as recolhe. Como consequência, o caixa foi distribuído e os investidores que optarem por não vender suas ações terão uma fração um pouco maior da empresa. Recompras de ações se tornaram muito populares na última década (veja a Figura 6-2).

Então, qual é o melhor método de distribuição de caixa: dividendos ou recompras de ações? Não existe uma resposta certa para essa pergunta, mas é útil começar desmistificando alguns conceitos errôneos para que você possa desenvolver intuições melhores sobre essa decisão. Por exemplo, alguns argumentam que os preços das ações sobem após recompras, porque os acionistas restantes detêm mais da empresa posteriormente. Outros argumentam que os dividendos são ruins para os acionistas porque suas ações valerão menos. Para desmistificar essas ideias e esclarecer a natureza da decisão, começaremos mostrando que *não deveria importar* se uma empresa escolhe distribuir o caixa ou não.

Em termos puramente práticos, a escolha entre dividendos e recompras é irrelevante, mas cada método potencialmente envia um sinal diferente para o mercado, e isso pode importar. Primeiro, vamos provar que *não deveria importar* e que os resultados são iguais. Observemos o balanço patrimonial baseado no mercado na Figura 6-3.

A empresa na figura possui uma grande quantia em caixa e está considerando distribuir parte dela por meio de dividendos ou recompra. Como esse balanço é baseado no mercado, os valores patrimoniais podem ser facilmente convertidos em preços das ações, e os valores dos ativos operacionais são de mercado. Se a empresa distribuir $70 desse caixa como dividendo para os acionistas, o que acontecerá com esse balanço patrimonial de valor de mercado? Considerando que há 100 ações em circulação, isso representa um dividendo de $0,70 por ação (veja a Figura 6-4).

As posses em caixa da empresa caem $70, de $100 para $30, mas o valor dos ativos operacionais permanece o mesmo. Como a dívida permanece a mesma, o valor do patrimônio também precisa cair $70

FIGURA 6-2

Dividendos versus recompras em empresas dos Estados Unidos, 2005–2016

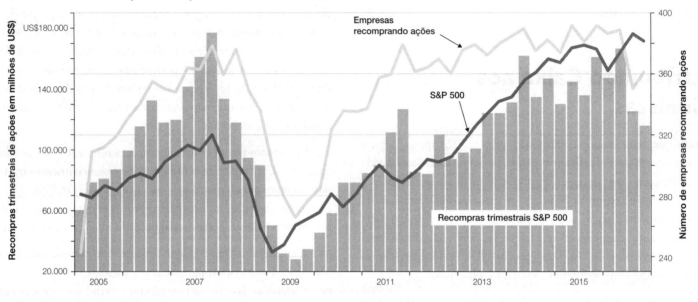

Fonte: FactSet

FIGURA 6-3

Preparando uma distribuição de caixa

Ativos		Passivos e patrimônio líquido	
Caixa	$100	Dívida	$60
Ativos operacionais	$100	Patrimônio	$140 ← 100 ações a $1,40 cada

para equilibrar o balanço patrimonial. O preço por ação cairia de $1,40 para $0,70. Como acionista, pode parecer que você está sendo prejudicado. Mas, quando leva em consideração os $0,70 em dinheiro que recebeu, você fica com $1,40. Do ponto de vista econômico, os acionistas estão na mesma posição em que estavam antes. É completamente neutro do ponto de vista do valor. Eles poderiam refazer

FIGURA 6-4
Balanço patrimonial pós-dividendos com base no mercado

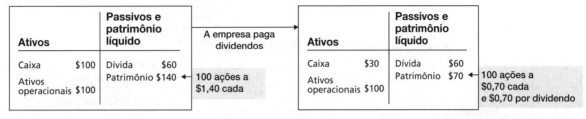

FIGURA 6-5
Balanço patrimonial pós-recompra com base no mercado

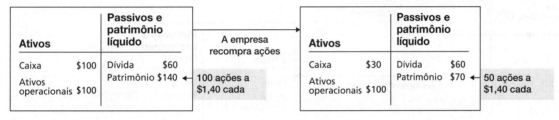

o caminho e comprar uma ação com esses $0,70 em dinheiro, e ficariam com $1,40 em ações, da mesma forma que antes.

Agora, consideremos uma distribuição de $70 do caixa de uma empresa por meio de uma recompra de $70 em ações (veja a Figura 6-5).

Mais uma vez, o caixa cai para $30, e os ativos e dívidas operacionais permanecem os mesmos. O valor do patrimônio cai para $70. Os $70 usados na compra de ações recolhe 50 ações, considerando o preço de $1,40 por ação. Qual é o novo preço das ações? O valor total do patrimônio é de $70, e agora há 50 ações em circulação; isso resulta em um preço de $1,40 por ação. E como estão os acionistas? Aqueles que venderam para a empresa ficam com $1,40 em dinheiro, e aqueles que não venderam têm uma ação no valor de $1,40. Nada mudou — é neutro do ponto de vista do valor (veja a Figura 6-6).

FIGURA 6-6
Distribuição de caixa: dividendos versus recompras de ações

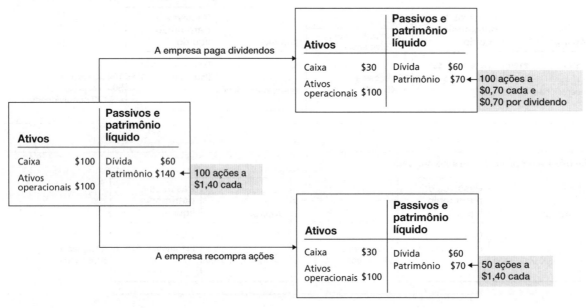

Esse exercício tem uma importante intuição central. O valor não surge ao retirar dinheiro de um bolso e colocá-lo no outro; surge da busca por projetos de VPL positivo. Se nem manter nem distribuir caixa resulta em mudança no valor, por que existe todo esse alvoroço? Por que as pessoas se preocupam tanto se as empresas seguram ou distribuem o caixa? E por que estão tão preocupadas se as empresas pagam dividendos ou não? E por que cada vez mais empresas começaram a recomprar ações?

A decisão de distribuir caixa

A neutralidade de valor de manter ou distribuir caixa é verdadeira em condições idealizadas, como nas chamadas condições de Modigliani e Miller: sem impostos, com informações perfeitas e sem custos de transação. Sob essas condições, não há consequências de valor para a mecânica de dividendos ou recompras.

No entanto, considerações da vida real impactam essas decisões. Primeiro, os impostos podem alterar as consequências para o valor. Por exemplo, durante uma recompra de ações, os investidores precisam vender suas ações e incorrer em um ganho de capital que pode ser tributado a uma taxa mais baixa, enquanto um dividendo pode ser tributado em taxas mais altas. Muitas pessoas acreditam que essas consequências fiscais são uma razão para preferir recompras em vez de dividendos.

Dois elementos críticos da vida real são as informações assimétricas e os incentivos discutidos no Capítulo 3. Como você interpretaria uma decisão da Apple de realizar uma recompra de ações? Como reagiria se a empresa decidisse pagar um dividendo?

Se relembrarmos o problema das informações assimétricas, todas as medidas são tomadas com base na informação que acredita-se que elas revelam. Se as pessoas que têm todas as informações sobre a empresa estão recomprando ações, elas devem achar que a empresa está subvalorizada e estão dispostas a pagar um preço real por esse raciocínio. Essa decisão é um sinal muito forte e ajuda a explicar por que as recompras se tornaram tão populares e são frequentemente recebidas com um aumento de preço. As reações de preço às recompras de ações são motivadas por essa interpretação de sinalização, não pela mecânica da diluição.

E quanto aos dividendos? Iniciações de dividendos podem, às vezes, receber a reação oposta, mesmo que atinjam o mesmo resultado que as recompras. Pessoas com todas as informações sobre as perspectivas da empresa estão dizendo que não conseguem encon-

trar bons investimentos e também não acham que a empresa está subvalorizada. Na verdade, elas não têm nada melhor a fazer com o seu dinheiro, então estão lhe devolvendo. Esse não é exatamente o sinal mais positivo.

É possível interpretar os aumentos de dividendos de forma positiva. Como são bastante complicados (uma vez que a empresa começa a pagá-los, é difícil parar), aumentá-los pode significar que a empresa acredita no aumento contínuo de sua lucratividade. Além disso, se a empresa mantiver esse dividendo, ela também deixa a gestão de mãos atadas em algum grau, o que alguns investidores acreditam reduzir o problema do principal-agente discutido no Capítulo 3.

De fato, considerações quanto à autonomia do agente são o outro motivo pelo qual as decisões de distribuição de caixa podem ter consequências de valor. Os gestores podem usar o caixa das empresas para cumprir suas próprias intenções, que podem não coincidir com os interesses dos acionistas. Por exemplo, à medida que o caixa se acumula, um CEO pode se sentir tentado a fazer uma aquisição que melhore sua posição no mercado de trabalho, mas que, na verdade, destrói valor. Logo, retirar caixa da empresa pode ter consequências de valor, não por causa da mecânica da distribuição, mas porque alivia as considerações quanto à autonomia do agente.

Considerações quanto à autonomia do agente também podem oferecer uma interpretação distinta da recompra de ações. Se o argumento da sinalização fosse tudo, esperaríamos que os gestores cronometrassem bem as recompras e comprassem em momento de baixa do mercado. Como visto na Figura 6-2, isso não parece estar acontecendo no todo, pois o último pico do mercado também foi o de recompras. Claramente, algumas empresas estão usando a estratégia bem e outras, mal.

Adotar a perspectiva de autonomia do agente pode ajudar a explicar esse fenômeno. Recompras de ações também podem ser usadas para atingir várias métricas operacionais. Digamos que um gestor esteja com um centavo de lucro por ação (LPA) a menos em um determinado trimestre e saiba que será punido pelo mercado por esse erro, possivelmente perdendo um bônus. Como ele pode "criar" um centavo de LPA? Uma recompra de ações reduz o número de ações em circulação e aumenta o LPA. Mas essa ilusão de curto prazo de maior lucro por ação provavelmente não faz parte dos melhores interesses dos acionistas.

Em resumo, a mecânica das distribuições de caixa muitas vezes leva as pessoas a argumentos falaciosos sobre as consequências de valor associadas à diluição ou à contagem de ações. A mecânica bruta de recompras e dividendos é completamente neutra do ponto de vista do valor. A razão pela qual essas decisões atraem tanta atenção é porque oferecem informações e abordam o problema do principal-agente, discutido no Capítulo 3.

Mitos e realidades nas decisões de financiamento

O conceito de neutralidade de valor pode nos ajudar a entender uma variedade de transações financeiras — emissões de ações, desdobra-

Perspectivas reais

Laurence Debroux, diretora financeira da Heineken, comenta:

Algumas pessoas acreditam que, se você distribuir dividendos ou fizer recompras, significa que não tem nenhum bom projeto no qual investir. Trata-se mais de um equilíbrio. É possível ser uma empresa em crescimento e distribuir um bom dividendo ao mesmo tempo. Dez anos atrás, alguns acionistas institucionais não estavam interessados em dividendos. Eles não sabiam o que fazer com eles: era complicado recebê-los. Alguns até vendiam as ações logo antes de um dividendo ser distribuído e as compravam de volta depois para não ter que lidar com a situação.

mentos de ações, recapitalizações alavancadas e financiamentos de risco — e as ilusões e erros que elas causam. Esse desvio da alocação de capital para transações de financiamento ajudará a consolidar muitas das intuições que desenvolvemos.

Emissão de ações

Por causa da diluição, muitos consideram problemáticas as consequências de valor da emissão de ações. Especificamente, acredita-se que a emissão de ações leva a uma queda em seu preço porque os investidores acabam ficando com uma parte menor da empresa.

FIGURA 6-7
Balanço patrimonial pré-transação com base no mercado

Ativos	Passivos e patrimônio líquido	
Caixa $100	Dívida $60	
Ativos operacionais $100	Patrimônio $140	← 100 ações a $1,40 cada

Vamos retornar à empresa de exemplo e ver como funciona a emissão de ações. Mais uma vez, estamos analisando um balanço patrimonial com base no mercado (veja a Figura 6-7).

Se a empresa decidir emitir mais $70 em ações, o que acontecerá com seu balanço patrimonial com base no mercado e com o preço das ações? (Veja a Figura 6-8.)

Depois que a empresa emitir $70 em ações, terá $70 a mais em caixa, totalizando $170; seus ativos operacionais e o nível da dívida permanecem os mesmos; logo, o valor de mercado do patrimônio líquido agora é de $210. Quanto valem as ações? Para refletir sobre isso, precisamos saber quantas estão em circulação após a emissão. As ações são vendidas a $1,40 cada, então levantar $70 exigiria que a empresa emitisse 50 ações ($70 divididos por $1,40). Isso resulta em 150 ações em circulação, para serem divididas por $210 em patrimônio. Portanto, as ações devem ser vendidas a $1,40 cada ($210 divididos por 150), exatamente como antes.

Emitir ações não diminuiu o preço das ações da empresa — ele continua exatamente o mesmo. Em geral, esta é uma manifestação da lição de que a criação de valor ocorre na parte de ativos do balanço patrimonial, não de financiamento. E a diluição? Os acionistas agora podem ter uma porcentagem de ações menor, mas o todo é maior.

Mesmo assim, quando as empresas emitem ações, seu preço geralmente diminui. Por que você acha que isso acontece? No Capí-

FIGURA 6-8
Balanço patrimonial pós-financiamento com base no mercado

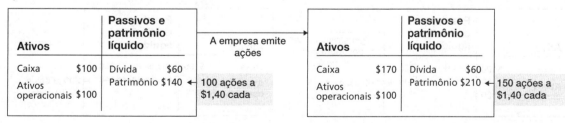

tulo 3, vimos a natureza do problema informacional dos mercados de capitais. Quando as empresas emitem ações, elas são vendedoras dessas ações. Isso inevitavelmente levanta questões sobre por que estão optando por angariar fundos com a venda de ações, em vez de usar dívidas ou lucros gerados internamente. Resumindo, a emissão de ações envia um sinal negativo.

Desdobramento de ações

Uma confusão semelhante pode surgir em relação ao desdobramento de ações. Digamos que a empresa decida desdobrar suas ações em dois para um. Em outras palavras, para cada ação que um investidor possui, ele agora terá duas. Isso também pode ser denominado dividendo de ações: todo detentor de uma ação receberá uma ação. O que acontecerá com o balanço patrimonial com base no mercado e com o valor das ações da empresa? (Veja a Figura 6-9.)

O balanço patrimonial com base no mercado não mudará, porque não houve mudanças nas operações ou nas fontes de financiamento. Quanto vale cada ação? Ainda há $140 de patrimônio, mas agora ele está dividido em mais de 200 ações, então cada uma vale $0,70 ($140 divididos por 200). Os investidores não perderam valor. Cada um deles tinha uma ação no valor de $1,40. Agora, eles têm duas ações no valor de $0,70 cada, totalizando $1,40. Nenhum valor foi criado ou destruído por esse desdobramento de ações.

Algumas empresas desdobram suas ações para tornar seu preço mais atraente para investidores menores, mas Warren Buffett se recusou a aderir à prática. A empresa dele, a Berkshire Hathaway, atualmente possui ações classe A que são negociadas a mais de US$215 mil cada. Seu raciocínio é que o desdobramento de ações não tem sentido e apenas incentiva o interesse de curto prazo em uma ação por um preço aparentemente mais barato. Em 1983, Buffett indagou: "Nós realmente melhoraríamos nosso grupo de acionistas trocando alguns dos presentes membros pensantes por no-

FIGURA 6-9

Balanço patrimonial pós-desdobramento com base no mercado

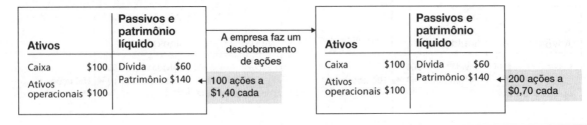

vatos impressionáveis que, preferindo papel a valor, se sentem mais ricos com dez notas de US$10 do que com uma nota de US$100?"[2] (Em 1996, ele introduziu ações classe B vendidas por um trigésimo do preço das ações classe A, a fim de permitir que mais investidores comprassem suas ações. Desde então, essas ações classe B realizaram desdobramentos.)

Esses tipos de ações podem eliminar atritos em algumas circunstâncias. Em 2011, o Citigroup realizou um desdobramento de ações inverso: para cada dez ações detidas, os investidores receberam uma ação. A empresa fez isso porque o preço de suas ações havia caído para US$4, e muitos investidores institucionais têm diretrizes que os impedem de comprar ações por menos de US$5. Com esse desdobramento de ações inverso, o Citigroup elevou o preço de suas ações para US$40 e conseguiu acessar um importante grupo de investidores. Desdobramentos de ações, em si, não criam valor, mas podem ter consequências de valor devido a imperfeições do mercado, assim como ocorre na emissão de ações.

Recapitalização alavancada

Uma recapitalização alavancada parece uma transação complicada e assustadora, mas é apenas uma combinação de transações que já vimos. Na verdade, é um grande dividendo financiado pela emissão de dívida. Imagine que o fundo de private equity que possui uma empresa deseja realizar uma recapitalização alavancada. A empresa pegará emprestado $60 adicionais e os combinará com $40 de seu caixa para pagar um dividendo especial de $100 aos seus acionistas. O que acontecerá com o balanço patrimonial com base no mercado e quanto valerão as ações? (Veja a Figura 6-10.)

Primeiro, a dívida aumentará em $60, e o caixa também aumentará em $60, resultando em $160. Depois, o caixa diminuirá em $100, porque será usado para pagar um dividendo. Somando o valor de mercado dos ativos operacionais e o caixa restante, e subtraindo as dívidas, ficamos com $40 em valor patrimonial. O que isso significa para os acionistas? Agora, as 100 ações valem $0,40 cada

FIGURA 6-10

Balanço patrimonial pós-recapitalização com base no mercado

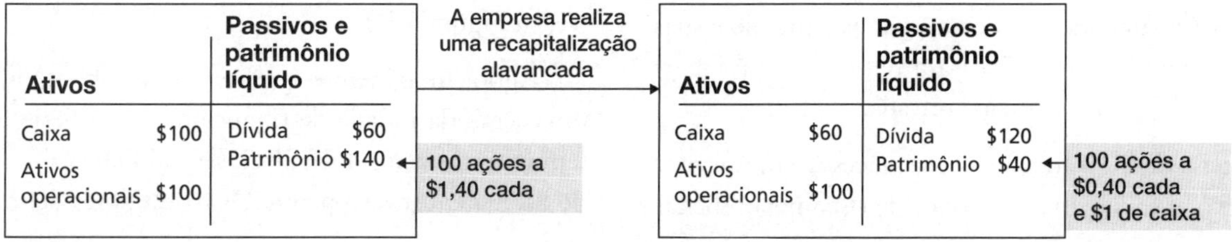

($40 divididos por 100 ações), mas os acionistas também receberam um dividendo de $100, dividido entre essas ações — ou $1 cada ($100 dividido por 100 ações). Isso resulta nos mesmos $1,40 por ação que o fundo possuía antes.

A mecânica dessa transação não gera necessariamente consequências de valor, mas pode haver consequências de valor por causa de outros fatores. Em específico, o patrimônio agora é substancialmente mais arriscado, e isso deve ser associado a retornos esperados mais altos (como vimos no Capítulo 4) e a valores mais baixos.

Financiamento de risco

Conforme as empresas crescem e exigem mais financiamento, seus fundadores encontram investidores — os chamados investidores anjos — para fornecer esse financiamento. Esse processo geralmente ocorre mais de uma vez, e as diferentes rodadas de financiamento são chamadas de Série A, Série B e assim por diante, e também podem incluir empresas profissionais de capital de risco.

Imaginemos uma empresa novinha em folha. Antes da primeira rodada de financiamento externo, seu balanço patrimonial é um pouco ambíguo. Os fundadores são donos do patrimônio e suas ideias são os ativos da empresa. Eles alocaram 100 ações para si mesmos, mas a empresa ainda é inteiramente privada.

A empresa precisa de $100 adicionais para investir em um projeto de VPL positivo, e vai até um investidor de risco para solicitar esse valor. Ele diz: "Eu lhe darei os $100 em financiamento, mas, em troca, quero possuir 20% da empresa." Ao fazer essa oferta, o investidor de risco valorizou implicitamente a empresa.

Se 20% do patrimônio da empresa vale $100, então 100% deve valer $500. E, se os balanços tiverem que ser equilibrados, $500 também será o valor de todos os ativos. Como a empresa terá $100 em caixa imediatamente após o financiamento, isso significa que o ativo restante — o negócio que os fundadores construíram até agora — vale $400. Os $500 na parte de patrimônio líquido do balanço são divididos entre os fundadores (80%) e os investidores de risco (20%); então, a participação dos fundadores vale $400 ($500 multiplicados por 80%) e a dos investidores de risco, $100 ($500 multiplicados por 20%). Por fim, são emitidas 25 ações para investidores de risco que representam sua parte no patrimônio líquido, de um total de 125 ações (os fundadores atualmente possuem 100 ações, e 100 ações representam 80% de 125; da mesma forma, 25 ações representam 20% de 125). O valor de cada ação é de $4 ($500 de patrimônio dividido por 125 ações). Essa rodada de financiamento valoriza de forma implícita a empresa antes do financiamento (isso às vezes é chamado de valor pré-financiamento) e depois dele (o valor pós-financiamento) (veja a Figura 6-11).

Agora, imaginemos que a empresa volte alguns anos depois para uma segunda rodada de financiamento (a Série B). A empresa não tem mais dinheiro disponível (seu saldo de caixa é $0) e está pedindo $1.000 em investimento. Os investidores Série B pedem 50% da

FIGURA 6-11

Balanço patrimonial pós-Série A, com base no mercado

Ativos		Passivos e patrimônio líquido		
Caixa	$100	Patrimônio (fundadores)	$400	} 125 ações a $4 cada
Valor da empresa	$400	Patrimônio (investidores)	$100	

empresa em troca do investimento de $1.000. Como fica o balanço patrimonial após essa rodada de financiamento e quanto valem as ações nesse momento?

Os investidores Série B estão oferecendo $1.000 por 50% da empresa. Após o investimento, haverá $1.000 em caixa, além dos negócios existentes. Se os $1.000 representam 50% da empresa, todo o patrimônio vale $2.000. Isso significa que a empresa agora vale $1.000 ($2.000 do valor total dos ativos – $1.000 em caixa).

Os fundadores possuem 100 ações e os investidores Série A, 25. Essas 125 ações valem $1.000, ou $8 por ação ($1.000 divididos por 125). Isso significa que o valor das ações dos fundadores agora é de $800 ($8 vezes 100), e o das ações dos investidores Série A, de $200 ($8 vezes 25). Por fim, 125 ações são emitidas aos investidores Série B para representar sua propriedade de 50%, que vale $1.000 (veja a Figura 6-12).

O patrimônio líquido dos fundadores foi diluído? Eles possuíam 100% da empresa e ações em um valor desconhecido; após a primeira rodada de financiamento, passaram a possuir 80% da empresa e ações no valor de $4 cada ($400); e agora, após a segunda rodada de financiamento, detêm 40% da empresa e ações no valor de $8 cada ($800). A cada rodada de financiamento, seu patrimônio é diluído, mas suas apostas aumentam em valor, porque o todo também está aumentando.

O processo de emissão de ações é particularmente tenso no caso de novos empreendimentos, porque esses financiamentos envolvem dizer realmente ao fundador quanto eles valem. Mas a mecânica dos financiamentos de ações não gera consequências de valor. De maneira semelhante, distribuições, por si, não mudam o valor, mas aquelas que alteram o risco das ações, como recapitalizações alavan-

FIGURA 6-12

Balanço patrimonial pós-Série B com base no mercado

Ativos		Passivos e patrimônio líquido		
Caixa	$1.000	**Patrimônio** (fundadores) $800		} 250 ações a $8 cada
Valor da empresa	$1.000	**Patrimônio** (investidores A) $200		
		Patrimônio (investidores A) $1.000		

cadas, podem ter um impacto no valor, pois alteram não apenas o risco, mas também os retornos esperados e os preços, como vimos no Capítulo 4.

O caixa nos balanços patrimoniais

E se as empresas não distribuem nem investem? E se elas apenas acumularem caixa? Nos últimos dez anos, essa situação se tornou mais comum e deixou muitos exasperados. Por que segurar caixa? Existem várias razões possíveis para isso. Primeiro, e mais importante, houve penalizações tributárias significativas a empresas dos Estados Unidos que mantivessem dinheiro no exterior (essas penalizações foram reduzidas pelo Congresso do país no final de 2017). Segundo, como vimos no Capítulo 1, os saldos de caixa podem servir como garantia em tempos difíceis. Por fim, é possível que elas estejam apenas esperando para encontrar o investimento certo.

Os seis principais erros na alocação de capital

Considerando a importância da alocação de capital, é útil destacar precisamente como as coisas podem dar errado. Estes são seis dos maiores erros que ocorrem durante o processo.

- **Atraso na tomada de decisão.** Não tomar decisões de alocação de capital resulta no aumento dos níveis de caixa nos balanços corporativos. Esses níveis crescentes de caixa em geral frustram os acionistas, pois eles começam a questionar por que os gestores não conseguem empregar capital. Além disso, esse caixa pode atrair a atenção de investidores ativistas, que podem usá-lo como financiamento para tornar a empresa privada.

- **Tentar criar valor por meio de recompras de ações.** Às vezes, gestores justificam recompras alegando que criam valor para os acionistas ao comprar ações mais baratas. Na verdade, não é possível criar valor por meio de recompras de ações. Na melhor das hipóteses, essas recompras transferem valor entre os acionistas, dependendo de seus preços. Os gestores só conseguem criar valor investindo em projetos de VPL positivo.

- **Preferir aquisições a investimentos orgânicos porque elas são mais rápidas e seguras.** Aquisições parecem ser mais rápidas e seguras, mas podem, na verdade, ser o oposto. Devido aos problemas informacionais entre vendedores e compradores, pode ser arriscado adquirir empresas, e as questões de integração associadas às aquisições podem anular quaisquer ganhos pretendidos.

Alocação de Capital 209

Escolhas de distribuição da Costco

Desde 2000, a Costco (clube de compras varejista e atacadista) utilizou diversas opções de distribuição de caixa (dividendos regulares, dividendos especiais e recompras de ações). O gráfico mostra o desempenho das ações da Costco em comparação ao uso dessas diferentes opções.

Podemos ver como a Costco aumentou lentamente seus dividendos regulares enquanto testava outros métodos, como grandes recompras de ações de 2005 a 2008 e uma rodada pesada de dividendos especiais únicos em 2013 e 2015.

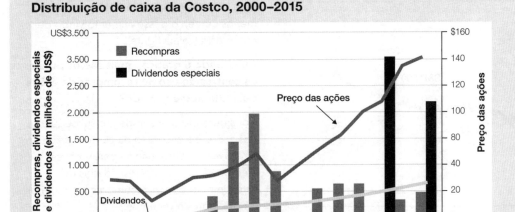

Qual a sua opinião sobre o momento das decisões da Costco em relação a recompras e dividendos?

Certamente parece que a Costco fez suas recompras de maneira sábia, considerando a subsequente valorização das ações. Enquanto isso, a empresa também utilizou dividendos regulares e dividendos especiais.

- **Preferir recompras a dividendos porque as recompras são arbitrárias, enquanto os dividendos, não.** Na verdade, os acionistas podem tanto se acostumar com um fluxo constante de recompras quanto com um de dividendos. Além disso, eles valorizam o comprometimento de uma empresa com o pagamento de dividendos, que podem resultar em ganhos próprios. Por fim, dividendos especiais são uma maneira simples de distribuir dinheiro que, explicitamente, não gera expectativas de dividendos futuros.

Recompras e LPA da IBM

Nos últimos anos, a IBM adotou as recompras de ações. Desde 2005, a empresa distribuiu mais de US$125 bilhões em recompras de ações e mais de US$32 bilhões em dividendos. Isso se compara a US$82 bilhões em pesquisa e desenvolvimento e a US$18 bilhões em investimentos.

Em 2007, a empresa anunciou um plano para aumentar seu LPA para US$10 por ação até 2010, por meio de uma combinação de margens, aquisição, crescimento e recompras. Em 2010, aumentou essa meta para US$20 por ação até 2015, com pelo menos um terço desse aumento vindo de recompras (veja a figura).

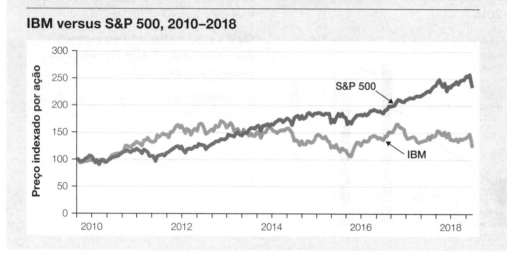

Analisando o gráfico, quais são os prós e os contras do uso de recompras de ações pela IBM nesse período?

Considerando o desempenho subsequente das ações e a ascensão da computação em nuvem, é difícil não se perguntar se a empresa perdeu oportunidades de investimento e se as recompras foram feitas nos melhores momentos.

- **Preferir reinvestir caixa para construir um negócio maior.** Tamanho, em vez de criação de valor, pode rapidamente se tornar um objetivo dos gestores, pois é mais divertido administrar um negócio maior. A construção de impérios pode se tornar uma meta importante para os gestores, o que pode contradizer sua atribuição de serem bons administradores do capital.

- **Distribuir caixa em excesso para satisfazer acionistas de curto prazo.** Negligenciar projetos de VPL positivo é tão problemático quanto buscar tamanho em detrimento de criação de valor. Lucros em curto prazo e pressão de acionistas que se preocupam apenas com essas métricas de curto prazo podem fazer com que um gestor negligencie bons investimentos.

IDEIAS EM AÇÃO

Aquisição da Convergence Pharmaceuticals pela Biogen — Riscos de Integração

Em janeiro de 2015, a Biogen anunciou a aquisição da Convergence Pharmaceuticals, uma empresa que trabalha no desenvolvimento de terapias medicamentosas para dor neuropática. A Convergence era uma pequena empresa de biotecnologia com sede em Cambridge, Inglaterra. A GlaxoSmithKline, uma das principais empresas do setor farmacêutico, deixou de priorizar suas terapias para controle de dor, desmembrou a Convergence e lhe deu um financiamento semente para continuar sua pesquisa. Ao mesmo tempo, a Biogen começou a priorizar terapias e medicamentos para dor neuropática e a buscar oportunidades de aquisições.

Em uma conferência, um dos cientistas da Biogen ouviu falar da Convergence e de sua terapia para neuralgia do trigêmeo, uma forma debilitante de dor facial. Na época, a Convergence estava mostrando o que chamava de dados da Fase II — basicamente, a empresa estava perto de obter a prova de conceito.

Para uma pequena aquisição como essa, a Biogen começou examinando a ciência, avaliando a probabilidade de a terapia chegar ao mercado e pesquisando se ela estava ou não protegida por uma patente. A partir daí, o pessoal das finanças entrou em cena. Trabalhando com vendas e marketing, começaram a formar a base para um modelo de VPL que levava em consideração os custos de desenvolvimento. Depois, analisaram uma série de resultados para decidir se aquela era uma aquisição atraente.

Como você incorporaria o risco tecnológico de um novo produto farmacêutico no valuation de uma aquisição? Como a potencial existência de sinergias afetaria suas ofertas inicial e final?

Você deve modelar o risco tecnológico criando vários cenários ao desenvolver seu valuation. Com base na probabilidade desses cenários (por exemplo, qualquer coisa, desde a tecnologia ser inútil até ela dar muito certo), você pode criar uma média ponderada para eles a fim de gerar seu valor final esperado para a aquisição.

Também deve pensar no valor individual e no valor que fornecerá a essa empresa. Quando fizer a proposta, o valor esperado, incluindo o valor adicionado, deve ser sua oferta final e definitiva, enquanto sua oferta inicial pode ser baseada no valuation de uma perspectiva individual.

A Convergence é o que Paul Clancy, diretor financeiro da Biogen, chama de produto de uma molécula — ou seja, uma terapia para uma doença. Como o uso do produto é limitado, o risco é alto. Então, a Biogen procurou mitigar parte desse risco. Como a Convergence era uma pequena empresa que precisava de mais recursos, a Biogen ofereceu dinheiro antecipadamente para cobrir seus custos de financiamento e, depois, uma porcentagem dos lucros futuros. Dessa forma, tanto a Biogen quanto a Convergence estavam arriscando a própria pele.

Com um instrumento de CVR (direito de valor contingente), a recompensa para o vendedor é a função de um evento futuro, como o desempenho do medicamento ou de uma aquisição. Como um CVR realoca os riscos no acordo Biogen-Convergence e por que Clancy gostaria de usar esse instrumento?

Ao usar um CVR, a Biogen transferiu alguns riscos para o vendedor, em relação a uma aquisição definitiva. Essa transferência faz sentido por várias razões. Apenas vendedores confiantes estariam dispostos a aceitar um CVR quando confrontados com o instrumento, por isso a prática exclui aqueles com perspectivas mais fracas. Além disso, a Biogen garantiu que não pagaria demais caso a tecnologia falhasse. Por fim, o CVR incentiva o vendedor a trabalhar arduamente para garantir o sucesso do medicamento. O instrumento aborda o profundo problema das informações assimétricas nesse cenário — a Convergence conhece o valor da molécula que está vendendo melhor do que a Biogen jamais conheceria.

Após a conclusão da aquisição, a Biogen iniciou a fase de integração. A pergunta era: a Convergence deveria permanecer na Inglaterra ou ser levada para os Estados Unidos? A princípio, a Biogen decidiu manter a empresa onde estava. Se fosse um projeto comercializável, ela reconsideraria. Ao manter a equipe da Convergence na Inglaterra, a Biogen pensou que poderia preservar seu espírito empreendedor.

Quais seriam alguns dos desafios se a Biogen decidisse integrar completamente a Convergence?

Existem muitos desafios:

- Os cientistas que desenvolveram o tratamento podem não querer se mudar para Boston, o que pode resultar na perda de conhecimento sobre como continuar o processo de desenvolvimento.
- Confrontos culturais podem impedir a integração se a equipe da Convergence não for mais totalmente autônoma.
- Os membros da equipe da Convergence foram incentivados a trabalhar em equipe e ter resultados. Ao integrá-los totalmente, essa dinâmica de equipe pode ser perdida.

Por fim, a Biogen manteve a Convergence separada por dois anos antes de transferir a P&D e a produção de medicamentos para outras instalações, momento em que fechou as instalações originais da empresa.

Heineken na Etiópia — Os Riscos de Expandir em Outro País

Como a Biogen, a Heineken é uma grande empresa que, em geral, se expande por meio de aquisições, principalmente quando está tentando entrar em um novo país. Em 2012, a cervejaria comprou duas empresas na Etiópia como parte de sua expansão para a África. A Heineken achou que valia a pena investir no país, com sua economia em rápido desenvolvimento, sua população jovem e seu consumo relativamente baixo de cerveja.

Além de todas as preocupações normais ao adquirir uma empresa, quais são as preocupações financeiras de fazer essa aquisição em outro país?

Existem vários riscos em potencial, incluindo:

- O risco de ser exposto a uma moeda estrangeira. Como o faturamento é denominado na moeda do outro país, mudanças no valor dessa moeda podem afetar os fluxos de caixa totais, uma vez que esses fluxos são convertidos na moeda do local de sede da empresa.
- Os riscos associados a acordos comerciais ou tributação.
- Os riscos de que as projeções de faturamento sejam inferiores ao esperado devido a diferentes gostos culturais.

- O risco político do país — uma possibilidade de um futuro governo confiscar cervejarias próprias do país.

Sempre que uma empresa possui operações em um novo país, a logística pode ser particularmente problemática. Grandes empresas, como a Heineken, têm especialistas em logística e negociações que podem oferecer as melhores estimativas do custo. Mas custos de logística podem causar estragos nas previsões financeiras. Por exemplo, existem os custos de descarga para remover mercadorias de navios; se você não conseguir carregar as mercadorias nos caminhões em tempo hábil, os fornecedores cobrarão uma taxa para cada dia de atraso. Esses custos extras podem distorcer as previsões.

Em um mercado emergente como a África, geralmente existem custos inesperados, como os de logística. Como é possível incorporá-los ao seu VPL inicial para a aquisição?

Assim como com o risco de trazer um novo medicamento ao mercado, você pode usar cenários para analisar a probabilidade de resultados pessimistas. Para produzir esses cenários corretamente, é necessário pesquisar a empresa e o país no qual está pensando em investir. A média ponderada desses cenários, com suas probabilidades associadas, é o melhor valuation que você pode obter em meio a esse tipo de incerteza.

Perspectivas reais

Laurence Debroux, diretora financeira da Heineken, comenta:

Não há nada pior que colocar duas empresas lado a lado e dizer: "Vamos pegar o melhor das duas, agir com calma, escolher nosso sistema integral de gestão empresarial (ERP) e ver o que fazer com a TI." As pessoas ficarão totalmente desmotivadas e não saberão onde estão. Na verdade, é melhor saber que seu chefe não foi apontado como futuro chefe da organização do que ficar no meio do nada sem saber o que vai acontecer com a empresa. Assim, é possível tomar decisões claras — "Eu fico ou vou embora? Se ficar, estou suficientemente motivado? Será que trabalho com a pessoa que estão me dizendo que administrará as coisas amanhã?" É preciso clareza, e, quanto mais cedo houver essa clareza, melhor é para a empresa e para as pessoas.

Que desafios você acredita que uma aquisição estrangeira cria para a integração?

Nas práticas de trabalho, não apenas da empresa, mas também do país, há a chance de as diferenças culturais serem maiores. Perceber as sinergias pode ser mais difícil do que se imagina. Por exemplo, não é possível integrar um call center de TI se houver uma barreira de idioma. Além disso, existem os obstáculos de integrar uma empresa a milhares de quilômetros de distância. A gestão local pode não ter um incentivo para trabalhar com você e resistir às suas mudanças.

Incorporar todos esses problemas em potencial em uma análise de cenário é fundamental para tomar a decisão certa.

As Recompras de Ações da Biogen

Antes de 2015, a Biogen havia alcançado um crescimento impressionante, entre 20% e 40%. Impulsionada pelo sucesso do Tecfidera, um tratamento para a esclerose múltipla, a empresa quase dobrou seus negócios. Como estava acumulando caixa e suas perspectivas financeiras eram consistentes, os investidores estavam especialmente interessados em entender o que a empresa planejava fazer com seu excesso de caixa.

Em 2015, Paul Clancy, diretor financeiro da empresa, se reuniu com a diretoria e obteve a aprovação para um programa de US$5 bilhões em recompras de ações, que a empresa planejava implementar ao longo de muitos anos. Quando a diretoria aprovou o programa, o preço das ações da Biogen estava alto, variando na casa dos US$300, então a empresa decidiu esperar para implementá-lo.

Alguns meses depois, quando o crescimento do Tecfidera começou a moderar, o preço das ações caiu para cerca de US$200. Nos cálculos de Clancy, o mercado estava errado e subvalorizava a empresa em cerca de 20%. A Biogen também estava, de acordo com o diretor financeiro, "trabalhando intensamente em seu pipeline por meio de aquisições rápidas e vários programas orgânicos que [...] podem se concretizar nos próximos dois anos".

Quais vantagens e desvantagens Clancy tem sobre os analistas e investidores da Biogen ao fazer um valuation da própria empresa?

Diferentemente dos analistas externos, é provável que Clancy saiba muito mais sobre as perspectivas futuras da empresa e de seus medicamentos. A desvantagem é que ele pode não ter uma perspectiva externa e seus pontos de vista podem ser enviesados por estar dentro da empresa. Levando em conta a queda no preço das ações, Clancy e sua equipe na Biogen decidiram seguir em frente e agilizar o programa de recompra.

Quais são as vantagens de realizar recompras de ações em um curto período de tempo? (Dica: pense nos sinais enviados.)

As vantagens são que uma empresa enviaria um forte sinal de que acredita que o preço de suas ações está subvalorizado. Recompras regulares de ações sugerem uma política de recompra, enquanto recompras de muitas ações de uma vez só indicam uma crença na subavaliação das ações. A Figura 6-13 mostra o programa de recompra de ações da Biogen, incluindo os valores e o desempenho das ações da empresa desde janeiro de 2015. Até julho de 2017, as ações flutuavam pouco abaixo de US$300 cada, antes de saltar para cerca de US$350 com o anúncio de uma nova terapia para o mal de Alzheimer.

FIGURA 6-13
Programa de recompra de ações versus desempenho das ações da Biogen, 2012–2018

Você acha que a recompra de ações da Biogen foi bem-sucedida? Por quê?

No total, a Biogen comprou de volta US$5,46 bilhões, a uma média ponderada de US$303,66. No final de 2018, o preço das ações da Biogen era de US$325.

A Revolta dos Acionistas contra a Apple

Investidores ativistas estão cada vez mais pressionando os gestores a justificar suas decisões de alocação de capital. Em 2012, ao mesmo tempo que a Apple estava se saindo bem nos mercados de produtos, os acionistas se revoltaram. Na época, a empresa havia acumulado mais de US$130 bilhões em caixa. O valor de mercado de suas ações era de US$560 bilhões, o que significava que a empresa estava avaliada em US$430 bilhões (seu valor de mercado menos seu excesso de caixa). Os investidores, liderados por David Einhorn e Carl Icahn, decidiram se revoltar.

Na opinião de Einhorn e Icahn, a Apple estava agindo como um banco, e seu caixa estava armazenado com juros de 0%. Eles pediram à empresa que distribuísse parte desse caixa. A Apple resistiu a essas demandas por dois motivos. Primeiro, a economia mundial não era estável, portanto o caixa armazenado poderia ser necessário em uma data futura para evitar problemas. Segundo, ela poderia usar o caixa para futuras oportunidades de investimento.

Em teoria, as explicações da Apple eram boas. O problema era que a quantia em caixa excedia muito os valores plausíveis associados a essas explicações. Se o negócio desmoronasse, por exemplo, poderia continuar por muitos anos com muito menos caixa. O mesmo valia para os investimentos. Mesmo que a Apple quisesse adquirir uma empresa — o que nunca fez parte de seu histórico de crescimento —, US$130 bilhões eram suficientes para comprar a Hewlett-Packard três vezes. Na verdade, sua aquisição mais recente na época era a Beats, por apenas US$3 bilhões.

Havia outra grande razão pela qual a Apple era resistente a dividendos e recompras. Como a maior parte de seu caixa estava na Irlanda, levá-lo de volta para os Estados Unidos poderia causar consequências fiscais que a empresa não queria. Para contornar o problema, Einhorn propôs o que chamou de iPref. Ele observou que a Apple estava negociando a US$450 por ação e produzindo US$45 em LPA por um múltiplo P/L de 10X. O investidor propôs pegar US$10 dos US$45 em LPA e distribuí-los aos acionistas na forma de dividendos iPref. Mais especificamente, cada acionista receberia cinco iPrefs para cada ação comum que possuísse, e cada um desses iPrefs receberia US$2 em dividendos por ano. Na verdade, Einhorn estava dividindo os US$45 de LPA em US$35 de ganhos associados às ações comuns e US$10 de ganhos associados às ações iPref.

Por que fazer tudo isso? Segundo Einhorn, esse movimento desbloquearia grandes montantes de valor. As novas ações comuns seriam avaliadas segundo o mesmo índice P/L de 10X, como eram originalmente, e valeriam US$350. E o novo iPref seria avaliado como um título muito seguro por causa do dinheiro na Irlanda, para que os investidores ficassem felizes com um retorno de 4%. A disposição de viver com um retorno de 4% implica que os cinco iPrefs seriam avaliados coletivamente em US$250 (US$50 × 4% = US$10 em dividendos). Ou seja, o iPref seria avaliado em um múltiplo de 25X, ou um retorno de 4%. Assim, uma ação com valor anterior de US$450 seria dividida, e seu valor combinado subiria para US$600 (US$250 + US$350).

Como Einhorn conseguiria criar US$150 por ação com essa engenharia financeira? O que há de errado com esse plano? O que aconteceu com a ideia de neutralidade de valor?

Einhorn estava sugerindo que, dividindo os US$45 de lucros em US$35 para as ações comuns e US$10 para o iPref, o valor aumentaria. Como ele conseguiu isso? O segredo é pensar que ele poderia supor com segurança esses múltiplos de 25X para o iPref e 10X para as novas ações comuns.

Qual dessas duas suposições — 25X para o iPref ou 10X para as comuns — é suspeita? Inicialmente, a suposição de 25X pode parecer suspeita, mas isso é razoável, considerando o baixo rendimento dos títulos regulares e a segurança do iPref. A suposição suspeita é manter o múltiplo de P/L das ações comuns da mesma forma que era antes, em 10X. É uma afirmação de que o fluxo de lucros de US$45 das antigas ações comuns deve ser avaliado da mesma forma que o fluxo de lucros de US$35 das novas ações comuns.

Mas esses dois fluxos de lucros são iguais? Por causa do iPref na estrutura de capital da Apple, as novas ações comuns são um pouco mais arriscadas. Na verdade, Einhorn está dizendo que você não se importa com riscos: pagará o mesmo valor pela ação comum antes, 10X, como pagará depois que houver uma reivindicação adicional. Isso significa que você não cobrará nenhum retorno adicional por suportar esse risco adicional. Essa é provavelmente uma suposição dúbia. As ações comuns seriam negociadas com um múltiplo de lucros mais baixo devido ao maior retorno esperado que está associado ao maior risco suportado (veja a Figura 4-11).

Imagine que você é a Apple. Einhorn criou uma revolta pelos iPrefs, e seus acionistas estão exigindo que você faça alguma coisa. Você concorda com a ideia do iPref, mesmo sabendo que o que Einhorn promete não se concretizará? Tenta mostrar para seus acionistas que o cálculo dele é duvidoso? Distribui dividendos? Recompra ações?

Embora a lógica de Einhorn fosse um pouco duvidosa, a Apple de fato cedeu, lançou um dos maiores programas de recompra de ações já feitos e aumentou seu dividendo em várias vezes ao longo do tempo. A empresa se comprometeu a distribuir mais de US$100 bilhões até o final de 2015. Ao mesmo tempo em que concordou em distribuir caixa, pegou emprestados cerca de US$20 bilhões. Por que pegar emprestado quando você já tem grandes quantias de dinheiro? Um dos motivos é que ela queria evitar impostos sobre o dinheiro que estava trazendo de volta da Irlanda. Esse padrão continua. Em 2018, a Apple tinha cerca de US$115 bilhões em dívidas, distribuiu

US$290 bilhões, em grande parte por meio de recompras, e detinha cerca de US$280 bilhões em caixa. Ela financiou boa parte de seus retornos aos acionistas com empréstimos.

Com o tempo, e principalmente nos anúncios dessas distribuições de caixa, as ações da Apple subiram um pouco e finalmente se desdobraram. A lógica de Einhorn estava errada, e era provável que ele soubesse disso. Mas ele conseguiu esclarecer o problema de caixa na Apple. E a gerência da empresa de fato declarou: "Tudo bem, distribuiremos esses fluxos de caixa e seguiremos pelo ramo de distribuição na árvore de alocação de capital."

Quiz

Algumas perguntas podem ter mais de uma resposta.

1. Em 14 de fevereiro de 2017, a Humana, Inc. anunciou um programa de recompra de ações de US$2 bilhões, com US$1,5 bilhão acelerado até o primeiro trimestre de 2017. Imediatamente, o preço das ações subiu de US$205 cada para US$207. Qual das seguintes opções é a razão pela qual os preços das ações sobem após o anúncio de uma recompra?

    A. Sinalização.

    B. Antidiluição.

    C. Criação de valor.

    D. Impostos.

2. Em setembro de 2016, a Bayer anunciou a aquisição da Monsanto por US$66 bilhões. Qual das seguintes alternativas é uma preocupação para a Bayer após concluir essa aquisição? (Marque todas as alternativas que se aplicam.)

    A. Diligência prévia.

    B. Percepção das sinergias.

    C. Integração cultural.

    D. Taxas de crescimento terminal precisas.

3. Sua empresa possui $1 milhão em fluxos de caixa livres e está tentando decidir como alocar esse capital entre crescimento orgânico, dividendos e recompra de ações. A empresa tem a oportunidade de se comprometer com crescimento orgânico, que exige um investimento de $1 milhão e um VPL de $2,3 milhões. Como alternativa, você pode oferecer um dividendo de $1 a cada um de seus acionistas, que totalizam 1 milhão, ou recomprar 100 mil ações por $10 cada. O que sua empresa deve fazer?

    A. Usar o $1 milhão no projeto de crescimento orgânico.

    B. Distribuir $1 milhão em dividendos.

    C. Distribuir $1 milhão por meio de um programa de recompra de ações.

    D. Oferecer um dividendo de $0,50 e usar os $500 mil restantes para comprar 50 mil ações.

4. **Do ponto de vista financeiro, que questão pode ser levantada sobre os conglomerados?**

   A. Eles obtêm vantagens valiosas de diversificação que criam valor para seus acionistas.

   B. Eles podem se integrar horizontalmente para controlar preços.

   C. A ampla experiência em vários setores permite valuations melhores.

   D. Os acionistas podem diversificar por conta própria e não precisam que a empresa faça isso por eles.

5. **Em outubro de 2016, a Microsoft anunciou um programa de recompra de ações de US$40 bilhões. Qual das seguintes alternativas é a razão pela qual os acionistas talvez prefiram recompras de ações a dividendos? (Marque todas as alternativas que se aplicam.)**

   A. Recompras de ações podem ser tributadas a uma taxa favorável comparada aos dividendos (usando a taxa de imposto sobre ganhos de capital em vez da taxa de imposto de renda).

   B. Recompras de ações sinalizam que a empresa acha que suas ações estão subvalorizadas.

   C. Dividendos diluem o valor das ações existentes.

   D. Dividendos destroem o valor ao reduzir a quantidade de caixa mantido pela empresa.

6. **Qual das seguintes técnicas de valuation reduz o risco de pagar demais por uma aquisição?**

   A. Sinalização.

   B. Integração cultural.

   C. Maximização do valuation de sinergia.

   D. Análise de cenários.

7. **Em 2016, as empresas canadenses emitiram mais ações do que nunca. Por que essa prática geralmente causa uma queda no preço das ações de uma empresa?**

   A. Diluição.

   B. Sinalização.

   C. Emitir ações sempre destrói valor.

   D. Os investidores preferem que as empresas usem o dinheiro arrecadado com a emissão de ações para realizar recompras de ações.

8. **Por que um CEO inescrupuloso realizaria uma recompra de ações? (Marque todas as alternativas que se aplicam.)**

   A. Para aumentar o LPA a fim de atingir uma meta.

   B. Para enviar um sinal falso de que o CEO acredita que suas ações estão subvalorizadas.

C. Os dividendos são tributados de maneira diferente das recompras de ações.

D. Diferentemente dos dividendos, que são regulamentados por lei, as recompras de ações são regulamentadas pela Comissão de Valores Mobiliários.

9. **Qual das alternativas a seguir cria mais valor?**

A. Projetos com VPL positivo.

B. Distribuição de dividendos.

C. Recompras de ações.

D. Nenhuma das alternativas acima.

10. **Qual das alternativas a seguir é o motivo de uma aquisição não dar certo? (Marque todas as alternativas que se aplicam.)**

A. Sinergias não percebidas.

B. Pagamento em excesso pela empresa adquirida.

C. Conflitos culturais.

D. Diferentes custos do capital.

Resumo do Capítulo

Cada vez mais, a alocação de capital é a preocupação central de um gestor. A possível criação ou destruição de valor a partir de más decisões de alocação (por exemplo, fusões mal concebidas e recompras mal programadas) pode diminuir as possibilidades de outras decisões gerenciais. As oportunidades e armadilhas da árvore de decisão de alocação de capital estão resumidas na Figura 6-14.

O impulso central deve ser, como sempre, buscar oportunidades de criação de valor, e recompras de ações a baixo custo não é criação de valor — é apenas redistribuição de valor. Se tiver oportunidades para criar valor, a decisão crucial é se deve buscá-las orgânica ou inorganicamente. Essa encruzilhada é um campo minado específico — lógicas comuns, como "M&A são mais rápidas" e "pense nas sinergias!", geralmente são o que faz as coisas darem errado.

A outra encruzilhada para decidir como distribuir caixa também está repleta de erros. Uma lição importante é que o caixa dentro e fora da empresa deve ter o mesmo valor — o valor é criado na parte de ativos do balanço, não por meio de decisões de financiamento. Essas decisões importam apenas no contexto de imperfeições de mercado, como impostos e informações assimétricas. Dentro dessa bifurcação, é fundamental pensar nas sinalizações, nos custos relacionados à autonomia do agente e nas consequências fiscais dessas decisões. Variar as estratégias de distribuição e usar dividendos especiais é muito poderoso.

Alocação de Capital 221

FIGURA 6-14
Gráfico resumido da tomada de decisão em relação à alocação de capital

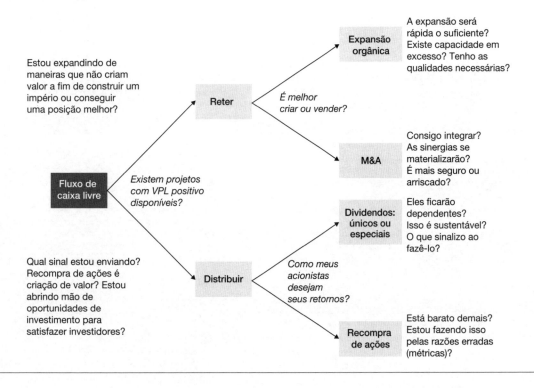

Conclusão

arabéns! Espero que você tenha achado o percurso deste livro exigente, rigoroso e divertido. Espero que se sinta mais à vontade com as várias ferramentas financeiras, como fluxos de caixa descontados, análise de índices e múltiplos, e entenda as grandes ideias gerais das finanças. A seguir, faremos um apanhado de algumas dessas grandes ideias e sugestões para continuar sua jornada no mundo das finanças.

- Mercado de capitais e finanças tratam de informações e incentivos, não de dinheiro. As finanças, em sua essência, tentam resolver o problema mais profundo do capitalismo moderno — o problema do principal-agente, ou a separação entre propriedade e controle.

- A alocação de capital é o problema financeiro mais importante que um diretor financeiro e um CEO enfrentam. Questões como quando distribuir ou reinvestir dinheiro, crescer de forma orgânica ou inorgânica e distribuir por meio de recompras ou dividendos podem ocasionar uma enorme criação ou destruição de valor.

- Todo valor vem do futuro, e os valores atuais refletem as expectativas dessa criação de valor futura. A criação de valor só pode surgir da obtenção de retornos acima e além do custo do capital por longos períodos e do reinvestimento de fluxos de caixa a esses retornos mais altos.

- O retorno sobre o patrimônio líquido (ROE) é uma métrica crucial de desempenho, e esses retornos são impulsionados pela lucratividade, pela produtividade e pela alavancagem. Analisar desempenhos financeiros exige uma estrutura comparativa e relativa; nenhum número tem significado se não for comparado a outro e se não levar em conta a dinâmica temporal e do setor.

- A ideia de lucratividade é incompleta e problemática, porque desvia a atenção da ideia de caixa: esta é a melhor métrica para os retornos econômicos. Existem muitas maneiras de medir o caixa — EBITDA, fluxo de caixa operacional e, a mais útil, fluxo de caixa livre.

- O valuation é uma arte, não uma ciência; é uma arte influenciada pela ciência, mas cujos elementos mais importantes são subjetivos, e o processo é propenso a erros. Esteja atento aos vieses ocultos inerentes a ele, especialmente o encanto das sinergias e os incentivos dos consultores.

- Os retornos devem corresponder aos riscos, e os riscos precisam ser considerados no contexto de portfólios diversificados. É difícil obter retornos em excesso, e é difícil determinar se você já os ganhou.

- Os gestores são os administradores do capital de seus fornecedores de capital. O atraso no retorno desse capital deve ser associado a recompensas proporcionais para compensar esse atraso e os riscos suportados pelos proprietários.

- Devolver dinheiro aos acionistas e várias outras decisões de financiamento por si só não criarão nem destruirão valor. O significado dessas decisões decorre dos problemas informacionais entre gestores e mercados de capitais e de outras imperfeições.

Próximos Passos

Espero que considere este livro um começo, e não um fim. Com as ferramentas e as habilidades aprendidas aqui, você está no caminho de uma vida inteira de entendimento das finanças. A receita para criação de valor deve funcionar bem, contanto que você considere os próximos passos:

- Primeiro, invista bem seu tempo precioso. Escolha um conjunto de empresas sobre as quais gostaria de pesquisar, monitore seus resultados financeiros e ouça suas teleconferências. Absorva a imprensa financeira. Sente-se com os gerentes financeiros de suas empresas e envolva-os com perguntas exploradoras.

- Segundo, continue crescendo. Deixe essas intuições servirem de base para mais conhecimento financeiro. Ensine aos outros o que você aprendeu. Tente fazer o exercício do Capítulo 1 com um ente querido. Pressione seus amigos do setor financeiro para ver se eles realmente entendem a linguagem que usam.

- Por fim, continue estudando. Aprender finanças é uma jornada contínua, e as recompensas aumentam cada vez mais conforme você investe progressivamente.

Respostas

Capítulo 1

1. **C. A alavancagem também multiplica as perdas, assim como aumenta o risco para uma empresa.** A alavancagem multiplica ganhos e perdas, aumentando o risco geral. Do lado positivo, essa multiplicação pode aumentar os lucros; no entanto, em tempos de lucratividade negativa, a alavancagem aumenta a magnitude das perdas.

2. **B. Empresas em setores estáveis e previsíveis, com fluxos de caixa confiáveis.** Como a alavancagem aumenta os riscos, as empresas com maior probabilidade de ter alavancagens altas são aquelas cujos modelos de negócios as expõem à menor quantidade de risco. Empresas de novos setores são tipicamente arriscadas, portanto o risco financeiro compõe esse risco corporativo.

3. **D. Dividendos de ações preferenciais devem estar em porcentagens pares (2%, 4% etc.).** Ações preferenciais são uma forma de patrimônio e, portanto, representam a propriedade do negócio. No entanto, esses acionistas são "preferenciais" em caso de falência, em que recebem o pagamento antes dos acionistas comuns, e em caso de dividendos, em que devem recebê-los antes que os acionistas comuns sejam elegíveis.

4. **A. A patente da Gilead Sciences Inc. para o altamente lucrativo tratamento contra hepatite C desenvolvido por ela.** Uma patente é uma forma de propriedade intelectual e, em geral, não aparece no balanço como um ativo, a menos que a empresa que a desenvolveu seja comprada por outra empresa. Nesse caso, pode aparecer como parte do ativo de patrimônio de marca. Contas em dinheiro, como o Facebook mantém, são ativos em caixa; edifícios são ativos fixos; e pagamentos devidos a uma empresa são ativos de contas a receber.

5. A. Subway, uma empresa de fast food. O giro de estoque mede o número de vezes por ano em que uma empresa vende seu estoque. Aquelas que vendem alimentos — como supermercados ou restaurantes de fast food — em geral vendem seu estoque mais rapidamente e terão um maior giro de estoque. Como supermercados também vendem itens não alimentícios (como lâmpadas e toalhas de papel), os restaurantes de fast food provavelmente têm o maior giro de estoque. Livrarias podem manter suas mercadorias na prateleira por muito tempo e com pouca preocupação, e companhias aéreas não têm estoque físico.

6. B. Baixo prazo médio de recebimento. Empresas de varejo normalmente têm um prazo médio de recebimento baixo, já que muitos de seus clientes pagam imediatamente pelos produtos que compram. Esta pode ser uma boa métrica para determinar se uma empresa normalmente vende para outras empresas (com um prazo médio de recebimento longo) ou para clientes (com um prazo médio de recebimento curto). O ROE, o giro de estoque e os níveis de dívida serão influenciados em grande parte pelo tipo de item vendido, e nenhum deles é uniforme para todos os varejistas.

7. D. United States Steel Corporation, uma produtora de aço. Para que uma empresa deva dinheiro à BHP Billiton, seria necessário comprar regularmente bens que uma empresa de mineração produziria — minérios brutos para processamento. A BHP Billiton pode dever dinheiro ao Bank of America, ao Mining Recruitment Agency ou ao Sysco (ou seja, eles podem fazer parte das contas a pagar da BHP Billiton), mas, das quatro opções listadas, apenas a United States Steel Corporation, que compra minérios brutos para transformá-los em aço, provavelmente deve dinheiro à BHP Billiton (e faz parte de suas contas a receber).

8. B. Seus fornecedores. O índice de liquidez corrente mede a facilidade com que uma empresa pode pagar seus passivos de curto prazo com ativos de curto prazo. Em outras palavras, mede quão bem a empresa pode pagar suas contas. Embora todas as quatro partes listadas estejam interessadas no índice de liquidez de uma empresa, os fornecedores teriam o maior interesse — são a eles que essas contas são devidas.

9. B. Falso. Embora um ROE alto seja desejável, nem sempre é uma coisa boa — os elementos que o compõem podem ajudar a determinar se ele é sustentável ou construído sobre uma base que destruirá a empresa. O caso da Timberland é um exemplo de um ROE alto criado por alavancagem, e não por lucratividade.

10. A. Dívidas implicam uma taxa de juros explícita. Não é comum dívidas serem passivos, pois elas carregam uma taxa de juros explícita. Diferentemente do patrimônio líquido, a dívida simples não oferece direito de propriedade à empresa, e o patrimônio líquido é tipicamente o reclamante residual. A dívida pode ser devida a quem empresta dinheiro a uma empresa, como um banco, não apenas a fornecedores.

Capítulo 2

1. B. Aumentar as vendas. A lacuna de financiamento é calculada da seguinte forma: prazo médio de estoque + prazo médio de recebimento – prazo médio de pagamento. Você pode diminuir essa lacuna ao reduzir o prazo médio de estoque ou o prazo médio de recebimento, ou ao aumentar o prazo médio de pagamento. O aumento das vendas não alteraria a lacuna de financiamento medida em dias, embora pudesse aumentar o valor total que você precisaria financiar, porque seria necessário mais capital de giro em geral.

2. A. O que constitui retornos econômicos (lucros líquidos ou fluxos de caixa livres); B. Como avaliar ativos (custo histórico ou fluxos de caixa futuros); e D. Como avaliar o patrimônio (valor contábil ou valor de mercado). As finanças e a contabilidade discordam sobre os retornos econômicos (lucro líquido ou fluxos de caixa livres), o valor dos ativos (custo histórico ou fluxos de caixa futuros) e o valuation do patrimônio (valores contábeis ou valores de mercado). Ambas concordam que o estoque deve ser registrado no balanço patrimonial.

3. B. US\$400 milhões e C. US\$500 milhões. As empresas devem investir apenas em projetos cujo valor presente seja maior que o custo do investimento no projeto — em outras palavras, elas devem investir somente em projetos cujo valor presente líquido seja maior que zero. Nesse caso, apenas os valores presentes de US\$400 milhões e US\$500 milhões são superiores ao custo de investimento, de US\$350 milhões.

4. B. \$230 mil. Para determinar o valor presente de um investimento, some todos os fluxos de caixa descontados associados a esse investimento. Nesse caso, a soma de cada um dos fluxos de caixa gera \$480 mil (\$90 mil + \$80 mil + \$70 mil + \$60 mil + \$180 mil). O valor presente líquido de um investimento é seu valor presente menos seu custo. Aqui, isso equivale a \$230 mil (\$480 mil – \$250 mil).

5. C. A depreciação não é uma despesa de caixa. A depreciação não corresponde a uma despesa de caixa, mas de fato diminui o lucro líquido. Portanto, os retornos econômicos que enfatizam o caixa devem incluir novamente depreciação e amortização.

6. A. O valor presente de todos os fluxos de caixa futuros dos negócios do Facebook, depois de compensados o caixa e as dívidas, sugere US$150 por ação da empresa. Para qualquer investimento cujo valor presente líquido seja maior que zero, qualquer pessoa que possa investir deve fazê-lo. Para uma ação no mercado, essa demanda deve aumentar seu preço até que o valor presente líquido seja exatamente zero. Para que isso ocorra, o preço da ação deve ser igual ao valor presente dos fluxos de caixa esperados dessa ação. No caso das ações do Facebook, se forem negociadas a US$150, isso significa que os investidores acreditam que o valor presente de todos os fluxos de caixa livres futuros para os acionistas dessa ação também será de US$150.

7. B. 52 dias. A lacuna de financiamento é calculada a partir de prazo médio de estoque + prazo médio de recebimento – prazo médio de pagamento. Para a United States Steel, isso gera uma lacuna de financiamento de 52 dias (68 dias + 33 dias – 49 dias).

8. C. 2%. Se você pagar seu fornecedor antes, sua lacuna de financiamento aumentará e você precisará financiar esse aumento com um empréstimo do seu banco. Atualmente, você está financiando esse período ao não receber o desconto — com uma taxa de 2%. Portanto, um fornecedor que oferece um desconto de 2% se você pagar 20 dias antes está, de forma implícita, oferecendo uma taxa de juros de 2% por um empréstimo de 20 dias.

9. B. Não, o valor presente líquido ainda é de $50 milhões. Em finanças, os sunk costs não importam; logo, o custo original do investimento e os fluxos de caixa livres projetados não são mais relevantes. Tudo o que importa é a situação atual. Nesse caso, o custo do investimento agora é zero (já foi pago) e seu valor presente é de $50 milhões. Isso significa que o valor presente líquido de manter a fábrica aberta é de $50 milhões — o que é positivo — e a empresa deve optar por mantê-la aberta, em vez de desativá-la.

10. B. São para todos os fornecedores de capital e ajustados aos impostos. Fluxos de caixa livres são os fluxos de caixa disponíveis para todos os provedores de capital — tanto de dívida quanto de patrimônio. Eles são calculados usando a seguinte equação:

Fluxo de caixa livre = EBIAT + depreciação & amortização
± mudança no capital de giro líquido
−despesas de capital

Capítulo 3

1. **A. Vender a GM a coberto e a Ford a descoberto.** Ao construir um hedge, você deve encontrar duas empresas semelhantes e, em seguida, comprar (a coberto) a que você acha que terá desempenho superior e vender (a descoberto) a que você acha que não se sairá tão bem. Neste caso, isso significa que você deve vender (a coberto) a General Motors e vender (a descoberto) a Ford.

2. **B. Ela diminui o risco em seu portfólio em relação ao retorno.** Diversificação é o processo de usar um número maior de ações em seu portfólio para diminuir o risco geral. Como empresas diferentes atuam de maneiras distintas, elas não estão perfeitamente correlacionadas. Logo, a diversificação pode oferecer benefícios aos investidores, reduzindo a variabilidade dos retornos sem diminuir os retornos ajustados ao risco.

3. **D. Os investidores não conseguem se certificar se a empresa falhou em atingir suas estimativas por coincidência ou má sorte, ou se esse erro é um sinal de que a gestão está escondendo problemas mais profundos.** Ações podem ser punidas por erros em estimativas de ganhos, porque os investidores não têm certeza da fonte dos ganhos perdidos. Por causa da assimetria de informações entre investidores e gestores, os investidores geralmente supõem a pior explicação possível para surpresas nos lucros. Por exemplo, em novembro de 2016, a Pfizer registrou ganhos de US$0,61 por ação, errando a expectativa consensual de US$0,62 por ação. Apesar da diferença de apenas um centavo, as ações da Pfizer caíram cerca de 3,5% no anúncio.

4. **A. Bayer, uma multinacional de produtos químicos e farmacêuticos.** Ao construir um hedge, você geralmente deseja encontrar uma empresa de certo modo comparável. Nesse caso, você deve combinar a Dow Chemical com a Bayer, outra empresa química. A diversificação reduzirá seu risco geral, mas não isola o risco da Dow Chemical com precisão e nem cobre esse risco.

5. **B. Analistas temem recomendar "vender" as ações de uma empresa, pois ela pode não fazer mais negócios com seu empregador no futuro.** A empresa pode retaliar levando seu negócio para outro lugar, e esse negócio é a principal fonte de receita para o empregador do analista. Investidores que investem em empresas que se saem bem e os fundos de pensão que investem em empresas de alta qualidade são exemplos de *bons* incentivos, e CEOs normalmente *reduzem* riscos, talvez exces-

sivamente, quando uma grande quantidade de sua riqueza pessoal está vinculada a opções de ações.

6. **C. Uma empresa do sell side.** A maioria dos analistas de equity research é empregada por uma empresa do sell side. Essas empresas, como os bancos de investimento, empregam esses analistas para fornecer ideias e informações aos seus clientes que são investidores institucionais no buy side, o que pode levá-los a direcionar mais negócios por meio do banco de investimento que emprega o analista de que gostam.

7. **A. Analistas trabalharão duro para oferecer valuations precisos para empresas; B. Analistas com classificação alta podem "se misturar", escolhendo valuations parecidos com os de outros analistas para proteger sua classificação; e D. Analistas com classificação baixa podem fazer previsões estranhas e contrárias na esperança de que a sorte apareça e os impulsione ao topo das classificações.** Como os analistas são remunerados com base em classificações, eles trabalharão para garantir que suas classificações sejam altas. Isso pode oferecer bons incentivos, como trabalhar duro para fornecer valuations precisos, e maus incentivos, como se misturar a outros para proteger sua posição ou fazer previsões exageradas e extremas para subir rapidamente na classificação. Verificou-se que o comportamento de se misturar a outros analistas agrava o pro-

blema da assimetria de informações, reduzindo a qualidade de seus relatórios, criando mais surpresas de ganhos e, consequentemente, mais volatilidade no mercado.

8. **C. O sell side.** Ofertas públicas iniciais são uma venda de ações. Como tal, elas são gerenciadas por empresas do sell side. A IPO do Facebook — com um pico de capitalização de mercado de US$104 bilhões — foi uma das maiores da história da internet e foi subscrita por três bancos de investimento: Morgan Stanley, JP Morgan e Goldman Sachs.

9. **B. Compra empresas, as melhora e depois as vende para outro investidor privado ou em mercados públicos.** O setor de private equity cresceu rapidamente nas últimas décadas. Um relatório da McKinsey & Co. indicou que ativos de private equity sob gestão haviam aumentado para US$5 trilhões em 2017.[1]

10. **D. O problema do principal-agente.** Neste caso, os agentes imobiliários (os agentes) não estão trabalhando tão duro ou em nome dos proprietários (os principais) como quando trabalham em nome de si mesmos. Um artigo de 1992 escrito por Michael Arnold[2] no *Journal of the American Real Estate and Urban Economics Association* analisou três métodos de estruturas de remuneração de corretores (comissão de porcentagem fixa, taxa fixa e consignação) e descobriu que os vendedores

impacientes são mais bem atendidos por uma comissão de porcentagem fixa (na qual o corretor de imóveis recebe uma porcentagem do preço final como uma comissão), enquanto os vendedores pacientes são mais bem atendidos por uma consignação (na qual o vendedor recebe um valor predeterminado e o corretor recebe qualquer pagamento acima desse valor).

Capítulo 4

1. **A. Retornos de capital que excedam os custos do capital** e **B. Reinvestir lucros para crescer.** A criação de valor vem de três fontes: retornos de capital que excedem os custos do capital; reinvestimento de lucros para crescer; e utilização das duas práticas por longos períodos. O lucro por ação é uma métrica contábil que não captura a criação de valor, e os lucros brutos (vendas menos o custo dos produtos vendidos) não nos dizem nada a respeito de se as despesas operacionais compensam esses lucros brutos.

2. **B. Uma métrica de quanto uma ação se move com o mercado mais amplo.** Em um ambiente em que a diversificação não tem custos e a maioria dos investidores detém todo o mercado, a métrica de risco relevante para uma empresa é sua correlação com o portfólio de mercado — ou seja, o beta. Por exemplo, se a Apple tiver um beta de 1,28, isso significa que, em média, quando o mercado sobe 10%, as ações da empresa sobem 12,8%; se o mercado cair 10%, essas ações cairão 12,8%.

3. **C. Divisão C.** Usar um beta incorretamente alto fará com que o custo do patrimônio seja incorretamente alto, o que levará a um custo do capital muito elevado. Isso resultará em um valor presente muito baixo para os projetos e a empresa os evitará. Por outro lado, um beta muito baixo fará com que o custo do patrimônio e o custo do capital sejam muito baixos, e os valores presentes sejam muito altos, fazendo com que a empresa invista demais. Neste caso, o beta médio de 1,0 é muito baixo para a divisão C, portanto a empresa investirá demais nela.

4. **A. Seu credor pode lhe dizer quais são seus custos atuais de empréstimos.** O credor identifica o custo da dívida a partir de uma combinação da taxa livre de risco e do spread de crédito com base no risco de uma empresa (e não multiplicando o índice de liquidez corrente da empresa por sua classificação de crédito). Calcular o custo da dívida subtraindo o custo do patrimônio do WACC é o inverso — você determina o WACC a partir dos custos, e não o contrário.

236   Finanças... Simples Assim!

5. **B. Inferior a 1.** Quando os retornos de capital são mais baixos que os custos do capital, os índices ME/BE são menores que 1. Neste caso, os fluxos de caixa livres futuros serão descontados a cada ano a uma taxa maior (o custo do capital) do que estão crescendo (o retorno de capital). Em tal situação, os proprietários da empresa devem considerar o encerramento das operações, pois seu funcionamento contínuo está destruindo valor.

6. **B. Falso.** Até certo ponto, o valor da empresa pode ser aumentado adicionando alavancagem por meio de vantagens fiscais criadas pelos pagamentos de juros sobre a dívida (em países que permitem pagamentos de juros como dedução de impostos). Em algum momento, a empresa alcançará sua estrutura ótima de capital; adicionar mais alavancagem aumentará os custos de problemas financeiros mais rapidamente do que as vantagens obtidas com o regime tributário.

7. **B. Pegando a taxa livre de risco e adicionando o produto do seu capital beta e o prêmio de risco de mercado.** Seguindo o modelo de precificação de ativos financeiros, o custo do patrimônio é a taxa sem risco mais o beta vezes o prêmio de risco de mercado. Em 1990, William Sharpe, Harry Markowitz e Merton Miller receberam em conjunto um Prêmio Nobel como reconhecimento por suas contribuições para o desenvolvimento do CAPM na década de 1960.

8. **A. Custos do capital mais altos.** Seguindo o modelo de precificação de ativos financeiros, o custo do patrimônio é a taxa sem risco mais o beta vezes o prêmio de risco de mercado. Betas mais altos, portanto, produzem custos do patrimônio mais altos. Como o custo do patrimônio representa o retorno que os acionistas esperam das empresas, isso implica que eles esperam retornos mais altos dos setores com beta alto do que daqueles com beta baixo.

9. **D. Porque eles criam valor tendo retornos maiores que o custo do capital.** Projetos com VPL positivo têm retornos maiores que o custo do capital e, como vimos no Capítulo 2, o VPL é um método para determinar quais projetos criam valor. Essa métrica considera os fluxos de caixa livres descontados de um projeto, e esses fluxos de caixa são descontados ao custo do capital. Quando todos os fluxos de caixa livres são somados dessa maneira, eles somente resultarão em um número líquido positivo se os retornos do projeto forem maiores que seus custos do capital.

10. **A. Reinvestindo o máximo possível de seus lucros.** A criação de valor vem de três fontes: retorno de capital maior que o custo do capital; reinvestimento em crescimento; e tempo. Nesta situação, como a empresa já tem retornos de capital maiores que seus custos do capital, deve reinvestir o máximo possível

para maximizar a criação de valor. Veremos a alternativa ao reinvestimento — as distribuições aos acionistas — com maior profundidade no Capítulo 6.

Capítulo 5

1. **C. $112,5 bilhões.** Ao realizar a análise de cenário, o objetivo é determinar os valores esperados. Valores esperados são uma média ponderada com base na probabilidade de ocorrência de cada cenário. Neste caso, considere a média ponderada de $50 bilhões (vezes 25%), mais $100 bilhões (vezes 50%), mais $200 bilhões (vezes 25%), o que equivale ao valor esperado de $112,5 bilhões. Esse valor esperado deve ser a oferta mais alta, porque é o valor que você espera que a empresa valha. Se fizer uma oferta com base somente no cenário de melhor caso, precisará alcançá-lo apenas para ter um VPL igual a zero.

2. **C. $500 milhões.** Se você avaliar a empresa em $500 milhões, estimar $50 milhões em sinergias e desejar manter todas elas para si mesmo, não deverá pagar mais de $500 milhões pela empresa. Se oferecer mais de $500 milhões (como $550 milhões, por exemplo), estará abrindo mão de todas as sinergias para os acionistas da madeireira.

3. **A. O mercado acredita que a Yum! Brands tem mais oportunidades de crescimento do que a Wendy's ou o McDonald's.** Um índice preço/lucro (P/L) é um múltiplo que pode ser remontado à fórmula de perpetuidade crescente. No denominador dessa fórmula está a taxa de desconto menos a taxa de crescimento. Portanto, empresas com índices P/L mais altos precisam ter uma taxa de desconto mais baixa ou uma taxa de crescimento mais alta. Embora não seja possível ter certeza dos valores exatos para essas empresas, apenas a Yum!, com mais oportunidades de crescimento, fornece uma possível explicação para o motivo pelo qual seu índice P/L é maior que o da Wendy's ou do McDonald's.

4. **C. Destruição de valor e transferência de riqueza do adquirente para o alvo.** Sua empresa perdeu valor, enquanto seu alvo ganhou valor, o que indica uma transferência de valor do adquirente para o alvo. Os acionistas-alvo ganharam $25 milhões em valor, enquanto seus acionistas o perderam; logo, este não foi um caso de divisão de sinergias; foi uma transferência do seu valor para o alvo. Além disso, como o valor que você perdeu foi maior que aquele que o alvo ganhou, isso indica destruição de valor. Imagine agora que as duas empresas são uma entidade, e essa entidade ganhou $25 milhões e perdeu

$50 milhões — o prejuízo líquido de $25 milhões é a destruição de valor.

5. **C. Ativos circulantes/passivos circulantes.** P/L, valor da empresa/EBITDA e capitalização de mercado/EBITDA são múltiplos de valuation. Esses valores — preço, valor da empresa ou capitalização de mercado — são todos expressões de valor; portanto, esses múltiplos são múltiplos de valuation. O índice de liquidez corrente (ativo circulante/passivo circulante) não indica valor. Embora seja útil, especialmente para fornecedores, esse índice não oferece nenhuma informação sobre o valuation de uma empresa.

6. **C. Uma taxa de desconto de 9% e 3% de crescimento.** Um índice de valor da empresa/fluxo de caixa livre pode ser visto como uma fórmula de perpetuidade crescente na qual o numerador é 1 (porque o múltiplo será multiplicado pelos fluxos de caixa livres para determinar o valuation total) e o denominador é a taxa de desconto menos a taxa de crescimento. Se esse índice for 16,1, então $(r - g)$ na fórmula de perpetuidade crescente (o denominador) para a Goodyear deve ser igual a 1/16,1. Isso equivale a aproximadamente 6%, portanto a taxa de desconto menos a taxa de crescimento

deve ser igual a 6%. Neste caso, apenas uma alternativa (9% e 3%) funciona como explicação.

7. **D. $10 mil.** Usando uma fórmula de perpetuidade crescente, você pode calcular o valor dessa oportunidade educacional como $1 mil/(13% – 3%) ou $10 mil. Esse deve ser o valor máximo que você está disposto a pagar.

8. **D. O projeto com uma TIR de 25% é provavelmente preferível, mas você deve realizar uma análise do fluxo de caixa descontado.** A primeira regra da TIR é que você nunca deve investir em um projeto com uma TIR menor que o WACC. Como os dois projetos têm TIRs superiores ao WACC, você precisa de uma forma de compará-los. No entanto, como a TIR não é uma boa métrica de criação de valor, não é possível determinar, com base apenas nela, qual projeto criará mais valor. É provável que o projeto com uma TIR de 25% produza mais valor, mas uma análise do VPL fornecerá a resposta certa.

9. **A. Uma taxa de crescimento muito alta no valor terminal; B. Basear sua taxa de crescimento no setor; e C. Basear o preço de compra no valor da empresa, e não no valor do patrimônio.** Um valor terminal com uma taxa de crescimento significativamente maior que a economia geral implica que a

empresa acabará dominando o mundo — com uma taxa de crescimento econômico geral entre 2% e 4%, os 6% escolhidos são altos demais. Além disso, seu assistente está sugerindo uma oferta que inclui sinergias, o que transfere todo o valor da aquisição para o alvo, não para a sua empresa. Por fim, ele recomenda um preço que não considera os $50 milhões em dívidas e os $10 milhões em caixa, o que tornará o valuation do patrimônio mais baixo do que o valuation da empresa, de $100 milhões. Ele fez uma coisa certa: escolher uma taxa de crescimento no curto prazo com base no setor é uma boa prática, já que as empresas do mesmo setor provavelmente têm taxas de crescimento semelhantes.

10. **A. Um projeto com um VPL de $100 milhões.** Projetos com VPL positivo criam valor, pois consideram todo o valor acima dos custos do projeto e dos custos do capital. O payback e a TIR são problemáticos e não conseguem determinar com certeza se um projeto está criando valor, portanto não queremos usá-los. Um VP é uma métrica precisa do valor do projeto, mas não diz nada sobre a criação de valor, pois não leva em consideração o custo do investimento (por exemplo, se esse projeto custasse $250 milhões, destruiria valor).

Capítulo 6

1. **A. Sinalização.** Recompras de ações não criam valor, mas podem enviar um sinal ao mercado de que a gestão corporativa acredita que o preço de suas ações está subvalorizado; consequentemente, isso pode causar um aumento nesse preço. Essa explicação remonta à assimetria de informações. Se as pessoas com informações relevantes acharem que o preço de suas ações é um investimento atraente, outros investidores podem querer acompanhar.

2. **B. Percepção das sinergias** e **C. Integração cultural.** Após a aquisição, a diligência prévia e as taxas precisas de crescimento terminal tornam-se menos importantes porque o valuation e a oferta estão completos; os valores definidos por eles já foram pagos. A integração cultural e a realização de sinergias continuam sendo preocupações importantes às quais a Bayer deve prestar atenção. Caso contrário, o valor ganho com a aquisição provavelmente não será tanto quanto o valuation usado para determinar o preço de compra de US$66 bilhões.

3. **A. Usar o $1 milhão no projeto de crescimento orgânico.** As empresas devem sempre investir em projetos com VPL posi-

tivo quando disponíveis, pois eles criam valor para a empresa, enquanto distribuir dinheiro na forma de dividendos e recompras, não.

4. **D. Os acionistas podem diversificar por conta própria e não precisam que a empresa faça isso por eles.** O princípio financeiro é que os gestores não devem fazer pelos acionistas o que eles podem fazer por si mesmos. Em alguns países, no entanto, os conglomerados conseguem superar alguns atritos nos mercados de trabalho, de produto ou de capitais e, portanto, criar valor.

5. **A. Recompras de ações podem ser tributadas a uma taxa favorável comparada aos dividendos (usando a taxa de imposto sobre ganhos de capital em vez da taxa de imposto de renda)** e **B. Recompras de ações sinalizam que a empresa acha que suas ações estão subvalorizadas.** Os acionistas podem preferir recompras de ações, pois elas são tributadas à alíquota preferencial do imposto sobre ganhos de capital, em vez da alíquota do imposto de renda na qual os dividendos são tributados, e enviam um sinal de que a gestão corporativa acha que suas ações estão subavaliadas. Os dividendos não diluem nem destroem o valor das ações existentes — eles têm valor neutro.

O fato de grupos distintos de acionistas preferirem diferentes decisões de alocação de capital é chamado de "efeito clientela", em que as empresas estabelecerão políticas em torno das preferências de seus acionistas.

6. **D. Análise de cenários.** O pagamento excessivo é uma preocupação antes do processo de oferta e da aquisição, e a análise de cenários permite que a empresa determine um valor mais preciso antes de começar a fazer propostas. A integração cultural ocorre após o processo de valuation, e maximizar a avaliação das sinergias durante o valuation provavelmente *resultará* em pagamento excessivo, em vez de reduzir o risco.

7. **B. Sinalização.** A emissão de ações é uma atividade de valor neutro; porém, muitas vezes, pode causar uma queda no preço das ações. Isso ocorre devido à sinalização, pois os investidores se perguntam por que a empresa não tem confiança o suficiente para investir no projeto usando dívida ou financiamento interno. Os acionistas podem questionar: se a empresa pensou que o investimento criaria valor, por que não iria querer manter esse valor para seus provedores de capital existentes? Devido à assimetria de informações, os acionistas podem con-

cluir que a empresa está trazendo novos investidores porque não confia em sua capacidade de criar valor.

8. **A. Para aumentar o LPA a fim de atingir uma meta** e **B. Para enviar um sinal falso de que o CEO acredita que suas ações estão subvalorizadas.** Uma recompra reduz o número de ações em circulação, o que pode aumentar o LPA (porque diminui o denominador). Um CEO sem escrúpulos pode fazer isso para atingir uma meta (talvez por um pacote de bônus). Além disso, como os investidores veem recompras como um sinal da gestão de que a ação está subvalorizada, um gerente inescrupuloso poderia usar essa suposição para manipular o preço das ações, contando com o efeito de sinalização para aumentar seus valores.

9. **A. Projetos com VPL positivo.** As distribuições de dividendos e as recompras de ações são neutras em termos de valor — somente projetos com VPL positivo criam valor. Embora os preços das ações possam subir com a recompra por causa da sinalização, isso não cria valor; apenas fornece mais informações aos acionistas de que o valor da empresa pode ser maior do que eles pensavam.

10. **A. Sinergias não percebidas; B. Pagamento em excesso pela empresa adquirida;** e **C. Conflitos culturais.** Uma aquisição pode dar errado por todos esses motivos. Diferentes custos do capital devem ser considerados durante o processo de valuation, mas não devem determinar o sucesso ou o fracasso da aquisição.

Glossário

ação comum Categoria mais típica de ações ou cotas que representa posse de interesse na empresa. Embora existam diferentes classes de ações comuns, em geral, detent

ores dessas ações têm determinados direitos, incluindo o direito a uma porção proporcional dos lucros da empresa e o direito a eleger diretores e a votar propostas que a diretoria faz aos acionistas.

ação preferencial Classe especial de ativos que se diferencia das ações comuns por seus direitos preferenciais de dividendos, voto e liquidação.

alavancagem Uso de dívida como fonte de financiamento. Uma empresa altamente alavancada tem grandes quantidades de financiamento por meio de dívidas em comparação a outras fontes de financiamento.

alfa Excesso de retorno de um investimento acima da referência adequada ajustada ao risco.

alocação de capital Processo pelo qual os fluxos de caixa livres são alocados para serem investidos na empresa por meio de novos projetos ou M&A ou distribuídos aos acionistas como dividendos ou recompras de ações.

amortização Método de contabilidade que distribui o custo de um ativo intangível ao longo de toda a sua vida. Também pode se referir ao pagamento de um empréstimo principal ao longo do tempo.

análise de cenário Método de projeção de possíveis resultados futuros e sua associação a probabilidades específicas.

analista patrimonial Profissional, geralmente empregado por um banco de investimento, que oferece serviços de pesquisa sobre empresas de capital aberto a seus clientes que são investidores institucionais. O analista avalia o valor de uma ação e faz recomendações de compra, venda ou manutenção dessa ação.

aquisição Processo de compra de uma empresa ou de um ativo por uma empresa existente.

ask Preço pelo qual um vendedor está disposto a vender.

ativos Recursos detidos ou controlados por uma empresa e dos quais se espera gerar alguma vantagem econômica futura. Exemplos incluem caixa, estoque e equipamento.

ativos correntes Caixa e outros ativos que espera-se converter em dinheiro dentro de um ano (ou dentro de um ciclo operacional, se o ciclo operacional da empresa for mais longo que um ano).

ativos fixos (ou propriedade, planta e equipamento — PP&E) Relação de ativos que contém ativos fixos de uma empresa, os quais são usados direta ou indiretamente no curso normal de geração do produto ou serviço prestado por ela, incluindo terras, maquinário, prédios, equipamentos de escritório, veículos e outros ativos físicos com custo significativo. Ativo fixo bruto, em geral, é o montante originalmente investido; ativo fixo líquido reflete a depreciação acumulada desses ativos.

ativos intangíveis Ativos que não são físicos (por exemplo, marcas, patentes, direitos autorais).

balanço patrimonial Relatório financeiro que demonstra a posição financeira de uma empresa em um momento específico; serve como um retrato dos recursos que uma empresa possui ou controla e de como ela financia esses recursos.

bancos de investimento Instituições financeiras que ajudam empresas a levantar capital, por meio de ofertas de dívida ou de capital, e aconselham empresas passando por processos de fusões e aquisições.

benefício definido Plano de aposentadoria financiado pelo empregador no qual os benefícios do funcionário são definidos por determinados fatores (por exemplo, tempo de serviço ou histórico salarial). A empresa administra o portfólio de pensão e assume o risco da estratégia de investimento por ser responsável pelo pagamento aos beneficiários em última instância.

beta Métrica do risco para um ativo no contexto de um portfólio diversificado. Enfatiza a correlação do retorno do ativo com o mercado mais amplo de ativos nos quais investir.

bid Preço máximo pelo qual um comprador está disposto a comprar.

buy side Classe de investidores institucionais que compra ações de uma empresa. Geralmente são associações de capital, como fundos mútuos, que servem para comprar e deter ações em nome de um grupo maior.

caixa Relação de ativos que inclui moeda, contas correntes e, com frequência, equivalentes a dinheiro (depósitos ou outros investimentos líquidos, geralmente resgatáveis dentro de 90 dias).

capital de giro Montante de capital exigido para financiar as operações básicas de uma empresa, muitas vezes calculado como a diferença entre ativos correntes e passivos correntes, ou estoques + contas a receber – contas a pagar.

capital de risco Fonte de capital de investimento focada em startups ou pequenas empresas. Geralmente são investimentos de alto risco que acredita-se ter um grande potencial de crescimento. A empresa é uma entidade de capital privado não listada em nenhuma bolsa de valores.

capital privado Fonte de capital que oferece financiamento por capital ou dívida fora dos mercados de capitais públicos. Inclui empresas de capital privado, investidores de risco e investidores anjos. As estratégias de investimento podem englobar novas startups, crescimento de capital e reversão de empresas com problemas, gestão de financiamento ou levered buyouts.

capitalização Valor total do patrimônio e da dívida de uma empresa, em geral demonstrado em preços de mercado.

ciclo de conversão de caixa Métrica da quantidade de tempo que uma empresa leva para pagar pelo estoque de seus fornecedores até receber dinheiro de seus clientes. Seu cálculo é: prazo médio de estoque mais prazo médio de recebimento menos prazo médio de pagamento.

compra *Ver* aquisição.

conflito de interesses Situação na qual os interesses públicos e profissionais de um indivíduo são opostos.

conglomerado Empresa composta de vários negócios não relacionados que operam, de certa forma, de maneira independente, mas sob uma empresa detentora em comum.

conselho administrativo Grupo estabelecido para representar e proteger os interesses dos acionistas ou de um grupo mais amplo de investidores. Diretores são normalmente eleitos, mas podem ser indicados em determinadas situações. O conselho tem o nível de autoridade mais alto da empresa e determina políticas de governança, monitora o desempenho da empresa e tem autoridade de contratação acima da equipe executiva sênior.

contabilidade de custo Método que tenta capturar o custo de produção de uma empresa.

contas a pagar Relação de passivos usada para demonstrar a obrigação de pagar fornecedores que ofereceram bens ou serviços em condições de crédito.

contas a receber Relação de ativos usada para demonstrar a reivindicação de receber dinheiro em alguma data futura por bens ou serviços que foram oferecidos a um cliente em condições de crédito.

contribuição definida Plano de aposentadoria financiado pelo empregador no qual tanto ele quanto o funcionário contribuem para os benefícios da aposentadoria; o funcionário assume o risco da estratégia de investimento.

correlação Métrica do grau em que duas variáveis se movimentam uma em relação à outra.

corretores Agentes que lidam com as transações de compra e venda de ações de empresas com capital aberto em nome dos clientes.

crescimento inorgânico Crescimento atingido por meio da aquisição de partes ou da totalidade de outras empresas.

crescimento orgânico Crescimento atingido pelo investimento em projetos dentro da empresa para gerar fluxos de caixa positivos.

curva de juros Linha que representa a taxa ou a curva de juros de obrigações da mesma qualidade em diferentes datas de vencimento.

custo da dívida Custo para uma empresa levantar dívidas, em geral medido como uma porcentagem por empréstimos; também pode ser medido em custos anuais em reais.

custo da mercadoria vendida (CMV) Despesa correspondente ao custo do estoque que é vendido aos clientes; também pode ser chamado de custo das vendas.

custo de oportunidade Retornos perdidos de uma oportunidade não explorada.

custo de problemas financeiros Custos que uma empresa admite por estar com problemas financeiros (por exemplo, a perda de talentos ou fornecedores exigindo pagamento imediato, em vez de em 30 ou 60 dias).

custo do capital Custo para uma empresa utilizar capital conforme cobrado pelos fornecedores de capital.

custo do patrimônio Custo para uma empresa levantar patrimônio. Diferentemente do custo da dívida, esse custo não é explícito, mas medido como a taxa de retorno esperada (%) pelos investidores; também pode ser medido em custos anuais em reais.

custo médio ponderado do capital (WACC) Custo do capital (%) de uma empresa que considera o custo da dívida e do patrimônio, a estrutura relevante de capital e a vantagem fiscal associada de emitir dívidas.

data de vencimento Quando o principal de uma obrigação vence e ela é extinta.

declaração de fluxos de caixa Relatório financeiro que demonstra a mudança líquida no caixa ao longo do ano, incluindo três seções: fluxos de caixa das atividades operacionais, fluxos de caixa das atividades de investimento e fluxos de caixa das atividades de financiamento.

demonstração do resultado do exercício Relatório financeiro que demonstra o resumo dos lucros de uma empresa (faturamento menos despesas) durante um determinado período de tempo. Mostra as atividades desse período para todas as contas nominais.

depreciação Método contábil que distribui o custo de um ativo fixo (por exemplo, um equipamento) ao longo de sua vida.

desconto Processo aplicado a uma série de fluxos de caixa ao longo do tempo. O desconto traz o valor do fluxo de caixa futuro para o presente. A taxa de desconto (porcentagem) leva em consideração custos de oportunidade relevantes para os fornecedores de capital.

desdobramento de ações Divisão de ações existentes em novas ações, com o efeito de desdobrar o valor de todas as ações existentes em um número diferente de ações.

despesas de capital Dinheiro que uma empresa gasta para comprar ativos fixos ou para uso em longo prazo.

diligência prévia Processo de examinar um projeto antes de finalizar quaisquer acordos para entender completamente todos os seus aspectos, incluindo valores, riscos e resultados esperados.

diretor financeiro Executivo sênior responsável por todas as transações e gestão financeira da empresa. Reporta-se ao CEO e, em última instância, é responsável pelo conselho administrativo.

distribuição de caixa Caixa alocado para os acionistas por meio de dividendos ou recompras de ações.

diversificação Alocação de riquezas em diferentes empresas e em diferentes ativos, em vez de em posições de investimento concentradas.

dívida Obrigação financeira com um credor que tem uma taxa fixa de retorno. O principal montante emprestado é pago ao credor sob demanda ou em um cronograma planejado de pagamento. Se uma empresa se encontra com dificuldades financeiras ou se dissolve, os detentores de dívidas têm prioridade de pagamento em relação aos acionistas e podem assumir o controle dos ativos.

dívida líquida Métrica de alavancagem que incorpora o caixa detido por empresas e o considera uma dívida negativa.

dividendo Dinheiro pago aos acionistas com base em ações para distribuir uma parte do caixa livre gerado pela empresa.

eficiência de mercado Conceito de que um mercado é eficiente, implicando que todas as informações disponíveis sobre uma ação estão embutidas em seu preço. *Ver* hipótese do mercado eficiente.

emissão de ações Quando uma empresa vende cotas de propriedade para levantar caixa.

empresa Entidade legal criada com o propósito de engajar-se em algum tipo de negócio com o objetivo de entregar um produto ou serviço em troca de lucro. A estrutura legal de posse e responsabilidade varia de acordo com a jurisdição, mas a maioria é classificada como propriedade individual, sociedade ou corporação.

estoque Relação de ativos que contém materiais fabricados ou comprados com o propósito de serem vendidos a clientes. Em sua forma final, estoque é o produto sendo vendido; o custo do estoque que foi vendido é computado como uma despesa, como custo das mercadorias vendidas. Uma empresa que fabrica mercadorias pode ter estoques em várias fases de finalização, como estoque de matéria-prima, em produção e de mercadorias finalizadas.

estrutura de capital Proporção de dívida relativa ao patrimônio usado para financiar uma empresa.

estrutura do custo Análise dos custos que compõem um produto ou serviço, incluindo os custos fixos e variáveis.

falência Processo no qual uma empresa determina sua inabilidade de pagar suas dívidas.

faturamento Receitas brutas de atividades empresariais normais.

fluxo de caixa Métrica do caixa que uma empresa gera; pode ser referido como EBITDA, fluxo de caixa operacional ou fluxo de caixa livre.

fluxo de caixa de atividades de financiamento Parte da declaração de fluxos de caixa de uma empresa que inclui todas as fontes e usos de financiamento. Inclui assegurar ou pagar dívidas principais (empréstimos, obrigações, notas promissórias) e oferecer ou recomprar ações.

fluxo de caixa de atividades de investimento Parte da declaração de fluxos de caixa de uma empresa que abrange todas as atividades de investimento (ou seja, aquisições e alienações). Inclui investimentos em ativos fixos, como propriedade, planta e equipamento, mas também pode incluir investimentos em outras empresas.

fluxo de caixa de atividades operacionais Parte da declaração de fluxos de caixa de uma empresa que presta contas de todo o caixa gerado e usado em operações. As fontes são todo o caixa gerado por vendas de produtos ou serviços e os usos são todo o caixa utilizado no processo de produção e entrega do produto ou serviço.

fluxos de caixa livres (FCL) Fluxos de caixa disponíveis para distribuir aos investidores ou reinvestir na empresa depois de liquidadas todas as suas necessidades básicas. Os FCL não consideram o impacto de como uma empresa é financiada. O cálculo é: fluxo de caixa livre = (1 – taxa de impostos) × EBIT + depreciação e amortização – despesas de capital – mudança no capital de giro líquido.

fundos de hedge Fundos de investimento geralmente abertos apenas para investidores sofisticados. Sua regulação relativamente branda em comparação à dos fundos mútuos permite que empreguem alavancagem e assumam posições concentradas e a descoberto.

fundos de pensão Fundos que investem o dinheiro acumulado que uma organização separa para pagar benefícios futuros a seus funcionários. Fundos de pensão investem nos mercados de capitais com o objetivo de aumentar seus fundos e também os fluxos de caixa atuais e futuros para seus beneficiários.

fundos mútuos Fundos que reúnem o capital de vários investidores individuais em um único fundo com a missão de seguir uma estratégia de investimento específica, que varia de investir em setores de nicho a imitar o mercado amplo como um fundo indexado. O fundo é precificado no valor líquido do ativo (VLA); investidores compram ou vendem cotas do fundo mútuo com base nesse preço.

fundos mútuos ativos Fundos mútuos para os quais os gestores fazem escolhas ativas de ações ou ativos para investir.

fundos mútuos passivos Fundos mútuos que investem em índices como o S&P 500 e não permitem que seus gestores façam escolhas livres.

fundos patrimoniais Fundos institucionais com o propósito duplo de crescimento em longo prazo e geração de receita para sustentar a missão da instituição. Fundos patrimoniais comuns incluem aqueles administrados por universidades, hospitais e organizações sem fins lucrativos.

fundos soberanos Fundo detido pelo Estado que investe em nome de seus cidadãos, muitas vezes financiado a partir de royalties de recursos naturais, como receitas de petróleo. O objetivo desses fundos é buscar crescimento em longo prazo e financiar pagamentos futuros ao povo.

fusão Quando duas empresas concordam em se juntar para formar uma nova entidade.

giro de ativo Métrica de produtividade no modelo DuPont. É calculado dividindo o faturamento total de um período pela média total de ativos.

giro de estoque Índice usado para medir a eficiência de uma empresa em gerenciar seus níveis de estoque. É calculado dividindo o custo das mercadorias vendidas pela média de estoque durante o mesmo período. Representa quantas vezes o estoque foi vendido durante aquele período. Giro de estoque = CMV ÷ prazo médio de estoque.

hedging Estratégia de investimento que usa posições compensatórias para reduzir o risco de movimentações de preço adversas.

hipótese do mercado eficiente Hipótese de investimento que enfatiza que os preços das ações refletem todas as informações disponíveis e que indicadores com desempenho consistentemente superior não são possíveis. Mais especificamente, diferentes formas dessa hipótese enfatizam as condições informacionais distintas dos mercados.

horizonte de tempo Quantidade de tempo no qual um investimento é feito ou mantido antes de ser liquidado.

imperfeições de mercado O quanto a realidade diverge de um mercado ideal devido a, por exemplo, informações assimétricas, custos de transação ou impostos.

incentivos Recompensas percebidas que motivam indivíduos a cumprirem seus papéis.

índice Método de comparação de dois itens relacionados pela divisão de um pelo outro. Por exemplo, o cálculo dívida total ÷ ativos totais resulta na quantidade de ativos financiados por dívida.

índice de cobertura de juros Métrica usada para avaliar a durabilidade financeira de uma empresa, analisando se ela é lucrativa o suficiente para pagar as despesas de juros: EBIT ÷ despesa de juros ou EBITDA ÷ despesa de juros. Quanto mais alto o índice, melhor é a habilidade da empresa de pagar suas despesas de juros.

índice de liquidez corrente Métrica da habilidade de uma empresa de pagar suas obrigações em curto prazo. Seu cálculo é feito dividindo os ativos correntes pelos passivos correntes.

índice de liquidez seca Métrica da habilidade de uma empresa de pagar suas obrigações em curto prazo; é um teste mais estrito que o índice de liquidez corrente. É calculado subtraindo o estoque dos ativos correntes e depois dividindo o resultado pelos passivos correntes.

índice de mercado Medida da agregação de várias ações. Por exemplo, o Índice S&P 500 mede as movimentações de preço de 500 das maiores empresas de capital público negociadas nos Estados Unidos.

índice de Sharpe Métrica de retorno por unidade de risco em que o risco é, muitas vezes, definido em termos do desvio-padrão dos retornos.

índice ME/BE (ou P/B) Índice de valor de mercado em relação ao valor contábil.

índice P/L Índice do preço de uma ação de uma empresa em relação aos lucros por ação.

informações assimétricas Situação em que nem todas as partes envolvidas em uma transação têm as mesmas informações. Nos mercados de capitais, isso pode ser associado à vantagem informacional das empresas, de vendedores ou de agentes relacionados aos principais.

informações perfeitas Situação em que todos os players de mercado têm acesso às mesmas informações.

instrumento de direito de valor contingente (CVR) Direito concedido aos acionistas de uma empresa adquirida de comprar mais ações daquela empresa ou receber dinheiro.

integração Processo de fusão das operações de duas empresas para formar uma só entidade.

intensidade de capital Métrica relativa do capital exigido para gerar fluxos de caixa futuros. Uma intensidade mais alta implica maiores montantes de capital exigidos.

investidor Qualquer pessoa ou entidade que invista seu próprio capital em mercados de capitais, em uma gama de produtos financeiros disponíveis.

investidores institucionais Entidades que reúnem capital de várias partes e investem em seu nome (por exemplo, fundos mútuos, fundos de hedge).

investimento ativista Estratégia de investimento que exige a aquisição de uma porção significativa das ações de uma empresa de capital aberto para estabelecer mudanças consideráveis de estratégia.

just-in-time (ou sob demanda) Método de estoque que minimiza o tempo de armazenamento de matérias-primas, mercadorias em produção e finalizadas. Em outras palavras, o giro de estoque é maximizado.

leveraged buyout (LBO) Transação que emprega uma grande quantidade de dívida para comprar uma empresa de seus proprietários atuais, muitas vezes transformando-a de capital público em capital privado. Isso permite aos compradores obter o controle de uma grande empresa por um investimento de capital relativamente pequeno.

liquidez Rapidez e facilidade com que ativos podem ser convertidos em caixa. Por exemplo, contas a receber têm maior liquidez do que o estoque, pois o estoque precisa ser vendido para se tornar um recebível, que depois precisa ser recebido para se tornar caixa. Consequentemente, um recebível está um passo mais próximo de ser convertido em caixa do que o estoque e, portanto, é mais líquido.

lucratividade Várias métricas que dividem uma quantia líquida (depois de deduzidos alguns ou todos os custos) pelo faturamento. Exemplos incluem margem bruta, lucro operacional e lucro líquido.

lucro líquido Os ganhos (ou lucros) totais de uma empresa. Embora o lucro líquido possa ser um número negativo, isso nem sempre indica que a empresa esteja com a saúde financeira ruim. É calculado ao subtrair todas as despesas (em caixa e outras) do faturamento. Também conhecido como receita líquida.

lucro por ação (LPA) Índice do lucro líquido em relação ao número de ações em circulação.

lucros antes de juros e impostos (EBIT) Calculados pela soma dos juros e impostos ao lucro líquido. Também chamado lucro operacional.

lucros antes de juros, impostos, depreciação e amortização (EBITDA) Indicador que determina o dinheiro que uma empresa gera excluindo custos não monetários e financeiros. Geralmente é calculado pela soma da depreciação e da amortização ao EBIT.

margem bruta Métrica de lucratividade que demonstra qual porcentagem do faturamento sobra depois de subtraído desse faturamento o custo dos bens vendidos. Seu cálculo é feito dividindo o lucro bruto pelo faturamento total para o período. Também conhecida como margem de lucro bruta.

margem de lucro Índice de lucro operacional bruto ou líquido em relação ao faturamento de uma empresa.

margem EBITDA Métrica de lucratividade que usa o EBITDA como numerador, e não o lucro (EBITDA dividido pelo faturamento) de forma a mudar o foco para o caixa.

mercado spot Mercado ou câmbio no qual o instrumento ou commodity financeiro é comprado para entrega imediata. É o oposto dos mercados futuros, em que o comprador concorda em pagar um preço por um item em uma data futura.

mercados de capitais Mercados nos quais reivindicações financeiras, como patrimônio e dívida, são compradas e vendidas. Em essência, mercados de capitais combinam fornecedores de capital (investidores) a usuários de capital (empresas).

modelo de precificação de ativos financeiros (CAPM) Modelo de precificação de riscos no contexto de um portfólio diversificado.

modelo DuPont Análise que divide o retorno sobre o patrimônio (ROE) em três componentes: lucratividade, produtividade e alavancagem.

múltiplos Método de valuation que compara os valores de empresas comparáveis a métricas operacionais e aplica esse índice à métrica operacional da empresa sendo avaliada.

negociadores Indivíduos que compram ou vendem ações em proveito próprio, e não como um agente para seus clientes, como seria o caso de um corretor. No processo, eles fornecem liquidez a um mercado e tentam ganhar retornos em horizontes relativamente curtos com base nessas transações.

neutralidade de valor Premissa de que os valores de mercado não variam por causa de determinadas mudanças, como transações de financiamento.

oferta pública inicial (IPO) Processo de conversão de uma empresa de capital privado em uma empresa de capital público pela emissão ou venda de ações em uma bolsa de valores.

opções de ações Direito, mas não obrigação, de comprar ou vender uma ação a um preço predeterminado em uma data estipulada.

outros ativos Relação de ativos que contém todos os ativos que não se encaixam em uma categoria definida (como estoque ou contas a receber). Outros ativos correntes são aqueles que não incluem caixa, títulos recebíveis, estoque e ativos pré-pagos e que podem ser convertidos em caixa dentro de um ciclo empresarial, que geralmente é de um ano. Outros ativos não correntes abarcam itens que não são incluídos em ativos de longo prazo (como ativos fixos).

passivo Obrigação em que uma empresa incorre para pagar outra entidade, incluindo bancos, fornecedores, o governo ou funcionários, ou a obrigação de fornecer bens ou serviços no futuro.

passivo corrente Relação de passivos que inclui obrigações que serão estabelecidas ou pagas em dinheiro dentro de um ano (ou dentro de um ciclo operacional, se o ciclo operacional da empresa for mais longo que um ano).

patrimônio de marca Valor de um ativo intangível que resulta da compra de outra empresa. Reflete a porção do custo da compra no excesso do valor dos ativos intangíveis líquidos da empresa adquirida.

patrimônio líquido Reivindicação residual que pertence aos acionistas da empresa. Depois de somados todos os recursos da empresa (ativos) e subtraídas todas as reivindicações de terceiros (como credores e fornecedores) em relação a esses ativos, o que sobra é o patrimônio líquido. Ele inclui dois elementos: o dinheiro investido em uma empresa em troca de algum grau de propriedade e os lucros que essa empresa gera e retém ao longo do tempo. Também é normalmente conhecido como ações comuns, patrimônio dos proprietários, ações dos acionistas ou patrimônio.

período de payback Período de tempo exigido para que uma série de fluxos de caixa positivos recupere o investimento feito em um projeto, ativo ou empresa. Geralmente é calculado levando em consideração o valor temporal do dinheiro.

perpetuidade Série imutável de fluxos de caixa que se espera que dure para sempre.

perpetuidade de crescimento É similar à perpetuidade (série de fluxos de caixa que se espera que dure para sempre), mas cresce a uma taxa determinada.

prazo médio de estoque Componente do ciclo de conversão do caixa que mede o número médio de dias que um estoque é armazenado antes de ser vendido. Seu cálculo é feito dividindo a média do estoque pelo custo das mercadorias vendidas (CMV) por dia. Também pode ser calculado dividindo 365 pelo giro de estoque.

prazo médio de pagamento Componente do ciclo de conversão de caixa que mede o número médio de dias que uma empresa espera para pagar seus fornecedores por itens comprados a crédito.

prazo médio de recebimento Componente do ciclo de conversão do caixa que mede, em dias, a rapidez com que uma empresa recebe de clientes que pagam em crédito.

prêmio de controle Valor adicional acima do preço atual da ação associado às vantagens de controlar uma empresa inteira.

256 Finanças... Simples Assim!

prêmio de risco de mercado Retornos em excesso que investidores esperam receber por suportar o risco de possuir ações de mercado arriscadas.

previsão Uso de dados e suposições disponíveis para desenvolver um conjunto de receitas, despesas e fluxos de caixa futuros.

princípio do conservadorismo contábil Princípio que reconhece que algumas estimativas estão envolvidas na contabilidade, a qual deve refletir valuations estimados mais cautelosos, em vez de mais otimistas. Para ativos, significa registrar o valuation mais baixo, enquanto para passivos, significa registrar o mais alto possível. Para faturamentos e lucros, significa registrá-los quando estão razoavelmente certos, mas para despesas e perdas, significa registrá-las quando são o mais razoáveis possível.

problema do principal-agente Problema que ocorre quando tarefas são delegadas a um agente por um principal em um cenário caracterizado por objetivos conflitantes e informações imperfeitas.

produtividade Várias métricas de resultado por unidade de insumo para qualquer tipo de atividade empresarial. Métricas de exemplo incluem faturamento por hora de trabalho do funcionário ou faturamento em relação aos ativos.

recapitalizações alavancadas Estratégia de financiamento que aumenta a quantidade de dívida empregada, que é acompanhada por um pagamento aos detentores de capital.

receita operacional *Ver* lucros antes de juros e impostos (EBIT) e lucro operacional.

recessão Declínio prolongado na atividade econômica.

recompra de ações Recompra das próprias ações de uma empresa, sob poder de decisão da gestão, como parte de uma estratégia de alocação de capital.

regime de competência Método de contabilidade que a maioria das empresas segue; exigido pelas normas internacionais de contabilidade (International Financial Reporting Standards [IFRS]). O método segue o princípio de reconhecimento de faturamento, que afirma que o faturamento deve ser reconhecido no período em que é gerado, não necessariamente quando o dinheiro é recebido, e o princípio da combinação, que afirma que as despesas devem ser reconhecidas no período em que o faturamento relacionado é reconhecido, e não quando o dinheiro relacionado é pago.

retorno Dinheiro ganho ou perdido em um investimento.

retorno esperado Taxa de retorno que um investidor espera de um investimento com base no risco assumido.

retorno sobre o capital (ROC) Retorno recebido pelos fornecedores de capital (dívida e lucro) dividido pelo capital fornecido. É calculado dividindo o EBIT pelo valor da dívida e do patrimônio. Também conhecido como retorno sobre o capital empregado (ROCE) ou sobre o capital investido (ROIC).

retorno sobre o patrimônio (ROE) Retorno que um proprietário recebe sobre o patrimônio investido na empresa. É calculado dividindo o lucro líquido pelo patrimônio médio total dos proprietários.

retorno sobre os ativos (ROA) Indicador da eficiência com que uma empresa gera lucros segundo a base de ativos. É calculado dividindo o lucro líquido pelo total de ativos.

risco Termo amplo para a variabilidade de resultados que a maioria das pessoas prefere evitar considerando sua aversão ao risco.

risco sistemático Risco de um título financeiro não poder ser eliminado pela diversificação.

rodadas de financiamento Emissão sequencial de ações em troca de financiamento. Também conhecidas como rodadas de financiamento de risco.

sell side Oposto do buy side; inclui todas as partes envolvidas na criação e venda de instrumentos de patrimônio e de dívida. Bancos de investimento, negociadores e alguns analistas são considerados parte do sell side.

setor (ou indústria) Parte da economia na qual um grupo de empresas oferece produtos ou serviços similares.

sinalização Oferta indireta de informações a investidores ou mercados por meio de transações financeiras, como dividendos ou recompras de ações.

sinergias Valor criado pela fusão de duas empresas, o qual é superior à soma de seus valores de mercado individuais.

258 Finanças... Simples Assim!

spread de crédito A diferença na taxa de juros ou no prêmio que uma empresa precisa pagar acima da taxa de juros livre de risco para prestar contas sobre o risco de seu negócio.

sunk costs (ou custos irrecuperáveis) Quaisquer riscos incorridos por uma empresa no passado que não devem ser considerados em tomadas de decisões.

taxa de desconto Porcentagem que uma empresa emprega para calcular o valor presente de uma série de fluxos de caixa. Deve levar em conta fatores que impactam o valor temporal do dinheiro, que geralmente incluem inflação e um prêmio de risco.

taxa de juros Retorno pago por um mutuário e recebido por um mutuante. Às vezes é usada de maneira intercambiável com a taxa de desconto para analisar o valor temporal do dinheiro.

taxa de performance Contrato de incentivo para gestores de capital privado e de fundos de hedge que os paga com base em seus retornos.

taxa interna de retorno (TIR) Utilizando a fórmula do valor presente líquido (VPL), é a taxa de desconto que traz o VPL a zero. Assim, se uma TIR está acima da taxa mínima de retorno de uma empresa, um projeto é considerado positivo.

taxa livre de risco Taxa de juros para um mutuário quando não há possibilidade de inadimplência. A taxa de juros das dívidas do governo dos EUA é o padrão mais comum.

título Instrumento financeiro que representa uma reivindicação de ativos corporativos.

título a pagar Relação de passivos para dívidas a serem pagas em um futuro próximo.

títulos negociáveis Qualquer título pode ser convertido em caixa de maneira relativamente fácil. As datas de vencimento em geral são de um ano ou menos, e podem incluir certificados de depósitos, títulos do tesouro ou outros títulos do mercado monetário.

valor contábil Valor contábil de um ativo. Em geral, varia em relação ao seu valor de mercado devido ao princípio do conservadorismo e do custo histórico.

valor da empresa Valor total de uma empresa que pode ser calculado como o valor presente de todos os fluxos de caixa futuros gerados por ela. Também pode ser calculado como a capitalização de mercado do patrimônio mais a dívida menos o excesso de caixa.

valor da firma *Ver* valor da empresa.

valor de mercado Valor que uma empresa ou ativo obteria se fosse vendido no mercado aberto. Geralmente varia em relação ao valor contábil devido à contabilização do custo histórico.

valor presente Desconto de uma série de fluxos de caixa futuros a uma taxa determinada que resulta no valor atual desses fluxos de caixa.

valor presente líquido (VPL) Resultado da subtração do investimento inicial em um projeto do valor presente dos fluxos de caixa futuros. Um projeto com VPL positivo é considerado um investimento com potencial válido.

valor temporal do dinheiro Conceito de que uma unidade de moeda recebida hoje vale mais que essa mesma unidade de moeda recebida em algum momento futuro. Surge devido ao custo de oportunidade de não ter o dinheiro imediatamente.

valor terminal Método de valuation empregado para capturar o valor de todos os fluxos de caixa futuros na mesma data futura sem prevê-los para sempre.

valores esperados A soma dos resultados ponderados pela probabilidade para vários cenários potenciais de um projeto ou uma aquisição.

valuation Processo de determinar o valor de uma empresa, um projeto ou um ativo.

venda a descoberto Processo de pegar ações emprestadas, vendê-las, recomprá-las a um preço mais baixo e depois devolvê-las, dessa forma lucrando com a queda de preço. Essa estratégia é projetada para capitalizar sobre um potencial movimento de queda de ações ou para propósitos de hedging.

volatilidade Métrica do grau em que uma variável desvia de sua média ao longo do tempo.

Notas

Todos os conteúdos são em inglês.

Capítulo 1

1. Bill Lewis et al., "US Productivity Growth, 1995–2000", relatório do McKinsey Global Institute, outubro de 2001, https://www.mckinsey.com/featured-insights/americas/us-productivity-growth-1995-2000.

Capítulo 2

1. Barry M. Staw e Ha Hoang, "Sunk Costs in the NBA: Why draft order affects playing time and survival in professional basketball", *Administrative Science Quarterly* 40, no. 3 (setembro de 1995): 474–494.

Capítulo 3

1. William Alden, "PepsiCo Tells Activist Investor Its Answer Is Still No", *New York Times DealBook* (blog), 27 de fevereiro de 2014, https://dealbook.nytimes.com/2014/02/27/pepsico-tells-activist-investor-its-answer-is-still-no/.

Capítulo 5

1. Michael J. de la Merced, "Southeastern Asset Management to Fight Dell's Takeover", *New York Times DealBook* (blog), 8 de fevereiro de 2013, https://dealbook.nytimes.com/2013/02/08/southeastern-asset-management-to-fight-dells-takeover/.

2. Dan Primack, "Icahn: I've lost to Michael Dell", *Fortune*, 9 de setembro de 2013, http://fortune.com/2013/09/09/icahn-ive-lost-to-michael-dell/.

3. *In re:* Appraisal of Dell Inc. (Del. Ch., 31 de maio de 2016), C.A. No. 9322-VCL, https://courts.delaware.gov/Opinions/Download. aspx?id=241590.

4. Sydra Farooqui, "Leon Cooperman on Dell, Taxes, Equity Prices, More" (video), Valuewalk.com, 6 de março de 2013, https://www.valuewalk.com/2013/03/leon-cooperman-on-dell-taxes-equity-prices-more-video/.

5. Steven Davidoff Solomon, "Ruling on Dell Buyout May Not Be the Precedent That Some Fear", *New York Times DealBook* (blog), 7 de junho de 2016, https://www.nytimes.com/2016/06/08/business/dealbook/ruling-on-dell-buyout-may-not-be-precedent-some-fear.html.

6. *In re:* Appraisal of Dell Inc.

Capítulo 6

1. "AOL-Time Warner — How Not to Do a Deal", *Wall Street Journal Deal Journal* (blog), 29 de maio de 2009, https://blogs.wsj.com/deals/2009/05/29/looking-at-boston-consultings-deal-rules-through-an-aol-time-warner-prism/.

2. Philip Elmer-Dewitt, "Is Apple Ripe for a Stock Split?", *Fortune*, 9 de fevereiro de 2011, http://fortune.com/2011/02/09/is-apple-ripe-for-a-stock-split/; Mark Gavagan, *Gems from Warren Buffett — Wit and wisdom from 34 years of letters to shareholders* (Mendham, NJ: Cole House LLC, 2014).

Respostas, Capítulo 3

1. McKinsey & Company, "The Rise and Rise of Private Markets", McKinsey Global Private Markets Review, 2018, https://www.mckinsey.com/~/media/mckinsey/industries/private%20equity%20and%20principal%20investors/our%20insights/the%20rise%20and%20rise%20of%20private%20equity/the-rise-and-rise-of-private-markets-mckinsey-global-private-markets-review-2018.ashx.

2. Michael A. Arnold, "The Principal-Agent Relationship in Real Estate Brokerage Services", *Journal of the American Real Estate and Urban Economics Association* 20, no. 1 (março de 1992): 89–106.

Índice

Símbolos

21st Century Fox, 151

A

AbbVie, 129
ABC Television, 194
acionistas, 197
ações
    desdobramento, 204
    emissão, 202
    preferenciais, 21
AIG, 134
Airbus Group, 54
alavancagem, 26
alfa, 137
alocação de capital, 208–222
Amazon, 62–69
Amgen, 191
amortização, 26
análise estratégica, 145
AOL, 195

aposta, 143
Apple, 54
aquisição, 213
árvore de decisão, 190
ativo, 12
    fixo, 17
        PP&E, 17
    outros, 17
Autonomy, 193
Avon, 119

B

bancos, 33–34
    de investimento, 98
Barnes & Noble, 35
Bekaert, 106
benefício definido
    BD, 92
beta, 133
bid-ask spread, 97
Biogen, 143
BlackBerry, 24

Black Rock, 91
Burberry, 24
buy side, 90

C

caixa, 53–56
capital de giro, 58
CAPM, 136–138
Carolina Power & Light, 42
Caterpillar, 92
ciclo de capital de giro negativo, 62
ciclo de conversão de caixa, 59–62
Citigroup, 33
Coca-Cola, 18
Comcast, 57
condições de Modigliani e Miller, 200
condições locais, 131
confiabilidade, 72
conglomerados, 194
conservadorismo contábil, 18
contas a pagar, 19–20
contas a receber, 59
contribuição definida
    CD, 92
Convergence Pharmaceuticals, 211
Corning Glass, 75–77
    ROC, 142

Costco, 168
crescimento inorgânico, 192
criação de valor, 116–148
crise financeira de 2008, 61
custo de oportunidade, 70–72
custo do capital
    superar, 123
custo médio ponderado do capital, 125

D

Dell, 175–185
depreciação, 26
desigualdade de consumo, 30
despesas acumuladas, 20
destruição de valor, 116–148
Disney, 151
distribuição de caixa, 200
diversificação, 91
dívida
    custo, 126–127
    negativa, 21
dividendo, 197–200
Duke Energy, 37

E

eBay, 155
EBITDA, 25

Índice **267**

eficiência, 30
Electronic Arts
    EA, 57
empresas de serviços, 31–33
equity research
    analista, 90
estoques, 59
estrutura de capital, 19
exchange traded funds
    ETFs, 91

F

Facebook, 33
falência, 130
Fidelity, 91
financiamento imobiliário, 26
fluxos de caixa, 56
    descontado, 169
    futuro, 74
    futuros, 162
    livre, 64–66
    valuation, 80
Food Lion, 41
Forbes, 54
fundos
    de fundações e patrimoniais, 92
    de hedge, 93

de pensão, 92
indexados, 91
mútuos
    gerenciamento de riscos, 91
    passivos, 91
soberanos, 93
fusão, 172
fusões e aquisições (M&As), 192

G

gerenciamento de risco, 195
gestor financeiro
    de ativos, 90
giro de estoque, 30
Grupo Rio Tinto, 24

H

habitação, 158
hedging
    cobertura, 94
Heineken, 144
Hewlett-Packard, 193
Hon Hai Precision Industry Co., 79–84

I

ignorar incentivos, 171
índice

268 Finanças... Simples Assim!

de Sharpe, 125
financeiro, 22
market-to-book
 ME/BE, 117–123
Price/Book
 P/B, 117–148
informações assimétricas, 102
Instagram, 35
instrumento híbrido, 21
Intel, 17
intensidade do capital, 172–173
investidores anjos, 206
investidores institucionais, 91
ITT Corporation, 194

J

Jaguar Land Rover, 196

K

KFC, 134
Kroger, 36

L

leis antitruste, 194
Lenovo, 20
levarage buyout
 LBO, 105–112

LinkedIn, 18
liquidez, 22
 corrente, 24
 seca, 24
livraria, 36
lucratividade, 24
lucro
 bruto, 25
 líquido, 25
 operacional, 25

M

mercado de capitais, 88–112
mercado spot, 24
Merck, 29
Microsoft, 18
mídia, 98
modelo DuPont, 39–42
 alavancagem, 40
 lucratividade, 40
 produtividade, 40
mutuantes, 18

N

negociadores, 97
Netflix, 67–70
neutralidade de valor, 202

Índice 269

NextEra Energy Resources, 129
Nordstrom, 35
NuCor Corporation, 24

O

ofertas públicas iniciais (IPOs), 98

P

passivo, 18–19
    corrente, 19
patrimonial pessoal, 12
patrimônio líquido, 18–19
pesquisa e desenvolvimento
    P&D, 191
Pfizer, 29
    Hospira, 39
    Pharmacia, 39
    Wyeth, 39
poder de precificação, 172
prazo médio de estoque, 31
preço/lucro
    P/L, 152
princípio do conservadorismo contábil, 54
problema do principal-agente, 103–111
produtividade, 29
proprietários, 18
proteções fiscais, 126

R

recapitalização alavancada, 205
recessão, 61
recompra de ações, 197–201
regime de competência, 54
reivindicação de posse, 20
retorno, 124
    financeiro
        investidores, 80
    sobre o capital
        ROC, 44
    sobre o patrimônio líquido, 226
    sobre o patrimônio (ROE), 24
risco, 124–138
    de negócio, 42
    sistemático, 132

S

Salesforce, 62
sell side, 96–97
Shake Shack, 156
Sharp Corporation, 79–84
short squeeze, 107
sinergia, 172
Snapchat, 151
Southwest Airlines, 33
S&P 500, 91

270 Finanças... Simples Assim!

Spirit AeroSystems, 173
spread de crédito, 127–129
Staples, 17
sunk cost, 72–75

T

Taco Bell, 134
taxa de investimento sem risco, 127
tecnologia, 30
teoria do mercado eficiente, 91
Tesla, 62
The Michaels Companies, 57
Timberland, 43–49
Time Warner, 195
timing do mercado, 143
títulos, 20
Tops Friendly Markets, 108–112
TripAdvisor, 129
Twitter, 154

U

UPS, 33

V

valor, 225
    da empresa
        EV, 153

implícito, 167
presente, 73
presente esperado, 170
presente líquido
        VPL, 143
temporal do dinheiro, 70
valuation, 152–186
    erros, 171–173
    fluxos de caixa descontados, 160
    fluxos de caixa livres, 161
    múltiplos, 152–155
    períodos de payback, 157
    taxas internas de retorno, 159
vendedores, 98

W

WACC, 126
    erros, 138
Walgreens, 35
Walmart, 17
WhatsApp, 35

Y

Yum! Brands, 134

CONHEÇA OUTROS LIVROS DA ALTA BOOKS

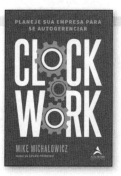
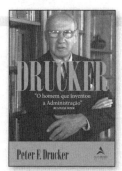

Todas as imagens são meramente ilustrativas.

+ CATEGORIAS

Negócios - Nacionais - Comunicação - Guias de Viagem
Interesse Geral - Informática - Idiomas

SEJA AUTOR DA ALTA BOOKS!

Envie a sua proposta para: autoria@altabooks.com.br

Visite também nosso site e nossas redes sociais para conhecer lançamentos e futuras publicações!

www.altabooks.com.br

ALTA BOOKS
EDITORA

/altabooks ▪ /altabooks ▪ /alta_books